이 책을 나의 가족에게 바칩니다.

먼저 나의 부모님이신 리차드와 베로니카 소거께 바칩니다.
저를 위해 아낌없이 희생하시고 변함없이 사랑을 주신 두 분은
저에겐 세상에서 가장 경이로운 분들입니다.
부모님은 저에게 어떻게 믿음을 지키고 하나님과 동행하며
진정으로 다른 사람들을 사랑할 수 있는지를 가르쳐 주셨습니다.
남다른 삶으로 모범을 보여주신 두 분을
부모님으로서 존경하고
좋은 친구로서 칭송합니다.

다음으로 나의 아우 릭 소거에게 이 책을 바칩니다.
릭은 나의 가장 가까운 친구로서 내가 하나님을 찾고 추구하도록 격려해 주었습니다.
그의 신앙과 격려는 내게 영감과 능력을 주어
더 큰 것을 꿈꾸게 하였고 더 높은 곳까지 이르게 하였습니다.

그리고 나의 훌륭한 제수와 조카들,
사브리나, 리키, 에릭에게 바칩니다.
당신들 모두를 사랑합니다!

POWER FOR LIFE

by Matt Sorger

Copyright ⓒ 2011 by Matt Sorger

Published by Charisma House
600 Rinehart Road, Lake Mary, Florida 32746

Korean translation Copyright ⓒ 2011 by Pure Nard
2F 774-31, Yeoksam 2dong, Gangnam-gu, Seoul, Korea

The Korean edition is published by arrangement with Charisma House All rights reserved.

본 저작물의 한국어판 저작권은 Charisma House와의 독점 계약으로 한국어 판권은 '순전한 나드'가 소유합니다.
저작권자의 허락 없이 이 책의 일부 또는 전체를 무단 복제, 전재, 발췌하면 저작권법에 의해 처벌을 받습니다

임재의 능력

초판발행 | 2013년 1월 20일
2쇄발행 | 2013년 4월 1일

지 은 이 | 매트 소거
옮 긴 이 | 김운기

펴 낸 이 | 허철
편   집 | 김혜진
디 자 인 | 이보다나
인 쇄 소 | 고려문화사

펴 낸 곳 | 도서출판 순전한 나드
등록번호 | 제2010-000128
주   소 | 서울 강남구 역삼2동 774-31 2층
도서문의 | 02) 574-6702 / 010-6214-9419
편 집 실 | 02) 574-9702
팩   스 | 02) 574-9704
홈페이지 | www.purenard.co.kr

Printed in Korea

ISBN 978-89-6237-134-5   03230

임재의 능력

Power for life

매트 소거 지음 | 김운기 옮김

추천의 글

가끔 마음을 강하게 사로잡는 책이 있는데 《임재의 능력》이 바로 그런 책이다! 매트 소거는 활력이 넘치는 하나님 나라의 떠오르는 영웅이다. 그는 이 책에서 당신이 어떠한 사람이 되도록 부름 받았는지를 밝혀준다. 그리고 가장 중요한 것으로서 당신의 정체성을 어떻게 받아들여야 하는지를 깨닫는 데 필수적인 열쇠들을 담아냈다! 이 책은 당신의 내면 안에 숨겨진 상처와 영적인 유업을 잘 이해할 수 있도록 도와줄 것이다. 《임재의 능력》을 통해 당신은 과거를 새롭게 봄으로써 소망의 미래를 열게 될 것이다.

— 척 D. 피어스 Chuck D. Pierc
글로벌스피어스, 시온의영광 국제사역 대표

《임재의 능력》은 오늘날과 같은 예언적인 때를 위한 매우 중요하고 결정적인 메시지를 제시한다. 매트 소거와 같은 젊은 세대에는 이 책에서 소개하는 친밀함과 성품과 능력의 연합의 깊이를 제대로 밝혀주는 사람이 많지 않다. 이 책을 통해 나의 믿음의 행보가 변화되고 새로워졌다. 모든 그리스도인들은 마땅히 이 책을 읽고 변화되어야 한다!

— 신디 제이콥스 Cindy Jacobs
중보기도의용사들 설립자

매트 소거가 주는 영감을 통해 당신은 삶의 가능성을 찾고, 그리스도를 섬길 때 주시는 상급을 경험할 것이다. 그는 어떻게 성령의 열매를 맺고, 삶의 현장에 하나님의 능력을 흘려보내는 통로가 될 수 있는지 보여줄 것이다. 이 책은 믿음을 더욱 키워가고 그리스도와 동행하는 삶의 기쁨을 극대화하고 싶은 모든 사람들을 위한 필독서이다.

—매튜 바넷 Mattew Barnet
로스앤젤레스 드림센터의 공동 설립자

매트 소거의 책 《임재의 능력》은 예수님이 의도하신 삶, 곧 주님의 사랑과 능력이 충만한 삶을 살아가는 데 도움이 되는 영적이고도 실제적인 권면을 담고 있다. 그는 풍성한 열매와 능력으로 가득한 삶에 이르는 유일한 방법이 주님과의 친밀함과 기도라고 말한다. 이를 통해 하나님의 아들과 딸로서 우리의 참된 정체성을 발견할 수 있다. 단순히 아버지의 품에 머물 때 우리는 측량할 수 없는 능력을 공급받는데, 이는 사랑은 결코 실패하지 않기 때문이다. 그의 말에 따르면, 이것은 100퍼센트의 성공확률이 있는 것이다.

이 책에 기록된 놀라운 간증들은 깊이 있는 믿음에 대한 새로운 도전을 주며 하나님의 임재를 더욱 더 갈망하게 한다. 매트 소거는 하나님의 임재와 열정을 아름다운 방식으로 전달하는데, 이것은 이 책의 페이지마다 분명하게 드러나 있다. 하나님의 나라가 하늘에서와 같이 이 땅 위에 충만하게 풀어지는 것을 애타게 보고 싶어 하는 모든 사람들에게 이 책을 강력하게 추천한다.

— 하이디 베이커 Heidi Baker
　　　　아이리쉬선교회 설립자 및 대표

당신은 예수 그리스도를 위하여 영향력 있는 삶을 살기 원하는가? 당신의 꿈을 이루기 위해 더 많은 하나님의 능력이 필요한가? 그렇다면 더 찾아볼 것도 없다. 매트 소거는 희망이 오고 있다고 광야에서 외치는 현대판 부흥사이다. 그렇다. 당신은 삶의 현장에서 사람들에게 영향력을 끼칠 수 있고, 하나님이 주신 아름다운 꿈을 성취할 수 있다. 하나님의 나라를 침노하는 나의 좋은 친구이자 동역자가 전하는 영감이 넘치는 간증이 곁들여진 성경적 진리로 무장하라. 당신의 삶을 위한 능력을 받으라!

— 짐 골 James W. Goll
　　　　인카운터네트워크 설립자

순전함과 능력을 추구하는 매트 소거는 장래가 촉망되는 젊은 전도자이다. 그의 책 《임재의 능력》은 순전함과 능력, 이 두 가지의 중요성을 보여주는 균형이 잡힌 책으로 은사에만 치중하지 않는다. 나는 매트야말로 하나님과의 관계 안으로 어떻게 더 깊이 들어갈 수 있는지를 제대로 가르치고 있다고 믿는다. 당신이 이 책을 읽고 공부하면 분명 풍성한 복을 누리게 될 것이다.

— 랜디 클락 Randy Clark
세계적대각성네트워크 창시자

지금 세계는 영웅들을 간절히 필요로 한다. 나의 가까운 친구 매트 소거는 당신과 내가 살아가는 이 시대를 위해 우리 안의 영웅이 어떻게 탄생하고, 성장하며, 발전하는지에 대한 안내도를 제공할 것이다. 그가 제시하는 방법은 매우 명확하고 성경적이며, 그의 의도는 충분히 공감이 되고, 그의 열정은 칭찬할 만하다. 지난 세대에 모든 영웅들 안에서 일하셨고 매트 안에서 역사하시고 계신 성령님은 그에게 하신 약속을 당신에게도 하신다. 《임재의 능력》은 당신 안에 있는 하나님의 위대하심을 불러일으킬 것이며, 삶에 하나님의 임재가 분명히 새겨진 사람들이 주님의 부르심에 응답하도록 할 것이다. 정성을 들여 귀한 책을 쓴 매트에게 진심으로 감사의 인사를 전한다. 이 시대의 젊은 세대의 심장에 이 글이 깊이 박혀 그들이 성령의 인도하심으로 놀라운 열매를 맛보게 되기를 소망한다.

— 마크 치로나 Mark Chironna
주님의손길교회 담임목사, 마크치로나선교회 대표

매트 소거는 내가 좋아하는 사역자 중 한 분이다. 그는 헌신적이고 열정적이며 매우 진실한 사람이다. 하나님의 말씀에 대한 깊은 연구와 삶의 경험을 토대로 한 이 책은,

하나님의 능력 안에서 살아가는 데 도움이 되는 말씀의 신선한 계시와 실제적인 지혜로 가득하다. 매트 소거가 이 책에 기록한 것은 모두 진실하고 믿을 만하다.《임재의 능력》은 당신의 서재에 꼭 있어야 할 놀랍고 가치 있는 책이다.

— 패트리샤 킹 Patricia King
익스트림프로페틱선교회 설립자

매트 소거의 책《임재의 능력》을 통해 당신은 어떻게 하나님의 능력에 연결되고 그분의 목적대로 그것을 사용함으로 하나님의 영광을 나르는 통로로 사용될 수 있는지를 배울 것이다. 하나님의 임재의 통로가 될 때, 당신은 우리가 믿고 기대하는 사회변혁을 이룰 수 있을 것이다.

— 체 안 Ché Ahn
하베스트락교회 담임목사, 국제하베스트선교회 대표

《임재의 능력》에서 매트 소거는 하나님의 능력을 우리 삶에 어떻게 풀어내고 활용할 수 있는지를 이야기한다. 그의 가르침은 많은 사람을 자유롭게 하고 개인에게 주신 부르심을 성취하도록 도울 것이다. 이 책에 있는 귀하고 값진 내용들이 우리 삶에 적용된다면, 하나님의 나라는 더욱 힘있게 전진하고 교회는 멋지게 승리할 것이다. 하나님께서 당신을 위하여 계획하신 놀라운 능력과 목적을 발견할 때, 당신의 삶은 더욱 향상될 것이다. 이 책을 읽고 매트 소거가 제시하는 영적인 진리와 실천적 원리들을 실행한다면, 삶과 사역 가운데 훨씬 더 많은 것을 성취하게 될 것이다. 그런 의미에서 이 책을 모든 신앙인들이 꼭 읽어야 한다고 생각한다.

— 빌 해몬 Bill Hamon
국제기독교선교회 네트워크 감독

매트 소거의 책 《임재의 능력》은 승리와 비전과 목적을 추구하는 삶에 대한 유용한 안내서로서, 이와 관련한 성경적 원리를 삶의 이야기와 능숙하게 결합한다. 승리자의 삶을 추구하는 그의 여정을 통해 당신은 크나큰 용기를 얻을 것이다. 이 책은 이전에 당신이 성취한 그 어떤 삶보다 더 높은 곳에 이르는 능력 있는 삶을 살도록 격려할 것이다.

— 제인 해몬 Jane Hamon
국제기독교선교회

매트 소거에게는 우리 삶의 핵심적인 영역에 성령의 놀라운 임재를 풀어내는 신선한 통찰력이 있다. 당신은 이 책을 통해 하나님의 초자역적인 세계로 급격히 나아갈 뿐 아니라, 다른 사람들이 돌파하도록 도울 수 있는 자원을 찾게 될 것이다. 우리가 영광에서 영광으로 나아가도록 돕는 이 귀한 도구들로 인해 감사한다.

— 마헤쉬 차브다 Mahesh Chavda
국제차브다선교회 대표

주님께서 그분의 영광을 이 세대에 드러내시기 위해 세우신 능력 있고 활력이 넘치는 사역자 매트 소거는 하나님을 최우선적으로 사랑하는 사람이다. 그를 사역자로 안수하는 특권을 누린 나는 그의 겸손과 순결한 마음에 깊은 감동을 받았다. 그의 새로운 책 《임재의 능력》은 당신의 삶에 불가능을 가능케 하는 전능하신 하나님을 믿는 초자연적인 신앙을 풀어 놓을 것이다. 당신의 삶을 기적적으로 변화시킬 역동적인 요소들이 이 책 안에 가득하다. 그리스도의 몸 전체를 위한 필독서인 이 책을 강력하게 추천한다.

— 밥 웨이너 Bob Weiner
국제웨이너선교회 대표

감사의 말

먼저 하나님께 깊은 감사를 드린다. 14살 때, 나의 삶에 들어오신 하나님은 십대 소년시절 가장 좋은 친구가 되어주셨다. 주님의 임재는 그 후로도 언제나 나와 함께하셨다. 나에게 진리를 가르쳐 주신 하나님은 나의 내면을 치유하셨고, 나를 그분이 원하시는 사람으로 만들어 주셨다. 내가 주님의 임재 안에 사는 한 모든 것이 잘될 것이라는 사실을 안다. 나를 사랑해 주시고, 다른 이들도 하나님이 계획하신 모습이 되도록 돕는 능력을 주신 하나님께 감사와 찬양을 드린다.

나의 가족과 스태프, 사역팀, 동역자들, 그리고 중보자들에게 감사를 드린다. 나는 그들 모두를 사랑한다. 그들이 없었다면 나는 하나님을 위하여 아무것도 할 수 없었을 것이다. 우리는 함께 놀라운 기적이 일어나는 것을 보고 있다. 이 모든 것을 가능케 한 그들을 사랑하며, 존귀하고 소중한 그들에게 깊이 감사한다!

특별히 나의 삶에 지대한 영향을 끼친 모든 리더들에게 감사를 드린다. 내가 누구인지를 잘 알며 나를 믿어 주고 격려해 준 그들에게 존경을 표한다.

마지막으로, 나에게 이 모든 이들과 더불어 사랑과 지혜를 주신 하나님께 영광과 찬양을 올려 드린다.

목차

서문 _ 12

서론: 열매는 능력을 생산한다 _ 16

제1부: 능력의 원천에 접속하라

Chapter 1 친밀함의 능력 : 임재 안에 잠기라	_ 34
Chapter 2 은혜의 능력 : 흐름을 타라	_ 50
Chapter 3 진리의 능력 : 올바로 조정하라	_ 65
Chapter 4 정체성의 능력 : 당신이 누구인지 알라	_ 74
Chapter 5 믿음의 능력 : 지붕을 뜯어내라	_ 92

제2부: 능력을 활용하라

Chapter 6 온전함의 능력 : 마음의 문제들	_ 110
Chapter 7 관점의 능력 : 새의 눈으로 보라	_ 134
Chapter 8 인내의 능력 : 모든 것을 가능케 하는 비밀병기	_ 157
Chapter 9 비전의 능력 : 미래를 현재로 앞당겨라	_ 172

제3부: 능력을 풀어내라

Chapter 10 축복의 능력 : 은총의 통로 _184

Chapter 11 기쁨의 능력 : 퍼뜨리라 _198

Chapter 12 관대함의 능력 : 먼저 나누라 _225

Chapter 13 사랑의 능력 : 혁명을 시작하라 _252

참고도서 _277

서문

책을 펼쳤을 때 나도 모르게 깊이 빠져들게 하는 책을 좋아하는데, 특별히 저자가 경험을 통해 얻은 지혜와 통찰력을 중심으로 쓴 책일 때는 더욱 그렇다. 이 말은 내가 이론을 싫어한다는 뜻이 아니다. 이론은 그 자체로 미래의 꿈과 그것을 실현할 가능성을 열어주는 창조적인 대로가 된다. 종종 시대를 넘어 그리스도인의 삶에 절대적으로 중요한 가치들을 알아야 한다고 느낄 때가 있는데, 《임재의 능력》은 그러한 검증되고 확인된 절대적 가치들을 담은 책이다. 신앙인에게 매우 유익한 이 책을 읽는 내내 우리는 매트 소거의 순결한 마음과 배움의 정신을 만날 수 있다. 그는 이 책에서 어떻게 해야 하나님의 임재를 존귀하게 여기고 그 안에 거할 수 있는지, 어떻게 주님과의 깊고 친밀한 관계 가운데 능력이 충만한 삶을 살아갈 수 있는지에 대한 원리와 방법을 가르쳐 준다. 이 책은 방법을 알려 주는 안내서이면서 동시에 주님의 임재로의 초청장이기도 하다. 그래서 아버지와 더 깊은 친밀함을 개발하고 싶은 갈망을 불러일으킨다. 매트 소거가 지나온 여정은 훈련과 희생, 그리고 온전한 순종을 통해 우리와 함께 거하시고 활동하시는 성령의 충만함을 보여준다.

이런 여정은 누구나 소망하는 것이며, 그것이야말로 우리가 살아가는 진정한 이유이다. 그러나 인생의 가장 위대한 모험들이 그렇듯이 그것은 매우 조심스러운 일이기도 하다. 진부한 마음의 자세를 가진 사람들이나 현재의 평범한 삶에 만족하는 사람들, 종교적인 권태에 빠진 사람들에게 그것은 꽤나 위험해 보일 것이다. 매트 소거는 우리가 승리와 정복의 삶을 살 수 있도록 하나님의 능력과 연결시킨다. 사실 우리는 이것을 위해 태어났다! 그는 또한 우리가 하나님의 능력으로 견고해지도록 격려한다. 인내는 이러한 삶을 가능케 하는 열쇠다. 끝으로 우리는 늘 신선한 상태로 머물러 있으라는 교훈을 배운다. 그것이 지금 우리에게 얼마나 필요한가? 너무나 많은 사람들이 하나님의 위대한 능력을 맛보았으면서도 진부하고 메마른 삶을 살고 있다. 주님과 동행한다고 하면서도 실제로는 그와 반대되는 삶을 살고 있는 것이다.

가장 큰 희망을 주는 사람이 가장 큰 영향을 끼치는 사람이라는 말이 있다. 그 말이 사실이라면, 매트 소거와 그의 책 《임재의 능력》은 그 말을 증거하고도 남는다. 이 놀라운 책을 읽으면 희망이 솟는다. 이 책이 초자연적인 목표에 이르는 안내도가 되기 때문이다. 물론 그것은 평탄하지 않으며 대가를 지불해야 하는 길이지만, 그렇다고 가지 못할 길은 아니다. 이 책에서 발견할 수 있는 진리는 모두 삶의 체험에서 나온 신선한 것들이다. 우리는 매트가 삶 가운데 어렵게 터득한 진리들을 거저 얻을 수 있는 특권을 가지고 있다.

다윗 왕은 초자연적인 목표에 이르는 여정에 대해 알고 있었다. 그의 전에도 후에도 걸어간 사람이 별로 없는 그 길을 걸으면서 다윗은 자신의 소명을 성취했다. 인류를 향한 하나님의 엄청난 갈망을 깨달은 다윗은 이렇게 기록하였다. "네 마음의 소원대로 허락하시고 네 모든 계획을 이루어 주시기를 원하노라"(시 20:4). 하나님께서 우리 마음의 소원을 이루어 주실 때, 우리는 우리 삶을 향한 주님의 뜻을 훨씬 더 쉽게 이룰 수 있다. 그렇지만 누군가 이기적인 마음으로 간구해도, 하나님께서 그분의 계획을 기꺼이 바꾸실 수 있다고 생각하는 것은 크게 잘못된 것은 아니다. 하나님은 주님의 은총 아래 우리가 감당할 수 있는 방식으로 훈련하신다. 그러나 하나님은 그분이 어떻게 응답하시든지 그것 때문에 실족하지 않는 사람들을 기뻐하신다. 이것이 부분적으로 우리가 도달하고자 하는 목표다. 그러나 우리가 스스로 중요한 사람이 되려고 애쓰면 도리어 본연의 가치를 상실하게 된다.

다행히도 매트는 그리스도인이 성공에 이르는 지름길을 가르쳐 주지 않는다. 대신 그는 자신이 주님을 따르면서 왕이신 그분을 위해 풍성하게 열매를 맺었던 과정을 보여준다. 예수 그리스도의 영광을 위해 사는 것, 이것이 바로 모든 믿는 자들의 특권이요, 기쁨이다. 성경에는 이런 과정을 보여주는 재미있는 장면이 있는데, 바로 한 여인이 값비싼 향유를 예수님께 붓고 주님의 발을 자신의 머리카락으로 씻어드린 것이다. 이 여인이 주님께 향유를 붓고 밖으로 나갔을 때, 예수님의 몸에서 나는 향기가 그녀에게서도 풍겼을 것이다. 우리도 마찬가지다. 우리는 왕의 영광을 지니고 다니는 자들이다. 그러므로 우리는 주님과 같은 향기를 풍기면서 살아야 한다.

우리는 위대한 변혁의 시대에 살고 있다. 흔들릴 수 있는 것은 무엇이든 다 흔들리고 있으며, 사람들은 견고히 설 수 있는 굳건한 터전을 찾고 있다. 사역을 하면서 우리는 훈련이 잘된 전문가들을 만난다. 그들은 우리가 잃은 자들을 찾고, 병든 자를 고치고, 고통당하는 자를 구원하는 사역으로 나아갈 수 있도록 길을 열어준다. 그들이 얼마나 많이 벌고 어떤 지위를 차지하는가는 더이상 문제가 되지 않는다. 물론 그들이 전문적인 분야에 종사하는 것은 사실이지만, 그들이 추구하는 것은 지위가 아니다. 그들이 받는 커다란 상급은 그들의 삶에 함께하시는 하나님의 손길이며 증거일 뿐이다.

이러한 변화는 사회 전반적으로 목적을 추구하는 사람들에게서 찾아볼 수 있다. 세상에서 가장 부유한 사람들까지도 잘못된 부분을 바로 잡기 위해 수십억 달러를 기꺼이 사용한다. 지구를 구하기 위해서든지, 또는 빈곤을 퇴치하기 위해서든지 그들의 가슴 속에서 힘차게 일어나는 분명한 부르심이 있다. 이때가 바로 하나님의 때이다. 견고히 선 사람들이 정신없이 흔들리는 세상에 견고함을 가져다 줄 수 있다. 지금이 바로 그러한 때이다.

매트의 삶이 시사하는 메시지는 이 땅에서 우리가 어떻게 하늘의 영광을 위임받을 수 있는지를 확실하게 보여준다. 하나님의 임재로 그분의 능력이 우리 삶에 역사하게 될 때 영원히 중요한 위치로 온전히 들어섬으로써, 모든 것이 제자리를 찾아 하나님을 영화롭게 하는 삶을 살게 된다. 이 위대한 모험에 당신도 동참하라!

— 빌 존슨 Bill Johnson
  캘리포니아 레딩의 벧엘교회 담임목사
  《하늘이 땅을 침노할 때》, 《하나님을 얼굴로 보리라》의 저자

서론

열매는 능력을 생산한다

대학 신입생 시절, 주님은 내 마음에 매우 중요한 말씀을 하셨다. 그분은 내가 중요하게 여기는 것은 주님이 보시기에 하찮은 것이고, 정작 주님이 중요하게 여기시는 것을 내가 하찮게 여긴다고 말씀하셨다. 주님께서 중요하게 여기시는 것은 성공적인 사역이 아니라 나의 성품을 정결하게 하는 것이었다. 주님은 내가 그분 안에 깊이 뿌리 내려 어떤 대단한 성공에도 요동치 않게 하시겠다고 하셨다. 그 말씀을 받은 후 여러 해 동안 매우 깊은 차원의 정결케 하는 불을 통과했다. 하나님께서는 나의 성품의 문제들을 철저하게 다루셨다. 성품은 주님께서 내 안에서, 그리고 나를 통하여 풀어내시려는 그분의 능력을 위한 기초였다. 하나님께서는 먼저 거룩하고 성별된 삶을 살 수 있는 능력을 주셨다. 그런 후 그분의 임재를 통해 다른 사람들을 깊이 있게 다룰 수 있는 능력이 나에게 부어졌다. 오늘까지도 나의 성품 개발은 여전히 진행 중에 있다.

웹스터사전은 '능력'Power을 '작동하는 힘을 공급하는 것, 몰아붙이거나 밀어내는 것, 고무하고 지탱해 주는 것, 전력을 전달하는 것, 그리고 행하거나 활동하는 힘'이라고 정의한다.

삶의 능력은 잠재된 가능성을 최대한으로 이끌어낼 수 있는 내적인 힘과 능력을 소유하는 것이라 할 수 있다. 하나님의 능력은 우리 내면에서 성령의 열매가 가꾸어지고 자랄 때, 삶 가운데 역사한다.

학창 시절, 과학시간에 열매를 사용하여 전력을 전달하는 실험을 본 적이 있다. 나는 레몬이 전구를 밝히는 데 사용되는 것을 보고 놀랐다. 열매는 전력이나 능력을 전달하는 중요한 매개체였다. 이처럼 영적인 열매는 당신의 삶 가운데 하나님의 능력을 전달하는 하나의 도체가 될 수 있다.

근본으로 돌아가자

영적인 열매는 당신이 소유하고 있는 하나님을 닮은 성품이다. 갈라디아서 5장 22-23절은 이렇게 말씀한다. "그러나 성령의 열매(주님의 임재가 내적으로 성취하시는 업적)는 사랑과 희락(기쁨)과 화평과 오래 참음(안정된 기질, 인내)과 자비와 양선과 충성(신실함)과 온유(부드러움, 겸손)와 절제(자제력, 극기)니…"

*성경 본문에 대한 보다 정확한 이해를 돕기 위해 괄호 안에 확대역성경Amplified Bible의 표현을 추가한 저자의 의도를 그대로 살렸다. 확대역성경은 다양한 텍스트로 만들어진 미국 표준버전을 재조명하여 1965년에 Zondervan 출판사와 Lockman재단이 공동번역하여 출판한 성경으로, 성경 원문의 의미를 이해하기 쉽게 확대해서 보여준다(편집자 주).

대부분의 사람들이 성령의 열매를 주일학교에서나 가르치는 교훈쯤으로 격하시키지만, 사실 그보다 훨씬 더 중요하다. 성령의 열매는 우리 안에 있는 하나님 능력의 본질 그 자체이다. 그것은 근본적인 것이지 결코 사소한 것이 아니다. 열매가 단지 미성숙한 사람들을 위한 것이라는 생각은 기만이다. 우리가 성숙했다는 확실한 증거는 이런 성품들을 능력 있게 드러내며 사는 데 있다. 열매가 무엇인지 아는 것과 그 특성들을 나타내며 사는 것은 전혀 다르다. 어렸을 때 열매가 무엇인지 배우지만, 우리는 성장하면서 그것을 가꾸지 않고 계속해서 방치한다. 가꾸지 않는 열매는 결국 썩기 마련이다.

나는 사역을 위해 여행을 자주 하는 편인데, 한번은 숙박 중인 호텔에서 과일 바구니를 받았다. 그런데 그 과일은 썩은 것이었다. 그 냄새를 맡은 파리 떼가 방으로 잔뜩 몰려와 바로 과일을 버리고 방을 청소해야 했다. 썩은 과일은 파리 떼를 불러들인다. 삶에 있어서 기본적이고도 심오한 하나님의 원칙들을 무시할 때, 우리의 삶에서도 그와 동일한 일이 벌어진다.

사람들은 종종 열매와 능력이 서로 무관하다는 듯 구분지어 생각한다. 열매 맺는 삶이야말로 생생하게 존재하는 하나님의 능력을 실제적으로 풀어낸다는 사실을 깨닫지 못하는 것이다.

내면에 있는 능력을 풀어내라

윈스턴 처칠, 아브라함 링컨, 마더 테레사, 마틴 루터, 캐서린 쿨만, 오럴 로버츠, 그리고 빌리 그래함을 기억하는가? 그들은 모두 성령의 열매를 맺는 삶을 살았다. 그들은 하나님의 능력을 전달하는 전달자들이었다. 지금은 그러한 영웅들이 어디에 있는가?

어둠과 빛이 충돌하는 세상에서 사회의 개혁과 변혁이 동터올 때, 사람들은 신뢰할 만한 사람들, 예를 들면 순전하고 진실하게 사는 지도자,

친구, 목사들을 절실하게 기다린다.

그들이 알기 원하는 것은 누가 잃어버린 사람, 고통당하고 상처 입은 사람, 가난하고 궁핍한 사람들 편에 서는가이다. 진리와 사랑 안에 사는 자는 누구인가? 당신은 어떠한가?

어린 시절, 나는 상상력이 매우 뛰어난 아이였다. 나는 공중을 날아다니고 펄쩍 뛰어올라 한 걸음에 높은 빌딩을 넘나드는 상상을 많이 했다. '슈퍼맨'의 주인공 클락 켄트는 낮에는 평범한 신문기자였다. 그러나 그의 조용한 태도 이면에는 슈퍼맨의 힘과 능력이 숨겨져 있었다. 누군가 위험한 상황에 처하면 클락 켄트는 평범한 기자에서 슈퍼맨으로 변신한다. 그는 놀라운 능력으로 엄청난 장애물을 극복한다. 그러나 평소 대부분의 사람들은 겉모습만 보고 그를 알아보지 못한다.

이것은 당신 또한 마찬가지다. 당신은 글자 그대로 높은 빌딩을 뛰어넘지는 못할 것이다. 그러나 당신의 능력은 슈퍼맨을 월씬 능가한다. 당신 안에는 당신으로 하여금 상상할 수 없는 일들을 가능케 하는 더 위대하신 분이 살아 계시기 때문이다. 그러나 당신은 먼저 하나님께서 당신을 영웅이 되도록 창조하셨다는 것을 깨닫고 알아야 한다. 이미 당신 안에 살아 계시는 그 영웅을 당신은 알아야 한다.

능력의 세 단계

당신이 초자연적인 하나님의 임재를 통해 탁월한 삶을 살도록 돕기 위하여 나는 이 책을 능력으로 가득한 세 단원으로 나누었다.

첫 번째 단원, '능력의 원천에 접속하라'에서는 우리가 어떻게 하나님의 능력에 연결될 수 있는지를 배우게 될 것이다. 우리는 하나님의 능력을 약속받았기 때문에 매일매일 승리와 자유로 가득한 삶을 살 수 있다! 이 능력은 어느 때 한 번만 맛볼 수 있는 그런 체험이 아니다. 그것은 삶을 위한 능력이다. 억지로 일어나 가기 싫은 직장에 가야만 하는 월요일 아침, 주님의 능력이 그 순간 당신과 함께한다. 당신이 어려운 시련과 환경에 직면한 바로 그 순간, 당신을 위한 주님의 능력은 그곳에 있다. 당신이 실망과 패배감을 느낄 때, 주님의 능력은 당신과 함께한다. 이전에 씨름했던 갈등과 시험에 또다시 직면할 때, 당신을 위한 주님의 능력이 그곳에 있다. 주님의 능력은 예기치 못했던 위기가 삶에 닥쳐올 때, 바로 그곳에 있다. 주님의 실제적이고 본질적이고 초자연적인 능력은, 당신이 매일 그분의 충만함과 풍성함 속에 살 수 있도록 돕기 위해 바로 거기에 있다.

일단 당신이 하나님의 능력에 접속되면 당신은 두 번째 단원, '능력을 활용하라'로 넘어갈 것이다. 거기서 긴 세월 동안 당신의 삶을 이끄시고 인도하신 하나님의 능력을 발견하고 활용하는 방법을 배울 것이다. 능력의 활용은 우리로 하여금 삶 속에서 하나님의 능력을 보전하고 보호하며 신장하고 성숙케 한다.

당신은 이렇게 생각할 수 있다. '하나님께서 과연 나를 신뢰하실 수 있을까?' 이것은 견고하고 경건한 성품을 개발하는 것이 능력을 활용하는 과정에 있어서 왜 그렇게 중요한지를 말해 준다. 주님께서 우리를 더 깊이 신뢰하실수록 그만큼 주님은 우리에게 더 많이 주실 것이다. 그분이 신뢰하실 수 있을 때에야 우리가 매일의 삶을 통해 자신이나 주변에 있는 사람들을 위험에 빠뜨리지 않고 주님의 능력을 실어 나르고 보존하며 풀어내는 통로가 될 수 있다는 것을 아시기 때문이다.

세 번째 단원 '능력을 풀어내라'에서 당신은 하나님의 능력과 어떻게 연결될 수 있는지, 그 능력을 어떻게 보전할 수 있는지를 배울 뿐 아니라, 그 능력이 당신의 삶을 통하여 초자연적으로 풀어지는 것을 볼 수 있도록 준비될 것이다. 하나님의 능력은 당신만을 위한 것이 아니다. 그것은 당신이 만나는 모든 사람들을 위한 것이기도 하다. 하나님은 그분의 능력을 당신에게 불어넣으셔서 승리의 삶을 살 수 있게 하시고, 그 승리를 다른 사람들에게 전달하게 하신다. 주님의 능력이 당신 안에서 늘 신선하고 생생하게 유지되게 하려면, 당신은 그 능력을 풀어내야 한다.

이러한 능력을 풀어내는 데에는 성경적인 법칙이 있다. 당신이 삶의 모든 고난과 온갖 도전을 인내할 때, 능력은 풀어진다. 그러한 시간을 통해 욥은 갑절의 복을 받았고 요셉은 왕궁으로 들어갔다. 이스라엘은 약속의 땅으로 들어갔고 다윗은 왕권을 받았다. 예수님은 하나님의 능력과 사역을 받으셨다. 제자들은 사도권을 받았고 다락방에 있었던 120명은 능력을 받았으며 바울은 이방인들을 향해 나아갔다. 그리고 당신이 이 책을 읽고 난 후에는, 하나님께서 예비하신 당신의 삶을 향한 약속과 사명을 얻게 될 것이다.

선택은 당신의 몫이다

당신이 알아야 할 한 가지는, 삶을 위한 능력은 선택이라는 사실이다. 하나님은 우리 모두에게 자유의지를 주셨다. 그러므로 당신에게는 선택할 능력이 있으며, 선택은 능력의 저장소이다. 올바른 선택을 하라. 그러면 당신의 삶은 변화될 것이다! 참된 능력은 당신의 삶에서 나온다. 당신의 감추어진 삶의 스타일은 하나님의 풍성한 축복들을 풀어내든지, 아니면 당신으로 하여금 낮은 차원의 삶을 살게 하든지 할 것이다. 선택은 당신의 몫이다.

인생의 중요한 결정을 내렸다고 해서 트럼펫이 울려 퍼지지는 않는다. 운명은 조용히 만들어진다.**1)**
— 아그네스 드밀

지금 바로 하나님께서 당신을 위해 계획하신 충만함에 한 치라도 미치지 못하는 삶을 살지 않겠다고 결단하라. 더이상 실패는 없다. 더이상 우울은 없다. 더이상 부정적인 것은 없다. 더이상 두려움은 없다. 더이상 자기만족, 냉담, 무기력은 없다. 이것이 당신의 삶이다. 오직 이 한 가지 소원만을 품고 그것을 성취하는 삶을 살라!

열매를 억지로 쥐어짜지 말라

어느 주일 아침, 목회를 사임하기로 결심한 한 목사가 교인들에게 그 말을 어떻게 해야 할지 몰라 예배 전에 교회 직원들과 의논하였다. 예배가 시작되자 그는 평소와 달리 강단이 아닌 회중석 앞자리에 앉았다. 하나님을 예배할 마음이 전혀 없었던 그는 예배를 드리는 내내 팔짱을 끼고 멍한 얼굴로 앉아 있었다. 그는 돌처럼 차가웠다. 설교하려고 일어서기 전, 그는 부목사에게 이렇게 속삭였다. "내가 하는 설교를 주의해서 들어 주세요. 교인들은 무슨 차이점이 있는지 알지 못할 테니까요."

그 목사는 강단에 서서 매주 하던 대로 유창하게 설교했다. 그가 하는 말들은 매우 훌륭했고 감동적이기까지 했다. 설교를 마친 그는 성경을 접어들고 강단을 걸어 내려와 뒷문으로 빠져나갔다. 그의 변화를 눈치 챈 사람은 아무도 없었다. 평소처럼 교인들은 그럴듯한 설교를 듣고 박수치며 환호하는 가운데 예배를 마쳤다. 그러나 그들에겐 성령의 만지심이나 어떤 변화도 없었다. 그들은 그저 매혹적으로 들리는 허풍에 속고 있었다. 그것은 겉으로는 위대해 보였지만 속에는 아무런 열매가 없었다. 거기에는 아무 능력도 없고 삶의 변화도 없었다. 다만 허울뿐인 의식만 있었다.

어느 날 예수님께서 거리를 걸어가시다가 길가에 서 있는 무화과나무를 보셨다. 마침 시장하셨던 예수님은 푸르고 싱싱한 잎이 가득한 무화과나무를 보시고 매우 기뻐하셨다. 주님은 그 나무에 잘 익은 무화과 열매가 가득하리라 기대하셨을 것이다. 그러나 조금 더 가까이 다가가 확인한 결과, 나무 어디에도 무화과는 없었다! 나뭇잎은 부성했지만 무화과 열매는 없었다. 그런 무화과나무를 향해 예수님은 한 마디로 저주하셨고, 그 나무는 즉시 시들어 죽었다. 이 사건을 목격한 제자들은 무화과나무까지도 굴복케 하시는 주님의 능력과 권위에 놀랐다(막 11:12-14).

예수님은 이 사건을 가지고 제자들에게 믿음에 대하여 가르치셨다. 믿기만 한다면, 그들 역시 산을 향하여 명령할 수 있고 그들을 가로막는 산은 그들 앞에서 옮겨질 수밖에 없다. 그러나 나는 이 본문이 우리에게 몇 가지 다른 교훈을 가르치고 있다고 생각한다.

첫 번째 교훈은 우리와 관계가 있다. 성경에 소개된 무화과나무는, 멀리서 볼 때는 싱싱하고 잎이 무성하여 열매도 많은 것처럼 보였다. 우리 중에도 많은 사람들이 멀리서는 선하게 보인다. 그들에게서는 좋은 향기와 좋은 소리가 나고 말도 잘 한다. 물론 영적인 열매는 여러 은사와 재능이라는 나뭇잎들 사이에 감추어져 있다.

말을 잘해서 사람들의 반응을 이끌어내고 군중을 극도의 흥분상태로 몰아넣는 설교자들이 있다. 그것이 자칫 그들에게 좋은 열매가 있을 것이라는 어리석은 착각을 하도록 우리를 기만할 수 있다. 그러나 유창한 언변은 하나님의 참된 능력과 언제나 동일시될 수는 없다는 사실을 경험을 통해 배웠다. 실제로 우리가 조금만 더 가까이 가 보면, 그들에게 사람들의 삶을 변화시키는 참된 능력은 부족하고 경건의 모양만 있는 것을 발견하게 된다. 요란하게 소리치고 그럴듯하게 말한다고 해서 그 사람에게 하나님의 능력이 있는 것은 아니다.

우리는 멀리서 볼 때 좋게 보이는 외적인 것보다 더 중요한 것을 갈망해야 한다. 우리는 화려한 정장과 넥타이, 모자와 의상으로 자신을 빛낼 수 있다. 옳은 말이라면 다 할 수 있고 인기 있는 배우 노릇을 할 수도 있다. 그러나 예수님은 우리의 잎사귀를 원하시는 것이 아니다. 주님은 열매를 원하신다. 그분은 더 깊은 무언가를 원하신다. 주님은 그분의 갈망이 채워지기를 원하신다. 하나님은 겉으로만 좋아 보이는 것이 아니라, 존재 깊은 속까지 참되고 진실한 사람들을 원하신다. 그들은 자신이 말하는 바를 삶으로 진실하게 살아내는, 살아 계신 하나님의 순전하고 진정한 능력 안에 사는 사람들이다. 멀리서 좋게 보이는 것으로는 충분하지 않다. 예수님은 성도들의 삶 속에서 열매를 찾으신다.

무화과나무 사건이 가르치는 또 다른 교훈은 우리에게 있는 자연적인 재능과 영적인 은사와 관계가 있다. 자연적인 재능은 타고난 힘과 능력이다. 예를 들면 어떤 사람들은 대중연설을 잘하는 남다른 재능을 타고난다. 다른 사람들은 음악적인 재능이 탁월해서 그들이 노래하면 사람들은 감동을 받고 눈물을 흘린다. 어떤 사람은 뛰어난 운동선수의 재능을, 어떤 사람은 놀라운 지능지수를 가지고 태어난다. 이런 것들은 다 하나님이 주신 재능이고 멀리서 볼 때는 위대하게 보인다.

그런가 하면 고린도전서 12장 8-10절에 소개된 초자연적으로 주어지는 성령의 은사들이 있다. "어떤 사람에게는 성령으로 말미암아 (말하는 능력인) 지혜의 말씀을, 어떤 사람에게는 같은 성령을 따라 (표현하고 이해하는 능력인) 지식의 말씀을, 다른 사람에게는 같은 성령으로 (놀라운 일을 행할 수 있는) 믿음을, 어떤 사람에게는 한 성령으로 (비범한 능력인) 병 고치는 은사를, 어떤 사람에게는 (기적을 일으키는) 능력 행함을, 어떤 사람에게는 (하나님의 뜻과 목적을 해석하는 은사인) 예언함을, 어떤 사람에게는 (참된 영으로부터 왔는지, 거짓 영으로부터 왔는지를 분별하는) 영들 분별함을, 다른 사람에게는 (알아듣지 못하는) 각종 방언 말함을, 어떤 사람에게는 (그런) 방언들 통역함을 주시나니."

우리에게 있는 성령의 은사들이 멀리서 볼 때는 위대해 보일 수 있다. 그러나 하나님께서는 불완전한 사람들에게 은사를 부어주셨다. 그것이 은혜이며, 하나님의 은사와 부르심에는 결코 후회하심이 없다(롬 11:29). 하나님과의 관계를 추구하고 싶은 사람은 누구나 시작은 잘할 수 있다. 성령의 은사 안에서 활동을 개시할 수 있다. 그러나 바르게 시작하는 것만으로는 충분하지 않으며, 바르게 끝내는 것 역시 중요하다. 처음에는 화려하게 시작할 수 있지만, 하나님께서 주신 은사와 능력을 사용하는 중에 우리 마음이 주님에게서 벗어날 수 있다. 특별히 열매 없이 재능과 은사를 추구하면 이런 위험에 빠지기 쉽다.

그래서 예수님은 이렇게 말씀하셨다. "이러므로 그들의 열매로 그들을 알리라"(마 7:20). 성령 충만한 삶을 사는 사람이라는 진실한 표식이 무엇인가? 그것은 바로 우리가 맺는 열매다.

가지를 쳐라

만일 당신이 정성들여 가꾸는 과실수나 화초가 아름다운 꽃을 피우고 좋은 열매를 맺는 것을 보기 원한다면, 제때에 가지치기를 하거나 때로 어떤 가지를 완전히 잘라내는 것이 최선의 방법이라는 것을 알아야 한다. 요한복음 15장 2절에서 예수님은 우리를 가지에 비유하여 말씀하셨다. 주님은 말씀하시기를, 만일 가지가 열매를 전혀 맺지 못하면 찍어버린다고 하셨다. 그리고 가지가 열매를 맺으면, 주님은 더 많은 열매를 맺게 하시려고 곁가지를 자르고 또 접붙이신다. 우리는 열매를 맺지 못해 잘려 나가는 가지 같은 존재가 되어서는 안 된다. 우리가 어떤 일을 올바로 할 때에도 주님은 곁가지를 자르신다. 그러므로 주의하라. 우리가 무언가 잘못하거나 아무것도 하지 않으면 잘려진다. 우리는 이 문제를 잘 다루어야 한다. 하나님께서 당신 안에서 열매를 맺으시도록 하라. 우리가 기억해야 할 한 가지는, 열매 맺지 못해서 아주 잘리는 것보다 더 많은 열매를 맺기 위해 다듬어지는 것이 훨씬 좋다는 것이다.

그러면 하나님께서는 어떻게 우리를 가지치기하시는가? 그분은 두 가지 방식으로 그 일을 하신다. 첫째로 주님의 말씀이 우리를 가지치기한다.

너희는 내가 일러준 말로(내가 너희와 토론한 그 교훈으로) 이미 깨끗하여지고 가지치기 되었으니 _요한복음 15장 3절

주님의 말씀을 읽으면 우리의 본래 모습이 드러나고 우리의 마음을 볼 수 있다고 히브리서 4장 12절은 말씀한다. "하나님의 말씀은 살아 있고 활력이 있어 좌우에 날선 어떤 검보다도 예리하여 혼(생명)과 (불멸의) 영과 및 (우리 육신의 가장 깊은 곳에 있는) 관절과 골수를 찔러 쪼개기까지 하며 또 마음의 생각과 뜻을 판단하나니." 하나님은 말씀을 통하여 우리가 주님의 말씀에서 벗어난 부분이 무엇인지를 보여주신다. 그때 우리는 참으로 주님을 기쁘시게 해 드리는 삶을 다시 시작할 수 있다. 또한 우리가 말씀을 읽고 묵상할 때, 주님의 말씀은 우리 안에서 정결하게 하는 능력이 되고, 우리가 주님이 계획하신 본연의 모습으로 살 수 있게 한다. 주님의 말씀은 우리의 길에 빛을 비추고, 삶 전반에 걸쳐 바른 길로 우리를 인도한다. 주님의 말씀은 열매 맺는 삶을 위한 능력의 근원이다.

> 모든 성경은 하나님의 감동으로(하나님의 숨결을 불어넣으셔서) 된 것으로 교훈과 (죄에 대한) 책망과 바르게 함과 (그리고) 의로 교육하기에(거룩하게 살고 생각과 계획과 행동에 있어서 하나님의 뜻에 따라 살아가기에) 유익하니
>
> _디모데후서 3장 16절

하나님의 말씀은 우리에게 예수님의 형상을 보여준다. 주님은 완전하게 하나님의 능력 안에서 성령의 열매를 맺으며 사셨다. 그러므로 우리가 주님의 말씀을 주시할 때, 주님과 같이 깨끗하고 단정하며 바르게 살아갈 힘을 얻는다.

두 번째로, 우리가 다른 사람과 맺는 관계 역시 우리의 가지치기에 사용된다. 그렇다. 하나님은 '열매를 맺도록 시험하는 도구'fruit tester를 주변

에 두심으로써 우리로 하여금 좋은 열매를 맺게 하신다. 주님은 우리가 열매 맺는 삶을 살도록 서로 다른 인격체를 사용하신다. 하나님은 어떤 사람은 강한 의지의 소유자로 만드신 반면, 어떤 사람은 온유하고 겸손한 사람으로 만드셨다. 하나님은 사람들을 다양한 모습으로 만드셔서 함께 살도록 하셨다. 그런 의미에서 세상은 하나의 거대한 과일샐러드이다! 사람들이 서로 진실한 관계를 맺을 때 좋은 열매가 맺히는데, 종종 그렇지 못할 때도 있다.

우리를 죽이려 하는 두 가지 영적 존재가 있다는 사실을 아는가? 이에 대해 당신은 이렇게 물을 것이다. "뭐라고? 나를 죽인다고?" 그렇다. 당신을 죽인다. 그렇다면 그게 누구인가? 바로 하나님과 사탄이다. 사탄은 도둑처럼 당신에게 다가와 도둑질하고 죽이고 멸망시킨다(요 10:10). 사탄은 당신을 향한 하나님의 계획과 목적을 파괴하기 위해 온다. 그러나 하나님은 당신의 육체와 악한 본성을 죽이셔서 부활하신 주님의 능력을 경험할 수 있게 하신다! 그런 죽음은 당신에게 좋은 것이다. 주님은 당신이 삶 가운데 겪는 여러 일들을 통해 그리스도와 함께 십자가에 못 박히게 하심으로 그 모든 일을 통해 주님의 능력을 경험하게 하신다. 바울은 말했다. "내가 그리스도와 함께 십자가에 못 박혔나니 그런즉 이제는 내가 사는 것이 아니요 오직 내 안에 그리스도께서 사시는 것이라 이제 내가 육체 가운데 사는 것은 나를 사랑하사 나를 위하여 자기 자신을 버리신 하나님의 아들을 믿는 믿음 안에서 사는 것이라"(갈 2:20).

부활의 능력을 받기 전에 우리는 먼저 주님의 죽으심을 경험해야 한다. 우리가 자아에 대하여 죽을 때, 주님의 능력은 우리 안에서 풀어지고 우리는 주님의 부르심에 합당한 사람이 될 수 있다. 그리고 날마다 부딪치는 사람들과 맺는 여러 관계 안에서 우리의 자아가 죽는 것보다 더 잘 죽을 수 있는 길이 있을까? 우리 내면 깊숙이 숨겨진 것들이 치고 올라올 때마다 우리는 사랑과 은혜의 반응을 선택해야 한다. 그것이 바로 죽는 것이다.

홀로 있을 때, 우리는 모두 작은 천사들이다. 그 순간 우리는 하나님의 임재를 즐기며 기도한다. 마치 구름 위에 떠 있는 것같이 모든 것이 평화롭고 완벽하다! 그런데 아내, 남편, 아이들이 집에 오면 그때부터 이야기는 달라진다. 신발이 여기저기 벗겨져 있고, 옷가지가 바닥에 널려 있으며, 접시들이 설거지통에 그대로 있다. 순간 후광은 사라지고 큰소리가 나온다. 그 작은 천사는 어디로 사라졌나? 내면의 밑바닥에 있던 것들이 치고 올라와 드러나기 시작한다. 이런 일은 다른 사람과의 관계 속에서만 발생한다. 그러므로 우리 내면에 무엇이 있는지는 가장 가까운 사람들과의 관계를 통해 정확히 볼 수 있다.

나와 함께 이런 장면을 상상해 보자. 당신이 집에서 남편이나 아내, 아이들과 같이 '대화'를 하고 있다고 가정해 보자. 조금씩 열받기 시작한 당신은 점점 목소리가 높아지고 감정이 격화된다. 그때 전화벨이 울린다. "여보세요." 당신은 갑자기 목소리를 낮춰서 아주 조용하고 부드럽게 말한다. 목사님이다. "저, 여보세요. 목사님, 목사님 전화를 받으니 참 기쁘군요. 예, 토요일에 빵 판매를 하신다니 참 재미있겠네요. 물론이죠. 과자를 구워서 가지고 가요. 아멘. 하나님을 송축합니다. 주님을 찬양합니다. 나는 구원 받았습니다. 나는 성화되었습니다. 성령으로 충만하고요! 목사님, 감사합니다." 전화를 끊은 당신은 바로 조금 전에 멈추었던 그 장면으로 돌아가 다시 큰소리를 치기 시작한다.

주변 사람들과 관계하면서 드러나고 만들어지는 결과를 우리는 충분히 통제할 수 있다고 생각한다. 그러나 과연 그럴까? 가족은 우리 속에 있는 최악의 것들을 보기 쉽다. 왜 그런가? 우리가 가정에서 가장 편하게 느끼기 때문이다. 가족은 가족이다. 그들은 당신을 떠날 수 없다. 당신의 부모는 당신의 부모이고, 당신의 아이들은 당신의 아이들이고, 당신의 배우자는 당신의 배우자다. 일단 당신이 결혼을 하면 부부 관계는 죽을 때까지 간다. 이렇듯 하나님은 당신이 가장 위대한 열매를 맺는 데 가까운 사람들을 사용하신다.

그러니 끊임없이 그들을 변화시키려고 애쓰기보다는 있는 그대로 그들을 용납하는 것이 낫다. 하나님께 주변 사람들이 변하게 해 달라고 기도하기보다 자신을 변화시켜 달라고 기도한다면, 당신은 아마도 훨씬 더 즐거운 삶을 살 수 있을 것이다. 당신이 힘겨운 환경 가운데 열매를 맺을 수 있다면, 지금 사람으로 인해 힘들어하는 문제가 나중에는 더이상 당신을 괴롭히지 못할 것이다. 자아에 대하여 죽는 만큼 당신은 자신을 괴롭히는 감정에 대하여 승리할 것이고 결국 더 많이 행복해질 것이다. 당신이 다른 사람의 변화를 위해 기도할 때, 하나님은 당신이 변화되기를 기다리신다는 사실을 항상 기억하라. 어쩌면 당신이 죽어서 정복하는 것이 더 빠를 것이다.

우리는 공동체에서 벗어날 수 없다. 우리는 그 안에서 살아야 한다. 하나님께서는 우리를 보호하시기 위해 그렇게 만드셨다. 그것이 정말 당신을 행복하게 하지 않는가? 맞다. 그래야 한다. 그렇다면 행복해져라. 그리고 즐겁게 살아가라. 다른 사람이 당신에게 '열매를 맺도록 시험하는 도구'라는 생각이 들면, 당신 역시 다른 사람에게 '열매를 맺도록 시험하는 도구'일 수 있다는 사실을 기억하라.

때를 얻든지 못 얻든지

한번은 하나님께 이렇게 물어보았다. "주님은 왜 무화과나무의 때가 아닌데 무화과나무를 저주하셨습니까? 제철이 아닌데 어떻게 열매 맺지 못한다고 책임을 물으실 수 있습니까?" 나는 그것이 공평하지 않다고 여겼다. 그런데 그 순간 이런 성경 말씀이 생각났다. "때를 얻든지 못 얻든지 준비하라"(딤후 4:2, NKJV).

나는 때가 어떠하든지, 우리의 환경이 어떠하든지, 날씨가 좋든지 나쁘든지, 예수님은 우리가 열매 맺기를 원하신다는 사실을 깨달았다. 항상 좋은 열매를 맺는다는 것은 쉽지 않은 일이다. 그러기 위해서는 육체의 욕망과 육신적인 삶에 대하여 죽어야 한다. 그러나 하나님은 우리가 때를 얻든지 못 얻든지 준비되기를 원하시고, 성령님은 우리에게 그렇게 할 수 있는 능력을 주신다.

하나님은 우리에게 어떤 일을 맡기실 때, 우리가 그것을 충분히 감당할 수 있도록 필요한 모든 자원을 이미 마련해 놓으신다. 이 얼마나 놀라운 일인가! 주님은 결코 그분이 돕지 않으시면서 무언가를 하라고 요구하지 않으신다.

예수님은 우리의 은사나 물질적인 성공보다는 우리의 열매에 더 많은 관심을 기울이고 계신다. 마태복음 7장 22-23절을 보면, 주님은 위대한 은사를 가지고 사역하던 사람들에게 그들을 결코 알지 못하니 주님을 떠나라고 말씀하신다. 열매가 없었던 그들은 가장 중요한 것을 놓치고 있었다. 그것이 무엇인가? 바로 하나님과의 관계와 그분의 왕국에 들어가는 것이다. 예수님은 또한 마태복음 21장 43절에서 이렇게 말씀하셨다. "그러므로 내가 너희에게 이르노니 하나님의 나라를 너희는 빼앗기고 그 나라의 열매 맺는 백성이 받으리라." 열매는 우리를 보시는 하나님께서 가장 중요시하시는 것이다.

열매를 맺으리라

요엘은 다음과 같이 예언했다. "들짐승들아 두려워하지 말지어다 들의 풀이 싹이 나며 나무가 열매를 맺으며 무화과나무와 포도나무가 다 (충만한) 힘을 내는도다"(욜 2:22). 하나님께서는 우리 안에서 쉬지 않고 일하셔서 거친 광야가 푸른 초장이 되게 하신다. 주님은 마르고 죽은 땅을 소생시키시며 나무뿐 아니라 우리의 삶이 열매 맺게 하시고 충만한 힘을 내게 하신다. 하나님은 우리에게 힘을 주셔서 열매 맺게 하시고 우리의 영을 강하게 하신다. 이것이 우리의 삶이다.

나는 이 책을 읽는 당신을 위해 골로새서 1장 10절의 말씀을 붙들고 진심으로 기도한다. "주께 합당하게 행하여 범사에 기쁘시게 하고 모든 선한 일에 열매를 맺게 하시며 (더 충만하고 더 깊고 더 분명한 통찰력과 친밀함과 인식을 가지고) 하나님을 아는 것에 자라게 (살고 처신하게) 하시고."

나는 이 기도야말로 이 책에서 당신이 찾을 수 있는 하나님의 박동소리라고 믿는다. 우리가 하나님을 기쁘시게 해 드리려면 반드시 그렇게 살아야 한다. 그러면 주님의 놀라운 능력이 우리 삶 가운데, 그리고 우리의 삶을 통하여 드러나며 열매를 맺을 것이다. 결국 우리는 하나님을 아는 깊고 친밀한 지식 안에서 자라게 될 것이다.

제1부
능력의 원천에 접속하라

Chapter 1 **친밀함의 능력** : 임재 안에 잠기라

Chapter 2 **은혜의 능력** : 흐름을 타라

Chapter 3 **진리의 능력** : 올바로 조정하라

Chapter 4 **정체성의 능력** : 당신이 누구인지 알라

Chapter 5 **믿음의 능력** : 지붕을 뜯어내라

친밀함의 능력 : 임재 안에 잠기라

하나님께서 처음으로 우리 가족에게 그분을 계시하셨을 때, 기적과 능력의 하나님으로 알게 하셨다. 그때 내 나이는 14살이었다. 얼마나 놀라운 해였던가! 하나님은 내 삶에 개입해 들어오셨고, 그 이후로 이전과 전혀 다른 삶이 시작되었다. 나는 가톨릭 신앙 안에서 자랐다. 우리 가족은 크리스마스나 부활절에 한두 번 성당에 갔다. 나는 성당에서 촛불을 켜는 것을 좋아했는데, 촛불의 향내와 평화로운 분위기에 강하게 끌렸다. 성 마가렛의 날에 참여했던 심야미사가 지금도 기억에 남는다. 우리는 일어서서 어둠 속에서 작고 하얀 촛불을 들고 헨델의 '할렐루야'를 노래했다. 그때 창문으로 바라보는 하늘이며, 내게 말을 걸 듯 가물거리며 타오르는 수백 개의 촛불이 얼마나 아름다웠던지. 나는 그런 분위기를 좋아했다.

그러다가 부모님께 교회에 다녀도 되는지 여쭤 본 기억이 난다. 나는 사람들보다는 몇 가지 이유로 교회와 영적인 일들에 강하게 끌렸다. 당시 나는 찬송가를 펴서 큰 소리로 찬송하기를 좋아했다. 그때부터 높은 곳에 계신 보이지 않는 능력자가 나를 이끌고 계셨으나 그땐 그것을 깨닫지 못했다. 우리 가족은 그렇게 종교심이 강한 편은 아니었다. 나는 하나님과 예수님을 믿었지만 주님과 인격적인 관계를 맺고 있지는 않았다. 주님께서 세상의 죄를 지고 가신 하나님의 어린양이심을 알았지만 여전히 나의 죄는 용서받지 못했다. 나에게 하나님은 우주 저 멀리 어딘가를 떠다니는 존재였다.

그런데 그날 밤 내 삶을 영원히 바꾸어 놓는 일이 벌어졌다. 그 당시 어머니는 2년 동안 병으로 고생하고 계셨다. 병원비로 수천 달러를 써버린 어머니는 치료에 좋다는 현대의약은 다 써 보았고, 영적인 능력으로 고쳐 보려고 최선을 다했다. 그러나 아무 효과도 없이 상태가 더 악화되기만 했다. 어머니가 병들기 시작했을 때, 나는 12살이었다. 어머니는 처음에 어지럼증을 느끼기 시작하시더니, 이내 송곳과 바늘로 쉬지 않고 찌르는 듯한 통증이 팔과 손 전체로 번졌다. 바로 서서 걸을 수도 없었고 나중에는 침대에만 누워 계셔야 했다. 2년쯤 되었을 때에는 침대에서 일어날 수도 없었다. 의사들은 그들이 배운 바에 따라 다양한 진단을 내렸다. 어떤 의사는 척추에 침입한 바이러스가 원인이라고 하고, 어떤 의사는 희귀하게도 혈액에 이상이 있거나 경화를 일으키는 효소로 인한 감염 때문이라고 했다. 그러나 무슨 약을 쓰든 병은 점점 더 악화되기만 했다.

"사랑하는 하나님, 저는 정말 엄마가 걱정스러워요. 엄마가 너무 아프신데 무엇이 잘못됐는지 모르겠어요. 의사들도 몰라요. 제발 우리 엄마를 도와주세요. 의학도 소용이 없어요. 아무것도요. 엄마가 죽으면 안 돼요." 1986년 11월 9일, 나는 하나님께 이렇게 기도했다.

그 해가 다 가기 전, 할머니는 성령으로 충만한 사제들이 인도하는 치유미사에 어머니를 데리고 가셨다. 그날 밤은 그 어느 때보다 더 힘들었지만, 어머니는 그 미사에 가기로 결심하셨다. 하나님만이 유일한 소망이심을 아셨던 것이다. 당시 하나님께서 어떻게든 개입하지 않으셨다면, 어머니의 삶은 이미 끝났을 것이다. 그날 밤 교회에 들어서는 순간, 어머니는 예배당 뒤편 바닥에 쓰러지셨다. 눈물을 흘리며 얼굴을 들어 십자가를 바라보시던 어머니는 이렇게 기도하셨다. "예수님, 오늘 밤 나는 주님께, 오직 주님께 나아갑니다." 어머니는 애써 앞으로 나아가며 기도했고, 사제의 손이 몸에 닿기도 전에 성령의 능력이 그분을 덮어버렸다. 그 능력이 얼마나 강력했던지 어머니의 몸은 제단을 지나 공중으로 3미터도 더 넘게 날아갔다.

바닥에 누워 있는 어머니의 몸으로 마치 몇 만 볼트의 전류가 흘러 지나가는 듯했다. 어머니는 순간 자신이 죽어서 천국에 왔다고 생각했다. 사제들이 부축하여 바닥에서 일으켰을 때, 어머니는 여전히 하나님의 능력이 자신의 몸에 흐르는 것을 느낄 수 있었다. 자리에서 일어났을 때, 어머니는 무언가 달라진 것을 알아차렸다. 모든 통증과 질병이 몸에서 떠나가 버린 것이다! 그뿐 아니라 예수님께 마음을 완전히 드렸다. 그 순간 어머니는 예수님이 하나님께 가는 유일한 길이심을 깨달았다. 그동안 힌두교와 불교에서 가르치는 치유법들을 다 시도해 보았지만, 오히려 질병을 더욱 악화시켰다. 심지어 뉴에이지의 치유기법까지도 써 보았다. 그러나 그 모든 것은 아무런 효과가 없었다. 사실, 명상과 요가에 깊이 빠질수록 어머니는 더 아프고 괴롭기만 했다! 하나님은 예수님만이 하나님과의 참된 관계로 들어가는 유일한 길이심을 어머니가 이해할 때까지 기다리고 계셨다. 어머니는 진리를 진지하게 추구하고 있었고, 결국 그날 밤 그것을 찾은 것이다!

나는 그날 어머니가 우리 집 현관문으로 걸어 들어오시던 모습을 지금도 기억한다. 어머니는 환하게 웃으셨다. 지난 2년 동안 어머니가 웃으시는 모습을 본 적이 없었다. "엄마, 무슨 일이 있었어요? 아주 달라지셨어요." 소리치며 다가가는 나에게 어머니는 대답하셨다. "예수님이 나를 고쳐주셨단다."

그 일이 있고 난 후, 1987년 1월 27일 일기에 나는 이렇게 썼다. "예수님이 어머니를 고쳐주셔서 나는 너무나 기쁘다. 주님은 참으로 위대하시다." 얼마나 놀라운 변화인가!

그 주간에 우리 가족 모두는 하나님과의 참되고 진실한 관계로 들어갔다. 어머니 옆에 앉아서 예수님이 십자가에서 우리를 위해 무슨 일을 하셨는지에 대해 듣는 중에 내 안에서 이상한 일이 일어났다. 갑자기 나의 죄들이 생각이 났고, 그것을 용서받아야 한다고 깨달은 것이다. 어느 누구도 내가 죄를 지었다고 말해 주지 않았지만, 나는 그것을 그냥 알았다. 우리는 함께 기도했고, 나는 예수님께 나의 죄를 용서해 달라고 부탁했다. 그러자 내가 깨끗해진 것을 느꼈고, 삶에 새로운 장이 열리기 시작했다. 그와 동시에 내 안에서 새로운 변화가 일어났는데, 그것은 바로 하나님과의 영광스런 관계의 시작이었다. 더이상 주님은 저 멀리 우주 저편 어딘가에 떠있는 능력이 아니었다. 주님은 내 삶 속으로 걸어 들어오셔서 내 안에 실재하셨다!

우리는 곧 말씀을 정확하게 가르치고 뜨겁게 찬송하고 예배하는 한 순복음교회에 등록했다. 교회에 다니기 시작한 첫 달 동안 나와 내 동생은 주머니에 손을 넣은 채 뒤쪽 벽에 기대어 서 있었다. 그만큼 우리에게는 모든 것이 너무나 생소했다. 몇 달이 지나면서 나의 영혼에 무엇인가가 치고 들어오기 시작했고, 어느새 나는 맨 앞자리로 가고 있었! 그렇게 어느 주일, 부모님에게 아무 말도 하지 않은 채, 뒷줄에서 앞줄로 걸어 나갔다. 내가 눈을 감고 찬양할 때, 무언가 내 온 몸을 감싸는 것을 느낄 수 있었다. 하나님은 주님의 임재로 나를 채우시고 계셨다. 얼마나 영광스러웠던지! 하나님은 그렇게 가까이 계셨다. 나는 주님을 내 안에서, 그리고 내가 속한 공간 어디서든 느낄 수 있었다. 그분의 임재는 나를 뒤덮고 있었다.

성령 안에 잠기기까지

매주 나는 눈을 감은 채 손을 들고 하나님을 예배하려고 했다. 주님과 함께하는 교회 분위기 속에서 그분의 임재는 나에게 매우 실질적으로 다가왔다. 주님의 임재는 물결과 같이 내 몸에 밀려왔다. 시간이 지나면서 나는 하나님을 더 원하게 되어 혼자 있을 때에도 주님의 임재를 경험하기 원했다! 그래서 나는 녹음기와 좋아하는 찬양 테이프를 가지고 내 방에 들어가서 문을 닫고 혼자서 매일 한 시간씩 하나님을 예배하곤 했다. 그때마다 교회에서 백 번도 넘게 불렀던 찬양을 불렀지만, 아무것도 느끼지 못했다! 나의 영혼은 메말랐고 마치 하나님과 멀리 떨어진 느낌이었다. 교회에서 그분의 임재 안에서 예배하던 때와는 달리 아무것도 느껴지지 않았다. 그렇지만 나는 하나님과 연결될 때까지 포기하지 않기로 결심했다.

하나님을 찾고 그분 앞으로 나아가려고 애쓴 지 4개월이 자나자 드디어 사건이 일어났다. 나는 이전에 천 번도 더 불렀을 찬양을 부르고 있었다. 그러나 그날은 무언가 달랐다. 나는 순간 나의 영이 흠뻑 적셔지는 지점까지 와 있음을 알았다. 성령은 내 영으로부터 나의 혼과 몸으로 흘러넘치고 있었다.

그것은 내 기억 속에 각인된 영광의 순간이다. 14살의 어린 소년이었던 나는 눈을 감고 손을 들고 방 가운데 서 있었다. 찬양을 부르고 있을 때, 내 위에서 하늘이 열렸다. 하나님의 명백한 임재가 내 방 전체에 가득 찼다. 하나님은 내 작은 방으로 내려오셨다. 거기에는 주님과 나만 있었다. 내가 구원받은 후 주님은 이미 내 안에 계셨지만, 그 순간 주님은 내 영혼과 몸속으로 흘러들어오고 계셨다. 그것은 나를 변화시키기에 충분한 능력을 가지신 하나님과의 인격적인 친밀함이 뚫고 들어오는 영적인 돌파의 순간이었다.

그 후 청년부의 도움을 받으며 십대를 보냈다. 하나님은 계속해서 나를 주님 안에서 더 깊게, 더 높이 이끄셨다. 나는 예수님의 삶을 통해 하나의 원리를 배우기 시작했는데 그것은 앞으로 내 삶 가운데, 그리고 내 삶을 통하여 초자연적인 능력을 풀어낼 것이었다. 나는 깊은 열정을 가지고 기도하며 하나님과 시간을 보냈다. 이러한 성향은 인간적인 성품과 아무 관계가 없다. 그것은 내면으로부터 하나님이 감화하시는 데서 비롯된 것이었다. 어느 누구도 나에게 기도하라고, 예배하라고 말하지 않았다. 그것은 내 안에 계신 성령으로부터 온 것이다.

십대 청소년 시절과 이십대의 청년 시절 내내, 나는 기타를 들고 외딴 곳으로 가서 하나님을 예배하기를 즐겼다. 그것은 참으로 특별한 시간이었다. 거기서 나는 하나님의 예언적인 음성을 듣는 법을 배웠다. 하나님의 임재에 깊이 잠겨 있을 때, 나는 하나님께서 예언적으로 불러주시는 노래를 듣기도 했다. 나를 향한 주님의 마음을 보여주실 때, 성령 안에서 여러 시간 즉흥적인 찬양을 하곤 했다.

하나님의 임재 안에 사는 법을 배우면서, 길을 걸어가거나 슈퍼마켓에서 물건을 사는 것 같은 일상적인 일을 할 때에도 그분의 임재가 나와 함께하신다는 것을 발견하기 시작했다. 때때로 하나님의 임재는 물결처럼 밀려와 나를 씻겨 주시곤 했다. 오, 하나님의 임재 안에서 영원히 살 수 있기를! 이것은 분명히 우리가 살면서 추구해야 할 가장 큰 일이다.

십대 시절 멕시코에 첫 번째 선교여행을 가서 나는 하나님의 임재 안에 완전히 잠기고 그분께 완전히 사로잡히는 것이 무엇인지를 배웠다. 어느 날 밤, 나는 우리가 섬기고 있던 고아원 지붕 위에 있었다. 선교팀이 소그룹으로 하나님을 예배할 때, 나는 기도하기 시작했다. "성령님, 저는 주님이 제 존재 구석구석까지 다 소유하시기를 원합니다. 저는 제 몸의 분자와 세포가 다 주님으로 충만해지기를 원합니다." 이 기도를 하는데 갑자기 하나님의 분명한 임재로 내 몸의 구석구석까지 충만해졌다. 그것은 마치 내 몸의 분자 하나하나가 주님의 임재로 감전되는 것 같았다. 그 순간 주님은 나의 모든 것, 영과 혼과 몸을 취하셨다. 얼마나 영광스러웠던지!

성경을 공부하면서 나는 예수님의 마음속에는 하늘 아버지와 관계하고 교제하기 원하시는 깊은 갈망이 있었고, 그래서 주님의 삶의 스타일은 그러한 열정을 반영했다는 것을 배웠다. 예수님은 어린 시절부터 성전에 계셨다. 그분을 찾던 부모가 성전에서 주님을 찾았을 때, 선생들과 성경에 대하여 깊이 토론하시는 것을 보고 놀랐다. 주님의 뛰어난 이해력은 사람들을 놀라게 했다(눅 2:44-52).

예수님은 아주 어리셨을 때부터 하나님과의 친밀함에 이끌리셨다. 주님의 사촌인 세례 요한도 마찬가지였다. 요한은 매우 특별한 목적을 위하여 하나님께서 일으키고 준비시키신 예언적 목소리였다. 성경은 누가복음 1장 80

절에서 요한에 관하여 이렇게 말한다. "아이가 자라며 심령이 강하여지며 이스라엘에게 나타나는 날까지(공적인 사역을 시작하기까지) 빈 들에 있으니라."

요한은 사역을 준비하는 동안 하나님과의 친밀함으로 나아갔고 이 세상의 소리를 멀리 하였기에 하나님의 음성을 밝히 들을 수 있었다. 그에게는 성취해야 할 중요한 부르심과 사명이 있었다. 만약 그가 하나님과 홀로 있지 않았다면 자신의 사명을 완수할 수 없었을 것이다.

성인이 되신 예수님의 삶 역시 지속적으로 하나님과 친밀하게 동행하신 것을 보여준다. 열두 제자들을 부르시기 전에 그러셨던 것처럼, 주님은 중요한 결정을 내리시기 전에 하나님 앞에서 홀로 여러 시간을 보내곤 하셨다(눅 6:12-13). 이런 친밀함의 자리에서 주님은 영적인 질서를 따라 움직이셨고, 그분의 부르심을 받은 열두 제자 또한 그것을 주님에게서 배웠다.

하나님과의 친밀함을 개발하라

예수님은 우리가 따라야 할 완벽한 실례와 모범이시다. 주님은 우리에게 참으로 초자연적인 능력 안에서 산다는 것이 어떤 것인지를 보여주셨다. 예수님의 마음은 끊임없이 긍휼과 믿음으로 가득하셨기 때문에 그분은 어디서든지 초자연적인 능력을 풀어 놓으셨다. 주님을 통해 병든 사람이 고침을 받고, 눌린 사람은 자유를 얻었다. 눈 먼 사람은 눈을 뜨고, 저는 사람은 바로 걷고, 못 듣는 사람은 듣게 되고, 죽었던 사람까지도 다시 살아났다. 이것이 바로 초자연적인 능력이다!

우리는 예수님이 광야에서 40일을 보내신 후에 이런 능력을 받으셨다고 알고 있다. 주님은 성령으로 충만하셔서 광야로 나가셨다. 그리고 시험을 통과하고 나오실 때, 주님은 성령의 능력으로 충만해지셨다(눅 4:1-2, 13-14). 그러나 그것이 전부가 아니다. 지상에서 사역을 하시는 동안 주님은 늘 군중들을 떠나 홀로 하나님과의 시간을 가지셨다. 주님께서는 사람들에게 하나님의 능력을 부어 주셨지만, 여전히 그 능력으로 항상 충만하셨다. 이것이 주님을 붙들어주는 무제한적인 능력의 비결이었다.

성경 곳곳에서 당신은 예수님의 은밀한 기도생활과 사람들에게 능력을 풀어내시는 사역 사이의 직접적인 연관성을 발견할 것이다. 마태복음 6장 6절에서 기도하는 법을 가르치시면서, 예수님은 은밀한 곳으로 가서 은밀한 중에 계시는 우리 아버지께 기도하라고 말씀하셨다. 그러면 은밀한 곳에서 보시는 하나님이 공개적으로 우리에게 갚아주실 것이다.

믿음의 아버지인 루 잉글이 언젠가 내게 이런 말을 해 주었다. "매트, 네가 은밀하게 행하는 것이 훗날 역사의 무대에 올려지게 될 것이다." 그것은 나의 사사로운 삶이 하나님 앞에서 얼마나 중요한지를 뜻하는 말이었다. 나의 은밀한 삶이 나의 드러난 사역에 영향을 준다. 나의 개인적인 기도생활은 하나님께서 대중 앞에서 나를 사용하시는 데 지대한 영향을 끼친다. 이것은 우리 모두에게 해당되는 진실이다.

하나님의 놀라운 능력으로 병든 자를 고쳤던 캐서린 쿨만은 언젠가 이런 말을 했다. "하나님께서 개인에게 주신 가장 큰 능력은 기도의 능력이다."[1]

또 다른 위대한 치유사역자였던 스미스 위글스워스는 이렇게 말했다. "나는 아침에 성령 안에서 하나님과 교제하지 않고는 침대에서 일어난 적이 없다."[2] 그는 이런 말도 했다. "나는 30분 넘게 기도한 적이 그리 많지 않지만, 기도하는 간격이 30분을 넘긴 적은 없다."[3] 이처럼 기도는 그의 삶의 스타일이었다.

예수님께서 하나님과의 친밀함과 능력으로 사셨던 한 실례가 마가복음 1장 32-42절에 기록되어 있다. 어느 날 밤 많은 사람들을 치유하고 축사하신 후, 주님은 아침 해가 뜨기 전에 한적한 곳으로 가셔서 홀로 기도하셨다. 그렇게 기도하시고 나서 곧이어 주님은 다시 길을 가시면서 더 많은 사람들을 가르치고 자유하게 하셨다. 주님은 즉석에서 나병환자를 고치시기도 하셨다. 이를 통해 우리는 기도하며 능력을 행하시고 다시 기도하시는 주님의 행동양식을 알 수 있다.

하나님의 능력은 우리의 기도생활에 있다. 그것은 삶의 스타일이다. 때에 따라 예수님은 밤중에 기도하셨고, 이른 아침에 기도하기도 하셨다. 어느 때건 사역이 가능하도록 주님은 하나님과 지속적으로 교제하는 습관을 개발하셨다고 나는 믿는다. 기도하는 시간을 따로 구별해 놓기는 하셨지만, 주님의 영은 언제나 하나님의 음성과 인도하심에 귀를 기울이고 계셨다. 우리는 하나님과의 친밀감이 기도하는 시간의 관계를 일정한 규칙이나 종교적인 공식, 유형으로 한정할 수 없다. 여기 제일 좋은 규칙이 있다. 하나님께서 당신을 통하여 주님의 능력을 나타내실 수 있도록, 시간이 날 때마다 하나님과 홀로 있는 시간을 만들어라. 항상 당신의 삶 속에 주님의 임재를 개발하도록 노력하라. 그러면 기도는 호흡과 같이 자연스러워질 것이다.

하나님과 나누는 은밀한 대화

1600년대 프랑스 갈멜수도원의 수도사였던 로렌스 형제가 했던 말 중 내가 가장 좋아하는 부분을 소개한다.

나는 모든 예배의 형식과 틀에 박힌 기도를 내려놓고 내 위치에서 내가 해야 할 일에만 몰두하였다. 그리고 나는 그것을 주님의 거룩한 임재 안에서 지속해야 할 과제로 삼았다. 주님의 임재 안에서 단순하게 행동하고 하나님과의 관계를 가장 중요하게 생각하며 나 자신을 지켰다. 그것을 나는 하나님의 실제적인 임재라고 부른다. 아니면 하나님과 나누는 영혼의 일상적인 조용하고 은밀한 대화라고 하는 것이 더 나은 표현일지 모른다.(중략)

실수하고 길을 잃었다는 것을 깨달을 때마다 신속하게 주님께 용서를 빌고 매일매일 하나님과 대화를 계속하려고 노력하자, 이전에는 그렇게도 어려웠던 주님의 임재를 지금은 너무나 쉽고 자연스럽게 누리고 있다.(중략)

내게는 일하는 시간과 기도하는 시간이 별개가 아니다. 주방에서 여러 사람이 한꺼번에 이것저것을 요구하는 가운데 시끄러운 소리와 쨍그랑 접시 부딪치는 소리를 들을 때면, 나는 마치 복된 성찬식 중 내 무릎 위에 하나님이 계신 것 같은 생각을 한다.(중략)

쉬지 않고 하나님과 대화하는 삶보다 더 달콤하고 즐거운 것은 없다. 이것은 실천하고 경험한 사람만이 이해할 수 있다.[4]

당신의 그림자는 위력을 발휘하는가?

예수님이 누리셨던 하나님과의 친밀함이 능력을 발하는 데는 이유가 있다. 주님은 하나님과의 친밀함을 통하여 그분의 음성을 듣고 하나님의 인도하심과 지시를 따를 수 있었다.

예수님은 다만 하나님 아버지께서 하시는 것을 보고 그분이 하시는 말씀을 들을 때에만 일하신다고 말씀하셨다(요 5:19). 주님이 하신 일은 하나님과의 관계를 반영했다. 주님의 유일한 목적은 아버지의 뜻을 행하는 것이었다. 그러므로 주님이 하나님과 누리는 친밀한 삶은 초자연적인 결과를 만들어냈다.

이것은 우리에게도 동일하게 적용되는 진실이다. 어쩌면 당신은 이렇게 말할지도 모른다. "예수님은 하나님이셨다! 그래서 주님은 그런 능력을 소유하실 수 있었다. 하지만, 나는 그저 평범한 사람이다." 맞다. 우리는 그저 평범한 사람이다. 그러나 예수님도 역시 사람이셨다. 주님은 당신과 나와 똑같이 한 인간의 모습으로 오셨다. 그러나 주님은 하나님께 복종하심으로써 초자연적인 능력을 부여받으셨다. 그러므로 그와 동일한 일이 당신과 나에게도 일어날 수 있다.

나는 성경에 소개된 베드로의 이야기를 좋아한다. 그는 다른 제자들보다 더 말이 많고 의지가 강한 사람이었다. 다른 제자들보다 다듬어져야 할 부분이 많은 베드로였지만, 그가 자아에 대해 죽고 하나님의 능력으로 충만해지자 그의 그림자까지도 위력을 발휘했다(행 5:15-16).

당신도 그림자까지 위력적인 존재가 되고 싶은가? 당신이 어떤 방에 들어가면 그곳이 하나님의 임재로 가득할 만큼, 하나님과 친밀한 삶을 살 수 있다. 베드로와 같이 당신도 도시 전체가 영향을 받고, 모든 병든 자가 고침을 받고 눌린 자가 자유케 되는 것을 볼 수 있다. 당신이 어디를 가든 주위에 있는 모든 사람들을 변화시킬 만한 능력을 얼마든 지니게 될 수 있다!

어떻게 그런 능력을 얻을 수 있을까? 방법은 매우 단순하다. 빛 가운데 거하라. 당신이 하나님과 친밀한 삶을 살면서 그분의 임재의 빛 가운데 거하면 주님의 성령께서 당신을 둘러 덮으실 것이다. 그러면 당신이 어디를 가든지 영광스런 주님의 능력이 퍼져나갈 것이다. 하나님과 친밀한 교제를 나누며 동행하는 법을 배우면, 당신 안에서 주님의 능력이 자연스럽게 흘러나올 것이다.

예수님 시대의 종교인들은 주님의 제자들이 나타내는 비범한 권세와 능력을 알아보았다. 제자들은 많이 배우지 못한 지극히 평범한 사람들로 대부분 고기잡이를 하며 살았다. 그들에겐 어떠한 학위도 없었고 대학교육도 받지 못했으며 내세울 것이 아무것도 없었다. 유일하게 자랑할 수 있는 것은 하나님과의 관계뿐이었다.

> 그들이 베드로와 요한이 담대하게(족쇄가 풀린 듯 유창하게) 말함을 보고 그들을 본래 학문 없는(학교에 다니며 공부하고 훈련받지도 못한) 범인으로 알았다가 이상히 여기며 또 전에 예수와 함께 있던 줄도 알고… _사도행전 4장 13절

예수님과 동행하면 당신의 삶 가운데, 그리고 당신의 삶을 통하여 놀라운 기적들이 일어날 것이다.

하나님의 능력에 놀라다

뉴잉글랜드의 메인에서 열렸던 수련회에서 성경학교 교사로 섬길 때 있었던 일이다. 한번은 내가 말씀을 전했는데, 젊은이들은 말씀에 전혀 귀 기울이지 않았다. 내 귀에는 그들이 씹던 껌으로 풍선을 만들어 터뜨리는 소리가 들렸다. 설교 내내 그들은 잡담만 했다. 담당 목사까지도 앞자리에서 언제쯤이면 끝나는가 하는 눈빛으로 수시로 시계를 보았다. 마침내 나는 집회를 마치기 위해 반주자에게 피아노를 치라고 했다. 눈을 감은 채

강단에 서 있던 나는 내 능력으로는 이 젊은이들에게 아무런 감동을 줄 수 없다는 것을 알았다.

나는 두 손을 들고 성령님을 초청했다. 그러자 갑자기 예고도 없이 강한 바람이 불어서 내 머리 위에서 몸으로 지나갔다. 그것은 손으로 만져지는 하나님의 능력이었다! 그 다음 가장 놀라운 일이 일어났다. 아무 말도 하지 않았는데도 젊은이들이 일어서더니 동시에 강단으로 달려와 손을 흔들며 하나님께 부르짖은 것이다. 반항적이던 십대 청소년들이 울부짖었고, 화장한 여자들의 얼굴에는 얼룩덜룩한 눈물자국이 생겼다. 놀라운 장면이었다. 그날 밤 나는 하나님의 임재와 능력이 사람들의 영혼을 만질 때, 어떤 강력한 설교보다 더 큰 일을 성취한다는 사실을 배웠다.

하나님과 친밀하게 동행하는 것이 삶의 스타일이 되어야 한다. 하나님과의 관계가 우리 삶 가운데 주님의 초자연적인 능력을 흘러넘치게 한다. 하나님의 임재가 승리하는 삶을 살게 할 뿐 아니라, 주님의 능력이 흘러넘쳐서 당신을 통해 다른 사람들도 하나님의 손길을 경험하도록 도울 수 있다. 당신이 하나님의 임재 안으로 담대히 들어가면 다른 사람들도 그 뒤를 따를 것이다.

당신의 오늘이 내일을 결정한다

사역이 계속 성장하는 가운데 하나님께서는 나에게 매우 중요한 교훈을 가르치셨다. 신학교를 졸업한 후 나는 5년 동안 한 교회에서 부목사로 사역했는데, 그때는 내게 매우 특별한 시기였다. 지금도 그렇지만 당시에도 나는 기도를 매우 중요하게 여겼다. 내가 하나님께 쓰임 받으려면 그분과 나의 관계가 우선되어야 한다고 생각했고, 하나님을 위하여 하는 모든 일을 감당할 능력이 그분과의 관계로부터 흘러나왔기 때문이다.

어느 날 아침, 교회 사무실에 들어서는 순간 하나님의 분명한 임재를 느꼈다. 성령께서 그곳에서 나를 기다리고 계셨다! 온통 주님의 임재로 뒤덮인 사무실로 걸어 들어가는 나에게 하나님께서 이렇게 말씀하셨다. "출입문을 닫아라. 나는 오늘 하루 종일 너와 함께 시간을 보내고 싶구나." 그날 하나님과 시간을 보내는 동안 주님의 임재가 너무 강력하게 임해서 나는 한 마디 말도 할 수 없었다. 어느 순간에는 내게 그렇게 가까이 다가오시는 하나님이 너무 감사해서 그저 "하나님, 감사합니다"라고 말하고 싶었다. 그러나 내가 입을 열어 말하려고 하면 주님의 임재가 멀어지는 것을 느낄 수 있었다. 그 순간에 가장 중요한 것은 내가 무슨 말을 하느냐가 아니라, 그저 주님과 함께 거하는 것이라는 사실이 갑자기 깨달아졌다. 하나님과 갖는 교제는 말로 다 표현할 수 없는 차원의 것이었다.

중간쯤 나는 기도에만 그렇게 많은 시간을 쓰는 것이 죄송스럽게 느껴져서 내가 해야 할 다른 일들을 생각했다. 그러나 하나님께서는 아주 분명히 말씀하시면서 이후 나의 삶과 사역에 크나큰 영향을 끼친 매우 중요한 삶의 교훈을 가르치셨다. 주님은 말씀하셨다. "네가 지금 나와 함께 이런 시간을 갖지 않으면, 내가 너를 위해 계획해 놓은 곳으로 들어갈 수 없을 것이다." 그 순간 갑자기 앞으로 내가 할 사역은 현재 나의 기도생활에 달려 있다는 사실을 깨달았다. 이런 새로운 시각을 가지고 나는 그날 내내 사무실 의자에 앉은 채 하나님의 임재에 잠겨 있었다.

존 웨슬리가 이런 말을 한 적이 있다. "할 일이 너무 많을 때, 나는 그것을 감당하기 위해 먼저 기도하는 데 오랜 시간을 보낸다."[5] 그는 하나님과의 친밀함에서 오는 능력이 없이는 그분이 맡기시는 일들을 결코 해낼 수 없다는 사실을 아주 잘 알고 있었다.

그 당시에는 하나님께서 나를 위해 계획하신 것이 무엇인지 전혀 예상하지 못했다. 하나님의 능력으로 내가 수많은 병자들을 고치고 수천 명에게 복음을 전하기 위해 미국 전역과 세계 곳곳으로 보내심을 받게 되리라고는 상상도 못했다! 그 모든 것이 뉴욕의 롱아일랜드에 있는 나의 작은 침실에서 시작되었다. 그때 나는 매일 문을 닫고 한 시간 동안 하나님을 예배했다. 나의 동기는 거대한 사역이나 대단한 능력을 바라는 것이 전혀 아니었고, 다만 하나님을 알고 될 수 있는 대로 그분을 더 가까이 하고 싶은 것뿐이었다. 그 밖의 것들은 그저 자연스럽게 덤으로 얻게 된 것이다. 나는 매일 아침마다 수납장에 달려 있는 작은 액자에 쓰인 글귀를 보았는데, 거기에는 이렇게 쓰여 있었다. "하나님과 함께 걷는 사람은 항상 그의 목적지에 도달한다." 그 말은 내가 하나님과 친밀하게 동행하고 주님과의 관계를 우선시하면, 주님께서 그 밖의 모든 것을 돌보아주실 것이라는 사실을 끊임없이 상기시켜 주었다.

CHAPTER 2

은혜의 능력 : 흐름을 타라

내가 좋아하는 일 중 하나는 산을 오르는 것이다. 정상에 올라 신선한 공기를 마시며 상쾌한 바람이 얼굴을 스치는 것을 느낄 때가 참 좋다. 또한 나는 넓은 들판에서의 모험을 즐긴다. 내가 경험한 여행 중 가장 기억에 남는 것은 아주 길고 위험한 도보여행이었다. 오랜 시간을 힘겹게 걸어 숲길을 벗어나 거친 산들 사이에 높이 솟아 있는 절벽을 향해 나아갈 때는 절로 신이 났다. 계곡으로 향하는 절벽은 매우 가팔랐지만 나는 가능한 한 절벽 끝까지 가곤 했다. 정상에 다다라 내려다보면 수천 그루의 나무들이 발 밑에 펼쳐져 있었다.

태양이 눈부시도록 빛나는 하늘을 올려다보자, 거대한 독수리 한 마리가 매우 힘 있게 자유로이 내 머리 위를 날고 있었다. 그것은 고생하며 거기까지 갔던 나와는 매우 대조적인 모습이었다. 나는 산의 기류를 타며 힘들이지 않고 날개를 쭉 펴고 날아오르는 독수리의 모습에 감탄했다.

'오, 나도 저 독수리와 같이 될 수 있다면! 가파른 산악지대를 기어오르기 위해 분투하지 않고, 다만 지구를 저 아래에 두고 높이 날면서 세상의 허황된 아름다움을 여유롭게 내려다볼 텐데… 은혜 안에서 힘들이지 않고 저 독수리와 같이 날아오르는 것이 가능하기나 한 일일까?'

삶의 능력은 더 나은 삶을 위해 얼마나 많은 노력을 하느냐에 따라 얻어지는 것이 아니다. 그것은 날개를 활짝 펴고 하나님의 임재와 은혜의 바람을 타고 나는 문제다.

하나님의 은혜에 접속하는 것은 그분의 초자연적인 능력에 접속하는 것이다. 당신의 노력만으로는 능력으로 충만한 승리의 삶을 살 수 없다. 그저 당신의 능력의 한계까지만 갈 수 있을 뿐이다. 물론 당신이 변화시킬 수 있는 일들이 있다. 그러나 하나님의 능력이 있어야만 변화와 변혁이 가능한 일들이 있다. 그런 영역들이 바로 은혜가 역사해야 되는 일이다.

여러 해 동안 나는 교회에서 은혜는 '그리스도께서 값을 치르고 얻게 하신 하나님의 부유함'이라고 배웠다. 그것은 맞는 말처럼 들린다. 그러나 그것이 도대체 무슨 의미가 있는가? 하나님의 부유함이란 무엇일까? 그리스도는 어떤 대가를 지불하셨나? 나는 또 은혜란 하나님의 값없는 호의이고, 주님께서 주시는 분에 넘치는 자비라고 배웠다. 물론 이 말에 진리가 내포되어 있기는 하지만, 은혜가 무엇인지 그 참된 의미를 다 깨우쳐 주지는 못한다.

은혜는 당신이 어떤 잘못을 해서 죄를 용서받아야 할 때만을 위하여 있는 것이 아니다. 사실 하나님의 은혜는 어떤 일에 대한 해결책으로 고안된 것이 아니다. 오랫동안 나는 내가 잘못을 저질렀다는 생각이 든 후에야 하나님의 은혜를 구했다. 용서가 필요하다고 느낄 때에만 주님의 은혜를 구한 것이다. 당신이 하나님과 동행하는 법을 처음 배울 때에는 실수할 일이 많을 것이다. 하나님이 깨우쳐 주실 때, 당신은 겸허한 마음으로 주님께 용서를 빈다. 그렇게 회개의 기도를 하면 당신은 하나님의 용서를 받아 다시 정결한 마음을 얻고 계속해서 앞으로 나아갈 수 있다. 그러나 은혜에는 그보다 훨씬 많은 것들이 있다. 그것은 우리가 죄를 지은 후에 용서를 받는 것 이상이다.

은혜는 우리가 죄를 짓기 전부터 우리를 위해 존재한다. 그렇다. 그 말이 옳다. 다시 말하면, 은혜는 우리가 실수하고 넘어지기 전부터 우리를 위해 존재한다. 과연 이것은 무슨 의미인가? 은혜는 단순히 우리가 실수했을 때 하나님이 베푸시는 자비와 용서 이상이라는 뜻이다.

한 사람이 나에게 하나님의 은혜가 자신의 삶에 개입해 들어오셨던 권능의 순간에 대해 이야기해 주었다. 어느 늦은 밤, 일주일 내내 힘겹게 일하여 매우 지친 그는 소파에 누워 TV를 보고 있었다. 그런데 갑자기 인터넷을 열어 포르노를 보고 싶다는 생각이 들었다. 그런 생각이 잘못된 것인 줄 알고 있었지만, 뭔지 모를 강렬한 욕망이 순간 그를 엄습했다. 어떻게 할까 고민을 하며 누워있는데 머리를 스치고 지나가는 이상한 느낌이 감지되었다. 그것은 하나님의 임재였다. 유혹의 한복판에 하나님의 임재가 그를 정결케 한 것이다. 잠시 후 그 유혹은 완전히 떠나버렸다! 그는 평안하게 잠들 수 있었고 아침에는 활기차게 일어났다. 이것이 바로 하나님의 은혜가 하는 일이다. 그가 넘어지기 전에 하나님은 유혹을 극복할 힘을 주셨다. 하나님은 그의 마음을 아셨고, 그가 약할 때 능력을 부어주셨다. 당신이 마음으로 하나님을 추구하고 그분을 기쁘시게 해 드리려고 결심하면, 하나님은 당신을 위해서도 이와 같은 일을 행하실 것이다.

내가 좋아하는 성경구절 중 하나는 히브리서 4장 16절이다. "그러므로 우리는 (우리의 실패에 대하여) 긍휼하심을 받고 때를 따라 돕는 은혜를(필요한 때에 주시는 합당한 도우심) 얻기 위하여 은혜의 보좌(우리 같은 죄인들에게 분에 넘치는 호의를 베푸시는 하나님의 보좌) 앞에 담대히(두려움 없이, 확신을 가지고) 나아갈 것이니라."

우리는 이 말씀에서 참된 은혜가 무엇인지에 대한 바른 통찰력을 얻는다. 은혜는 우리가 실수했을 때 베푸시는 자비 그 이상이다. 하나님의 은혜는 우리가 필요로 할 때 돕기 위하여 항상 우리 곁에 있다. 하나님의 은혜는 우리가 필요로 하는 바로 그 순간 주님께서 주시는 '때에 맞는 도우심'이다. 우리는 언제 하나님의 은혜를 필요로 할까? 우리가 실수하기 전이다. 이 말이 당신의 삶에 어떤 의미로 다가오는가? 그것은 당신이 어떤 잘못된 일, 해서는 안 되는 줄 아는 어떤 일을 하고 싶은 유혹을 받을 때, 담대하게 하나님께 나아가서 넘어지지 않도록 도와 달라고 기도해야 한다는 뜻이다. 주님의 은혜 안에서 당신은 확신 가운데 거할 수 있다. 하나님께서 도움을 구하는 당신의 기도를 들으시고 경건치 못한 일에는 "no"라고 말하고, 당신을 향한 하나님의 뜻과 계획과 목적에 맞는 일에는 "yes"라고 말할 수 있는 능력을 주실 것을 확신할 수 있다.

이것이 참된 능력의 출발점이다. 그것은 우리에게서 시작되지 않으며 오직 우리 안에 계신 하나님으로부터 온다. 우리 삶에 존재하는 모든 부정적인 것들을 극복하는 참된 능력의 근원은 우리가 분투하고 노력하는 데 있지 않다. 사방에서 회오리바람이 몰아쳐도 기뻐하고, 삶이 우리를 부정적인 방향으로 이끌어가려고 해도 긍정적인 자세를 유지하고, 혼란스러운 환경 속에서도 평안을 유지할 수 있도록 바르게 선택하는 능력은 우리 안에 계신 하나님의 능력으로부터 온다.

나는 은혜를 '하나님이 원하시는 모습으로 살고, 그분이 원하시는 일을 하도록 우리 안에서 우리를 돕는 하나님의 초자연적인 능력'이라고 정의한다.

주님의 은혜는 참으로 놀랍다. 은혜는 당신을 세상적인 한계 저 너머로 들어 올리고, 당신 안에 있는 하나님의 생명을 경험하게 한다. 나의 어머니, 베로니카 소거가 나에게 가르쳐 주신 중요한 교훈이 하나 있다. 어머니는 하나님의 은혜를 주님의 '초자연적인 도우심'이라고 규정하였다. 당신이 바른 일을 하기 위해 하나님의 도우심을 절실히 필요로 할 때, 주님은 당신을 도우시기 위해 바로 그곳에 계신다. 당신은 넘어지고 나서 울부짖으며 하나님을 찾을 때까지 기다릴 필요가 없다. 넘어지기 전에 주님을 부르라! 주님의 은혜가 용서를 베푸실 뿐 아니라 당신의 삶을 변화시키기 시작하는 것은 바로 그때다. 당신은 주님의 은혜, 당신 안에 있는 주님의 초자연적인 능력으로 다르게 생각하고, 다르게 말하고, 다르게 행동하기 시작할 것이다. 당신이 허락하기만 하면 주님의 은혜는 삶의 모든 영역을 온전히 변화시킬 것이다.

자기분투를 극복하라

만일 은혜로(주님의 분에 넘치는 호의와 은혜로우심으로) 된 것이면 행위로 말미암지 않음이니(더이상 사람이 행한 어떤 일이나 업적에 근거한 것이 아니니) 그렇지 않으면 은혜가 은혜 되지 못하느니라(그것은 아무 의미가 없는 것이니라) _로마서 11장 6절

은혜에 대하여 성 어거스틴은 이렇게 말했다. "은혜는 우리가 무언가를 해서가 아니라 그 일을 할 수 있는 능력을 소유하기 위해 저저 주어진다."[1]

하나님의 은혜가 놀라운 것은 그것이 우리의 행위와 무관하다는 것이다. 많은 사람들이 찾는 "스스로를 도우라"self-help는 식의 책들은 어느 정도 도움이 되기는 하지만, 우리를 근본적으로 변화시켜 주지는 못한다. 신앙생활을 오랜 기간 해야만 우리 삶에 잘못된 부분이 많고, 우리가 그것들을 다루기에 너무 무능하다는 사실을 깨닫는 것은 아니다. 우리는 해서는 안 되는 줄 알면서도 죄를 짓거나 넘어지는 자신을 보며 실망할 때가 많다. 그럴 때 우리는 죄책감과 정죄감을 느낀다. 그러나 그것은 원수가 바라는 바이다. 원수는 우리를 죄 가운데 가두고 우리가 저지른 실패 때문에 죄책감을 느끼도록 종용한다.

그러나 하나님의 은혜는 우리가 자신을 극복할 수 있도록 돕기 위하여 가까이에 있다. 나는 우리의 영과 육 사이에 끊임없는 전투가 벌어지고 있다는 사실을 알고 있다. 그 전투는 언제나 존재할 것이다. 그러나 하나님의 은혜로 우리의 육은 약해지고 영은 강해져서 하나님을 기쁘시게 해 드리며 사는 것이 훨씬 더 수월해질 수 있다. 하나님의 은혜로 우리는 모든 죄와 약함을 극복할 수 있다.

모든 것을 스스로 해결하려고 하는 자기분투는 다만 우리를 좌절케 하고 낙담시킬 뿐이다. 우리는 항상 옳은 일을 하려고 애쓰지만 비참하게 실패한다. 이것을 뼈저리게 경험한 사도 바울은 로마서 7장 15-24절에서 잘못인 줄 알면서도 잘못을 저지르고, 옳다고 여기면서도 옳은 일을 행하지 못하는 자기분투에 대해 기록하였다. 후에 예수 그리스도를 통해 주어지는 하나님의 은혜를 발견한 그는 기쁨에 찬 목소리로 이렇게 선언한다. "우리 주 예수 그리스도(기름 부으심을 받으신 분)로 말미암아 하나님께 감사하리로다 그런즉 내 자신이 마음으로는 하나님의 법을 육신으로는 죄의 법을 섬기노라"(롬 7:25).

하나님의 은혜는 우리에게 값없이 주어지는 선물이다. 그리스도 안에 있는 구원은 우리의 노력으로 얻은 결과가 아니라, 하나님과의 관계로 들어간 뒤 생겨난 변화다. 사실 우리의 구원은 즉각적이다. 그리스도를 믿는 순간 우리는 영원한 생명을 받는다. 그렇지만 우리의 변화는 즉각적이지 않다. 그것은 시간이 지나면서 점진적으로 일어난다.

우리의 마음과 영혼에는 도움을 받아야 할 문제들이 많다. 우리 안에는 고쳐야 할 뿌리 깊은 부정적인 태도와 감정적 성향이 있고, 우리의 육신에는 죄로 찌든 부분들이 있다. 매일의 삶에서 우리는 이 모든 것을 극복해야 한다. 그러나 우리가 노력한다고 해서 이것들을 극복할 수 있는 것은 아니다. 바울은 이 사실을 잘 알았다. 하나님께서 이미 그의 영을 새롭게 하셨지만, 여전히 그는 영혼과 육체 안에 자리 잡은 죄를 짓고자 하는 본능과 더불어 씨름했다. 그러나 바울이 그랬던 것처럼 결국 인격적인 연약함과 죄된 성품과의 투쟁은 우리 안에서 역사하는 하나님의 능력에 의해 정복되고 변화될 수 있다.

(너희 자신의 능력이 아니라) 너희 안에서 (효과적으로) 행하시는(너희 안에서 능력과 소원을 일으키고 힘을 주시는) 이는 하나님이시니 자기의 기쁘신 뜻(그리고 만족과 기쁨)을 위하여 너희에게 소원을 두고 행하게 하시나니… _빌립보서 2장 13절

인격의 성숙

하나님은 우리의 인격적 성숙까지 도우실 수 있다. 나는 종종 우리의

가장 큰 약점이 가장 큰 강점이라는 것을 발견한다. 우리의 인격이 성령의 영향력 아래 놓일 때, 주님은 우리를 도우셔서 강점을 더 강하게 하시고 약점을 약화시키실 수 있다. 예를 들어 강한 의지를 소유한 사람은 일을 놀랍게 성취해낸다. 그들은 활동하는 사람이고 활동하게 하는 사람이다. 그러나 동시에 그들은 자기 뜻대로 되지 않으면 쉽게 화를 낸다. 하나님의 은혜는 아직 성숙하지 못한 사람들이 쉽게 화를 내는 연약함을 극복할 수 있도록 도우신다. 하나님의 은혜와 영적인 도우심, 그리고 우리 안에 있는 초자연적인 능력에 의해서만 인격의 깊은 곳에 박혀 있는 안 좋은 습관들이 변화될 수 있다.

이런 과정에서 나는 당신이 혼자가 아니라는 것을 알았으면 좋겠다. 우리 모두는 그 과정을 지나고 있다. 그러므로 당신이 아직 완전하지 못해도 낙심할 필요가 없다. 여전히 목적지에 도달하지 못했지만, 이제까지 살던 곳에서는 벗어났다는 사실에 하나님께 감사하라. 지금도 당신은 변화되고 있고, 당신 안에 계신 하나님의 은혜와 협력하고 있다.

교회 안에는 화를 내는 그리스도인들이 많다. 바울은 우리에게 화를 내더라도 죄를 범치 말라고 가르친다. 우리가 느끼는 감정을 다스리지 못할 수는 있으나, 감정에 뒤따르는 행동을 통제할 수는 있다.

한 사람이 나에게 하나님의 은혜로 자기가 어떻게 분노와의 투쟁에서 승리했는지를 이야기했다. 십대 시절, 그는 아주 작은 일에도 극도의 분노를 느끼곤 했다. 자신이 별로 하고 싶지 않은 일을 부모님이 하라고 할 때마다 화를 내곤 했는데, 한 번은 설거지를 하라는 말을 듣고 부엌문을 발로 차서 구멍을 냈다. 그 뒤로 집에 있는 문마다 구멍이 뚫렸다.

장성하여 성인이 되었을 때, 그는 분노 때문에 힘든 마음을 신뢰할 만한 사람에게 털어놓았다. 그의 아버지는 정서가 불안정한 사람이었고, 그런 약점과 인격적인 결함이 그에게까지 영향을 주었다. 개인적으로 기도를 몇 번 받고 나서 그에게 놀라운 돌파가 일어났지만, 그는 여전히 다루어야 할 악한 본성을 지니고 있었다.

몇 년 후 딸이 편지에 "아버지도 때때로 화를 낼 수 있다고 생각한다"고 조심스럽게 쓴 것을 보고, 그는 아직도 이 부분이 다듬어져야 한다는 것을 깨달았다. 그는 자녀들에게 분노하거나 화를 내며 훈계하지 않도록 하나님의 은혜를 받으려면, 주님께 가까이 나아가 그분 안에 머물러 있는 시간이 필요하다는 사실을 깨달았다. 그렇게 매일 하나님과 시간을 보내는 동안 성령님은 삶 가운데 그가 자신의 약함을 다스릴 수 있도록 도우셨다.

당신 또한 자신의 약함을 깨달을 때, 하나님의 은혜를 의지해야 할 필요를 느끼게 될 것이다. 아브라함 링컨은 이런 말을 했다. "우리는 평강 가운데 우리를 지켜 주시고 번창하게 하시고 부유하게 하시며 힘을 주신 은혜로운 손길을 잊어버린 채, 이 모든 축복이 우리의 뛰어난 지혜와 덕성에서 온 것이라고 착각하며 자신을 속인다. 승승장구하는 성공에 중독될 때, 우리는 자아에 도취되어 구속하시며 보존하시는 은혜의 필요를 느끼지 못한 채 마음이 교만해져 우리를 지으신 하나님께 기도하지도 않는다."[2]

하나님의 능력이 삶에 반드시 필요하다는 것을 깨달아야 날마다 그분의 은혜를 구할 수 있다. 우리가 은혜를 잊는다 해도 머지않아 그것을 기억하게 될 것이라고 나는 확신한다. 은혜는 날마다 하나님께 의존하며 그분과 동행하는 것이다.

나에게 이르시기를 내 은혜(나의 호의와 친절한 사랑과 자비)가 네게 족하도다(어떤 위험에도 충분하고 인간적인 고난을 견디게 하는도다) 이는 내 능력이 (너의) 약한 데서 온전하여짐이라(충만하고 완전해짐이라) 하신지라 그러므로 도리어 크게 기뻐함으로 나의 여러 약한 것들(약점과 부족함)에 대하여 자랑하리니 이는 그리스도(메시야)의 능력(그리고 힘)이 내게 머물게(내 위에 천막을 치고 들어와 사시게) 하려 함이라

_고린도후서 12장 9절

하나님께서 우리의 약함을 강하게 하실 수 있다는 사실은 매우 반가운 소식이다. 정말이지 하나님의 은혜는 충분하다. 우리는 거기에 무언가를 덧붙일 수 없다. 다만 우리가 하나님의 은혜로 충만한 능력의 삶을 살려면 그분께 순종하고 복종하는 법을 배워야 한다. 그것은 순종의 문제이지 분투의 문제가 아니다.

우리 속에 있는 하나님의 능력이 흘러가는 것은 마치 차를 운전하는 것과 같다. 하나님께 순종하는 것은 멈춤이나 진행이 아닌 양보의 표지판과 같다. 뉴욕에 있는 우리 집 근방에 교차로가 있는데 거기를 지나다 보면 복잡한 도로에 양보 표지판이 있다. 그래서 교차로가 가까워지면 진행 방향의 교통 흐름을 주의해서 살피며, 그 흐름을 따라야 한다. 우리 안에 계신 성령님과 그분의 능력에도 동일한 법칙이 적용된다. 주님의 능력은 흘러가고, 주님의 성령은 움직이신다. 그러므로 우리는 속력을 줄이고 성령님이 가시는 곳을 주목하여 바라보며 그에 맞춰서 움직여야 한다. 그럴 때, 삶 가운데 주님께서 맡기신 일을 감당할 은혜를 넉넉히 공급받는다.

주님의 도우심이 필요할 때면 나는 속도를 줄이고, 그분의 말씀에 시선을 고정하고 간구한다. 그러면 주님은 바로 은혜를 부어주신다. 필요한 순간에 하나님의 도우심을 간청하는 법을 배우고 알아갈수록 그만큼 승

리하고 기쁨이 넘치게 된다. 하나님의 은혜 안에서 걷는다는 것은 정말이지 순간순간을 그분과 함께 걷는다는 뜻이다. 나의 영이 배부르고 충만할수록 부정적인 것들을 더 잘 극복할 수 있다. 당신 속에 무엇을 넣느냐에 따라 당신에게서 나오는 것이 달라진다. 당신의 영을 하나님의 말씀으로 먹이면, 하나님의 도우심이 필요할 때 주님께서 놀라운 능력으로 당신을 강하게 하시며 도우실 것이다. 그러나 만일 하나님의 도우심이 필요한 순간에 그분을 찾지 않으면, 십중팔구 당신은 자신의 능력을 사용하다가 결국 실패하게 된다.

은혜는 당신이 참된 존재가 되게 한다

그러나 내가 나 된 것은 하나님의 은혜로(분에 넘치는 호의와 축복으로) 된 것이니 내게 주신 그의 은혜가 헛되지(열매가 없거나 효과가 없지) 아니하여 (사실) 내가 모든 사도보다 더 많이 수고하였으나 내가 한 것이 아니요 오직 나와 함께 하신 하나님의 은혜로라 _고린도전서 15장 10절

하나님의 은혜는 당신으로 하여금 그분과 바른 관계를 맺게 한다(롬 3:24). 그리고 하나님과 바른 관계를 맺은 후에야 당신 자신이나 다른 사람들과도 올바른 관계를 맺을 수 있다. 나는 당신이 삶 가운데 있는 모든 부정적인 요소들을 극복하는 법을 배우기를 진심으로 소원한다. 하나님의 은혜와 성령의 임재는 당신에게 능력을 공급하여 삶 가운데 존재하는 모든 악한 성향과 원수가 주는 모든 유혹을 극복할 수 있게 한다. 당신은 단지 마귀하고만 싸우고 있는 것이 아니다. 마귀가 유혹하는 것은 확실하지

만, 당신이 승리해야 하는 대상은 당신 자신이다. 당신이 하나님께 복종하고 마귀를 대적하면 원수는 바로 달아날 것이다. 그러나 당신의 힘으로 자신을 이길 수는 없다. 다만 당신 안에 계신 하나님의 능력으로 옛 자아를 십자가에 못 박아야 한다.

당신에게 알려 줄 좋은 소식이 있다. 그것은 그리스도를 믿는 당신의 믿음이 당신 안에 계신 주님의 은혜를 힘입어 육체 안에 있는 모든 악한 성향을 극복하게 한다는 것이다(롬 6:14, 약 4:6, 딛 2:11). 주님의 능력은 당신을 도와서 당신의 자아 속에 있는 모든 약함을 극복하게 한다. 모든 사람은 악한 본성과 약함을 안고 태어난다. 이런 약함 중에 어떤 것은 당신의 가계로부터 유전된 것이다. 그것은 세대로 이어지는 악함으로 당신의 자아 속에 있는 죄로 쉽게 기울어지는 성향이다.

종종 알코올중독이나 주술, 성도착증과 씨름하는 사람들을 볼 수 있다. 이런 악한 성향들은 종종 한 세대에서 다음 세대로 이어진다. 어떤 때는 한 사람의 유전자DNA와 영적인 성향이 그 사람으로 하여금 어떤 특정한 문제와 씨름하게 한다. 때때로 이런 유전적인 약함은 그 다음 세대로 건너뛰기도 한다. 우리가 이러한 문제를 극복할 수 있는 유일한 길은 하나님의 은혜가 임하는 것뿐이다. 당신 안에 있는 하나님의 능력은 당신을 도와 육체에 대항하고 주님이 기뻐하시는 삶을 살 수 있게 한다. 그러나 그 전에 당신은 하나님의 은혜를 받아 자신의 문제를 깨닫고 그것을 극복하기로 결단해야만 한다. 주님의 은혜에 접속하기로 선택하면 주님은 그 모든 길에서 도우시기 위해 당신 바로 곁에 계실 것이다.

D. L. 무디가 이런 말을 한 적이 있다. "은혜는 당신이 메달을 따기 전에 외우는 짧은 기도가 아니다. 그것은 삶의 방식이다. 율법은 내가 얼마

나 잘못 되었는지를 말해준다. 그러나 은혜는 내게 다가와서 나를 바로잡아 준다."3)

은혜는 하나님의 임재의 길목을 막는 모든 장애물을 제거한다

나는 개인적으로 스가랴서 4장을 좋아하는데, 스가랴가 성전의 재건축에 관하여 말하는 내용이다. 당시 하나님의 임재를 위해 집이 지어지고 있었는데 건축자들은 몇 가지 반대에 부딪쳤다. 스가랴는 이 반대에 대하여 말하기 시작했다. "큰 산아(인간적인 장애물들아) 네가 무엇이냐 네가 스룹바벨(여호수아와 함께 바벨론에서 포로들을 이끌고 돌아온 지도자로서 성전 재건의 책임을 맡았던) 앞에서 평지가(낮은 언덕이) 되리라 그가 (새 성전의) 머릿돌을 내놓을 때에 무리가 외치기를 은총, 은총이 그에게 있을지어다 하리라 하셨고"(슥 4:7).

하나님의 집은 그분의 은혜로 지어질 것이다. 6절에서 선지자 스가랴는 스룹바벨에게 하나님의 말씀을 선포한다. "만군의 여호와께서 말씀하시되 이는 힘으로 되지 아니하며 능력으로 되지 아니하고 오직 나의 영으로 되느니라." 이것을 다른 말로 하면 하나님의 집은 인간의 힘이나 능력으로 세워지지 않는다는 뜻이다. 그것은 하나님의 은혜로 시작되고 완성될 것이다. 주님께서 기초가 되시며 완성자가 되신다. 고린도전서 6장 19절의 말씀처럼 우리는 하나님의 집이다. 주님께서 우리를 그분의 임재가 거하는 곳으로 지으신다. 주님께서 지으시기 때문에 그 일은 우리의 힘이 아닌 주님의 은혜로 완성된다. 건축은 "은총, 은총"이라고 외치는 소리와 함께 마무리 된다. 주님의 영광스런 은혜로 하나님은 우리 안에서 그분의 일을 끝내신다.

당신을 하나님의 임재로 채우지 못하게 방해하는 모든 것들은 주님의 능력으로 제거될 것이다. 대항하는 모든 산들은 무너지고, 모든 골짜기는 돋우어질 것이다. 하나님의 은혜는 당신의 삶 속에 있는 모든 방해요소들을 다룰 것이다. 당신은 주님의 임재로 충만한 하나님의 집이 되도록 선택되었다.

은혜의 선물들

하나님은 당신이 간절히 꿈꿨던 것보다 훨씬 좋은 곳으로 당신의 삶을 이끄실 것이다. 하나님께서 능력을 주셔서 거룩한 삶을 살고 주님을 기쁘시게 하는 것은 물론이고, 동일한 은혜로 당신에게 그분의 놀라운 능력과 계시와 말씀의 은사들을 주실 것이다.

성령의 은사를 가리키는 희랍어는 '카리스마'charisma인데, 스트롱성구사전은 이 단어를 '은혜의 선물, 아무런 공로 없이 받는 호의'라고 정의한다. 당신은 은사를 받기 위해 노동을 하거나 값을 지불할 수 없다. 구원이 그런 것처럼 은사 또한 성령께서 값없이 주신다. 당신은 그것을 모두 소유할 수 있고, 추구하면 할수록 당신은 더 많은 은사를 소유할 수 있다!

전적으로 주님의 은혜를 힘입어 하나님의 열매와 성령의 은사들이 당신의 삶 가운데 나타나도록 그 둘을 동시에 추구하고 간절히 사모하라고 고린도전서 14장 1절은 우리에게 말씀한다. 나는 기도할 때 가끔 손을 배 위에 얹고 성령께서 움직이셔서 내 안에 있는 성령의 은사들이 나타나게 해 달라고 기도한다. 고린도전서 12장 8-10절에 있는 대로, 이런 은사들에는 지혜의 말씀, 지식의 말씀, 믿음, 치유, 능력을 행함, 예언, 영들 분별함,

여러 가지 방언과 방언 통역함 등이 포함되어 있다. 이런 성령의 은사들은 우리 삶 속에서 하나님의 능력이 지닌 무한한 가치를 밝히 보여준다. 당신이 하나님께 그것들을 부어달라고 간구하면 주님은 그렇게 하실 것이다.

당신은 생명 안에서 다스릴 것이다

한 사람의 범죄로(타락-범법으로) 말미암아 사망이 그 한 사람을 통하여 왕 노릇 하였은즉 더욱 (하나님의) 은혜(분에 넘치는 호의)와 (그들을 주님 앞에서 올바른 위치에 서게 하시는) 의의 선물을 넘치게 받는 자들은 한 분 예수 그리스도(메시아, 기름 부으심을 받은 분)를 통하여 생명 안에서 왕 노릇 하리로다 _로마서 5장 17절

하나님의 흘러넘치는 은혜를 통하여 당신은 생명 안에서 왕 노릇을 하며 다스릴 것이다. 주님의 은혜는 그저 충분한 것만이 아니다. 그것은 흘러넘친다! 그것은 충분한 것 이상이다. 당신은 이런 은혜를 통하여 생명 안에서 다스릴 수 있다. 당신은 삶을 방해하는 모든 죄와 생각, 행동을 다스릴 수 있다. 당신 안에 있는 은혜에 복종하라. 오늘 당신이 비범한 삶을 사는 데 필요한 모든 능력을 받으라.

진리의 능력 : 올바로 조정하라

1985년 뉴욕의 롱아일랜드에서 지내던 시절이 떠오른다. 그때는 한참 1인당 입장권이 2달러 75센트 하는 영화 '백 투 더 퓨처'Back to the Future가 상영되었다. 가스값은 1갤런(4리터-편집자 주)에 1달러 9센트 하던 때였다. 머리카락을 과장되게 부풀린 펑키스타일이 유행하던 당시, 동생은 브레이크 댄스에 심취해 있었다. 여러 음악가들이 기아구제를 위해 부른 'We are the World'가 곳곳에서 들렸고, 나는 한참 만화책을 즐겨 보았다. 그 즈음 어머니는 병을 고치기 위해 먼 거리를 마다하지 않고 여러 곳을 찾아다니셨다.

당시 어머니는 척추교정 전문가의 사무실에서 일하셨는데, 어느 날 불현듯 "예수의 이름으로 고침을 받으라"는 말이 떠올랐다. 어머니는 그 생각이 어디에서 왔는지 전혀 알지 못했고, 성령님이 무엇을 풀어내시려는지 깨닫지 못했다. 그 몇 해 전, 어느 주일 밤에 빌리 그래함 집회 실황을 TV로 시청하던 중 어머니는 자신의 마음을 예수님께 드렸다. 당시 동생과 나는 아주 어렸고 주일 밤은 우리 가족만의 시간이었다. 우리가 TV를 보다가 잠이 들때 쯤이면, 빌리 그래함이 등장하곤 했다. 매주 어머니는 울면서 하나님께 마음을 드렸지만 그분의 말씀은 전혀 알지 못하셨다. 예수님께 자신의 죄를 용서해 달라고 기도하셨지만, 어떤 면에서 어머니는 여전히 매우 인간적인 믿음을 가지고 계셨다. 그녀는 모든 길이 다 하나님께 이르는 것이며, 그분을 믿기만 하면 모두가 천국에 간다고 생각하셨다.

척추교정 사무실에서 일하실 때, 어머니는 뉴에이지에 관계된 사람들을 만나기 시작했다. 그들은 수정구슬을 가지고 명상과 요가, 심령치유를 하고 있었다. 그들은 어둠의 영들과 접속하면서도 그것이 하나님으로부터 온 것이라고 믿고 있었다. 그 중 한 부인이 뉴에이지의 명상주문을 배우러 오라고 어머니를 초청했다. 근본적인 치유의 능력을 찾아 그 부인의 집에 찾아가셨지만, 어머니는 거짓의 영에 속고 있었다. 그 집에 가지 않을 때에야 어머니를 괴롭히던 질병이 떠났다. 그 일로 인해 어머니는 사람들이 자신의 삶 속으로 질병이 들어오도록 문을 열게 할 수 있다는 사실을 알게 되었다. 그렇게 진리를 찾아다닌 세월이 2년이나 되었다.

뉴에이지에서 할 수 있는 일을 다 해도 아무런 차도가 없자 어머니는 결국 지치셨다. 그 후에 어머니는 자신의 병이 기독교 신앙의 뿌리를 벗어나 방황하면서부터 시작되었다는 계시를 받기 시작했다. 그 뿌리란 예수님이 십자가에서 죽으시고 무덤에 묻히신 후에 부활하셨다는 신앙이었다. 성당의 치유미사에 갔던 그날 밤, 어머니는 그동안 시도했던 뉴에이지의 모든 방법을 내려놓고 다시 진리의 하나님께로 완전히 마음을 돌이키셨다.

오직 그리스도만 신뢰했을 때, 어머니는 하나님의 능력과 진리로 완전히 고침을 받았다. 성경을 읽으며 시간을 보내던 어느 날, 하나님은 어머니에게 매우 분명하게 말씀하셨다. "사람들이 내게 올 수 있는 다른 길이 있었다면 왜 내 아들이 수염이 뽑히고, 머리에 가시관을 쓰고, 옆구리에 창이 찔리고, 십자가에 못 박히는 고통을 겪어야 했겠느냐?" 어머니는 진리의 계시를 통해 즉시로 예수님이 참으로 하나님께로 가는 유일한 길이시라는 것을 깨달았다. 이것이, 오직 그리스도를 통해 우리를 구원하시려는 하나님의 청사진이다. 그 주간에 나 또한 삶을 주님께 드렸고 예수님을 나의 구주로 영접했다. 예수님은 어머니의 질병을 고쳐 주셨을 뿐 아니라, 우리 가족에게 주님만이 하나님께 이르는 유일한 길이심을 계시해 주셨다. 주님은 그렇게 오랫동안 찾아 헤매던 능력의 근원이셨다. 우리는 드디어 우리의 본향집으로 돌아왔다.

조정하라

나는 지금까지 여러 종류의 자동차를 몰아보았다. 나의 첫 번째 차는 처음 운전을 배우기 시작할 때 아버지께서 사주신 50달러짜리 스페셜이었다. 그것은 속은 흰색이지만 겉은 검게 보이는 차였다! 우리는 새 것처럼 보이게 하려고 열심히 닦았지만, 바라던 대로 되진 않았다. 첫 차라 애정이 남달랐던 나는 그 차를 '푸른 폭탄' Blue Bomb이라고 불렀다. 짙은 감색의 그 차는 실상 폭탄이었다!

워낙 낡은 차였던지라 하루는 운전하는데 차가 자꾸 왼쪽으로 쏠리는 현상을 보였다. 나는 방향을 바로잡기 위해 운전대를 계속 오른쪽으로 돌려야만 했다. 차는 휠얼라이먼트 정비를 받아야 하는 상황이었다. 차륜 정렬이 똑바로 되지 않으면 차는 엉뚱한 방향으로 가게 되고, 그렇게 되면 차가 제대로 달릴 수 없게 된다. 제때 정비를 하지 않으면 차는 결국 한쪽으로 쏠려서 운전하는 사람뿐만 아니라 다른 사람까지 위험해질 수 있다. 이처럼 우리의 삶도 매일 올바로 조정하는 것이 중요하다.

조정은 '특정한 그룹, 단체, 또는 요소와 협력하거나 동의하는 것, 적절한 관계를 조절하거나 증진하는 것'이다.1) 자동차를 정기적으로 정비해야 하듯, 우리의 마음도 끊임없이 진리와 보조를 맞추는 것이 필요하다. 그렇지 않으면 우리는 곁길로 빠질 수 있다.

지금 무엇을 생각하고 있는가?

삶은 마음이 가는 곳으로 뒤따라가기 마련이다. 자신의 사고 능력을 과소평가하지 말라. 당신의 생각이 앞으로 어떻게 살 것인가에 대한 삶의 방식을 결정한다. 우리는 성령의 능력 안에서 살아가거나 죄된 옛 본성대로 살아가는 삶, 둘 중 하나를 선택한다.

그리스도인의 삶을 움직이는 가장 강력한 법은 생명의 성령의 법이다. 바울은 로마서 8장 2절에서 이렇게 가르친다. "이는 그리스도 예수 안에 있는 생명의 성령의 법(우리에게 주어진 새로운 존재의 법)이 죄와 사망의 법에서 너를 해방하였음이라." 그리스도께서 우리를 위하여 지불하신 희생을 받아들일 때, 하나님께서 죄의 모든 능력을 굴복시키고 정복하고 완전히 박탈하신다. 성령의 법 아래에서 죄는 더이상 우리를 지배하거나 통제하지 못한다. 오직 성령께서 우리의 삶을 다스리신다. 그러나 이런 일이 실제로 어떻게 일어날까?

로마서 8장 5절은 우리에게 그 비밀을 알려준다. "육신을 따르는 자(그리고 육신의 부정한 욕망의 지배를 받는 자)는 육신의 일(육신을 만족시키는 일)을, 영을 따르는 자(그리고 성령의 소원에 지배를 받는 자)는 영의 일을 생각하나니(성령을 만족시키는 일에 마음을 쏟고 추구하나니)."

하나님의 능력 안에서 당신의 모든 소원과 생각, 태도와 행동이 성령의 지배를 받는 비결은, 단순히 그분이 기뻐하시는 일에만 당신의 마음을 쏟겠다고 선택하는 데 있다. 하나님의 말씀에 마음을 쏟으면 당신의 모든 삶은 하나님을 기쁘시게 하는 방향으로 나아가게 될 것이다. 이것이 바로 말씀의 진리를 아는 것이 능력의 삶을 사는 데 그렇게도 중요한 이유이다.

진리가 너희를 자유케 하리라

예수님은 요한복음 8장 31-32절에서 이렇게 말씀하셨다. "너희가 내 말에 거하면(나의 교훈을 굳게 잡고 그 교훈에 따라 살면) 참으로 내 제자가 되고 진리를 알지니 진리가 너희를 자유롭게 하리라."

하나님의 진리는 당신의 육체에 능력을 불어넣을 뿐 아니라, 당신의 마음을 온전히 치유하고 회복시킬 수 있다. 몇 년 전에 정신병원에 입원했던 한 부인을 알게 되었다. 마음이 매우 혼란스러웠던 그녀는 어느 날 성경책을 하나 얻어서 읽기 시작했다. 당시 그녀를 위해 기도해 주는 사람은 아무도 없었다. 그러나 매일 단순히 하나님의 말씀을 읽으며 오랜 시간을 보내던 중 그녀의 마음은 완전히 치유되어 병원에서 퇴원까지 하게 되었다. 이것이 바로 진리의 놀라운 능력이다.

우리가 이해해야 할 한 가지는, 진리는 절대적이고 우리는 그 진리의 궁극적인 근원을 알 수 있다는 사실이다. 살아 계신 하나님을 만나면 우리는 성경에서 궁극적인 진리를 발견할 수 있다는 것을 깨닫게 된다. 일단 이런 근본적인 진리를 터득하면, 우리는 하나님의 말씀을 아는 자에게 주시는 능력을 얻고 온갖 축복을 누릴 수 있다.

진리는 당신의 몸과 마음을 치유할 뿐 아니라, 당신의 영혼과 정서와 정체성의 깊은 곳까지 내려가 삶의 모든 부분을 완전히 자유롭고 온전하게 할 것이다. 당신이 지속적으로 누리는 자유와 해방의 열쇠는 하나님의 말씀이 될 것이다.

성령님은 우리의 스승이시다

보혜사(상담자, 돕는 분, 중보자, 옹호자, 능력 주시는 분, 곁에 계신 분) 곧 아버지께서 내 이름으로(나를 대신하여, 나를 나타내고 나를 위해서) 보내실 성령 그가 너희에게 모든 것을 가르치고 내가 너희에게 말한 모든 것을 생각나게(기억나게) 하리라

_요한복음 14장 26절

어머니가 치유되고 내가 주님을 영접한 후 나는 '성령 학교'에 입학하였다. 하나님께서는 주님의 진리를 나의 마음속에 심으셔서, 하나님의 존재, 선과 악, 그리고 주님의 백성을 온전하게 하시려는 그분의 뜻에 대한 나의 신앙에 어떤 속임수도 접근하지 못하게 하셨다. 성령님은 한 번에 한 말씀씩 가르치심으로써 나를 모든 진리 가운데로 인도하시는 개인적인 스승이 되셨다.

내가 배운 한 가지는 성령님이 아니면 성경을 완전히 이해할 수 없다는 것이다. 나는 자신의 마음을 하나님께 드리지 않고 그저 교과서처럼 성경을 읽는 사람들을 많이 보았다. 그렇게 되면 성경이 이야기하는 것을 충분히 이해할 수 없다. 성령께서 당신의 마음과 삶 속에 들어오셔야만 말씀

의 깊은 진리를 완전히 이해할 수 있다. 하나님의 말씀은 그 자체가 매우 영적이어서 영으로만 분별할 수 있다. 당신의 교사이신 성령님은 진리를 가르치시는 능력의 근원이시다. 성령님은 성경으로 성경을 해석하도록 도우시고, 본문에 담긴 역사적이고 성경적인 참된 의미를 계시하신다.

내게 진리를 보이소서

진실하고 실제적인 거룩한 능력으로 살기 위해 우리는 마음을 다해 진리를 갈망해야 한다. 진리보다 더 큰 능력을 추구할 때, 사람들은 거짓에 속게 된다(마 24:11-12, 24). 어머니가 한때 거짓에 속아 넘어가기는 했지만, 그분의 마음속에 있었던 동기는 하나님의 진리를 아는 것이었다. 이 동기가 궁극적으로 어머니를 어둠에서 빠져나오게 했다.

오랜 기간 사역하면서 나는 시도사들을 포함한 많은 사람들이 말씀을 배우기보다는 표적과 능력을 보려는 갈망으로 내게 다가온다는 것을 알게 되었다. 놀랍게도 내게 많은 말을 했던 지도자들은 대부분 이렇게 말했다. "아시다시피 복음을 전하기만 하면 됐던 시대는 벌써 지나갔습니다. 우리에게 필요한 것은 표적입니다. 나는 그것을 보기 원합니다. 나는 당신이 설교는 간단하게 하고, 기적을 보여주기 원합니다." 이처럼 초자연적인 능력을 추구하면서 하나님의 말씀을 가볍게 여기는 사람들이 있다. 이것은 진리에 근거하지 않은 거짓된 능력에 문을 여는 것만큼이나 매우 위험한 일이다. 능력의 참된 근원은 오직 예수 그리스도의 복음이다.

진리는 삶의 모든 부분에 영향을 미친다

진리는 삶의 모든 부분에 깊이 영향을 미친다. 진리 없이 당신은 결코 하나님의 능력에 연결될 수 없고, 당신이 어떤 사람이 되어야 하는지도 알 수 없다. 진리를 알 때, 당신은 이제까지 당신을 제한했던 한계와 수준을 뛰어넘어 저 멀리까지 날아오를 수 있다. 진리는 감정으로 느끼는 것이 아니라 머리로 아는 것이다. 감정은 변하고 요동치지만, 우리 삶에 하나님이 주신 건강한 영역을 만들어내는 절대적인 것들이 있다. 하나님의 진리 가운데 살면 우리는 주님의 임재와 은혜의 무한한 능력을 경험할 수 있다. 진리는 우리가 날마다 하나님의 능력 안에 사는 것을 가능케 한다.

우리가 마음속에 있는 진리를 정확히 알게 되면, 우리 안에 계시는 하나님의 능력이 풀어져서 주님께서 계획하시고 원하시는 모습으로 살 수 있게 될 것이다. 진리가 없으면 우리는 드넓은 바다에서 이리저리 떠밀려다니게 된다. 진리는 우리의 닻이다. 진리는 삶이 요동칠 때, 우리를 붙들어주며 결코 변하지 않는다. 진리는 비범한 삶을 가능케 하는 능력이다. 진리는 세상이 요동할 때 우리를 굳게 붙잡아 준다. 진리를 통해 우리는 자신에 대해 잘못 믿어왔던 모든 거짓을 벗어버릴 수 있다. 진리는 능력의 원천이며 그것은 우리를 자유케 하여 하나님께서 부여하신 가능성을 최대한 발휘하게 한다.

이처럼 진리가 능력 있는 삶을 사는 데 매우 중요한 요소이기 때문에, 우리는 어떤 대가를 치르더라도 말씀의 진리를 지킴으로써 그 어느 것도 우리에게서 진리의 생명력을 거두어가지 못하도록 해야 한다(마 13:22-23).

진리의 말씀을 듣고 그것이 마음의 옥토에 심겨지면, 우리는 그것을 완전히 파악하여 이해할 것이고, 그것은 우리 안에서 초자연적인 열매를 맺을 것이다. 이것이 우리 안에 계시는 하나님의 능력을 드러내는 진리의 삶이고 열매 맺는 삶이다.

정체성의 능력
: 당신이 누구인지 알라

당신이 진정으로 하나님께서 기뻐하시는 사람이 되고 그분이 뜻하신 일을 행하기 전에, 먼저 현재 자신의 모습을 알아야 한다. 진리와 정체성은 따로 떼어 놓을 수 없다. 진리를 모르면 당신은 삶이 던지는 문제들로 이리저리 방황하게 된다. 당신의 감정은 상처를 입고 생각은 비뚤어질 것이며 엄청난 거짓과 유혹, 중독에 굴복하는 삶을 살게 될 것이다. 그래서 많은 사람들이 혼돈스런 삶을 살게 된다! 그들은 자신이 진정 누구인지 알지 못한다. 그들은 자신이 슈퍼맨임에도 불구하고 그 사실을 알지 못하는 클락 켄트처럼 살고 있다.

주님의 임재 안에서

지금도 내 기억에 생생한 어느 날 오후였다. 수양관 뒷문을 지나 뒤뜰로 걸어가는데 햇볕이 따뜻하게 내리쬐고 있었다. 순간 하나님을 찾아야 겠다는 생각이 들었다. 내 속 깊은 곳에서 무언가 솟아나고 있었다. 잔디밭을 가로질러 걸어가는데 커다란 바위가 눈에 들어왔다. 기어 올라가 앉아서 하나님과 대화하기에 아주 알맞은 크기였다. 결국 그 바위는 기도하는 자리가 되었다. 당시 나는 17살이었고, 친구들과 같이 청년수련회에 참여하고 있었다. 하나님은 그날 내 삶을 영원히 바꾸고, 내면의 깊은 곳까지 흔들어 놓을 말씀을 하셨다.

그 전날 나는 20-30대 청년 4명과 함께 자동차에 끼어 타고는 시골길을 달렸다. 그 중 가장 어렸던 나는 뒷좌석에 탔다. 머리를 창문에 기댄 채, 나는 하나님께서 수련회 기간에 우리 삶에 개입해 주시기를 기도하며 간구했다. 그런데 갑자기 성령의 음성이 내 생각 속으로 뚫고 들어와서 말씀하셨다. "내 백성의 삶 속에 우상들이 있다!" 나는 이 예기치 못한 개입에 놀랐다. 하나님의 내적인 음성은 아주 명확하게 다가왔지만, 그것은 내가 주님께 기대했던 것이 아니었다. 나는 우상이 무엇인지 안다. 그것은 우리의 마음과 삶 가운데 하나님보다 더 높은 자리를 차지하고 있는 것이다. 주님의 음성을 들은 나는 그 주간에 수련회에 참여한 모든 사람들의 마음과 삶 속에 있는 우상들을 모조리 제거하시고 깨뜨려 달라고 조용히 기도하기 시작했다. 솔직히 말하자면, 나는 내가 그 범주에 든다고는 전혀 생각하지 못했으며 앞으로 무슨 일이 일어날지 전혀 상상하지 못했다!

첫 날은 친구들과 찬송하고 예배드리고 유익한 성경공부를 하며 즐겁게 시간을 보냈다. 그렇지만 이렇다 할 만한 특별한 일은 없었다. 다음 날 오후는 휴식을 취하거나 그룹활동을 하는 시간이었는데 내 속에서 무언가가 올라왔다. 그것은 전에 경험했던 것과는 어딘가 달랐다. 나는 하나님과 개인적으로 대면할 시간이 필요했다. 주님을 기다리는 시간이 필요했지만 무슨 이유인지는 전혀 알수 없었다. 그런 정황 중에 크고 오래된 바위 위에 기어 올라가서 하나님과 대화하게 된 것이다. 그곳은 아무도 없는 외진 곳이었다. 주위에 아무도 없이 오직 하나님과 나만이 있었다. 얼굴에 내리쬐는 따스한 햇살을 맞으며 나는 기도하며 예배하기 시작했다. 그때 다시 성령의 음성이 들려왔다. 그것은 하나님의 개입이었다!

　나는 즉시 나의 깨어진 자아상을 보게 되었다. 그것은 마치 빛이 어둠 속을 비추는 것과 같았다. 생전 처음으로 눈이 열려 여러 해 동안 내가 나 자신을 어떻게 여기고 생각했는지를 깨닫고 이해하기 시작했다. 하나님께서 나의 왜곡된 자아상을 보여주실 때, 오랫동안 내 눈을 가리고 있던 베일이 찢겨졌다. 나는 그것을 전혀 깨닫지 못하고 있었다. 그것은 내 삶의 일부였을 뿐이다. 나는 그 차이도, 내 자아상이 잘못되었다는 것도 알지 못했다! 그러나 그날, 나의 자아상이 왜곡되었을 뿐 아니라 내가 보는 하나님도 왜곡되었고 다른 사람을 보는 방식까지도 왜곡되었다는 사실을 깨달았다. 나는 그 사실에 커다란 충격을 받고 바위 위에 앉아 있었다.

자아실현

　자아실현은 매우 어렵고 힘든 과정일 수 있지만, 그것은 우리를 완전히 자유롭게 해방시킬 수 있다. 자신의 참된 모습을 알 때 당신의 영은 무한한 가능성을 향하여 깨어난다. 많은 사람들이 겪는 투쟁은 세상과 고통스러운 경험, 다른 사람들과 원수의 거짓말이 자신에 대해 바르게 규정하지 못하게 하는 싸움이다.

고린도후서 5장 17절은 우리에게 가르친다. "그런즉 누구든지 그리스도(메시아) 안에 있으면(접붙임을 받았으면) 새로운 피조물(전적으로 새로운 창조물)이라 이전 것(과거의 도덕적이고 영적인 조건)은 지나갔으니 보라 새 것(신선하고 새로운 것)이 되었도다."

하나님께서 뜻하신 놀라운 모습을 되찾기 위해서는, 당신이 지금까지 자신에 관하여 믿어왔던 모든 거짓말을 깨닫고 분별해야 한다. 이것을 깨닫게 되면 당신은 내면의 깊은 곳까지 뿌리 채 흔들릴 수 있다. 그만큼 오랫동안 당신은 다른 사람들의 거짓말을 믿었고, 그 말들이 이제까지 당신의 모습을 빚어왔다. 그러므로 당신은 한번도 마음속 깊이 박혀 있는 자신에 관한 부정적인 생각에 대해 전혀 의문을 품지 않았다.

말의 능력

말은 능력을 담는 그릇이다. 부정적이든 긍정적이든 말에는 우리의 삶을 이끄는 힘이 있다. 누군가 던진 한 마디 생명의 말은 우리 삶에 파문을 일으켜 자유와 온전함의 자리로 인도한다. 세계적으로 가장 위대한 예술가 중 한 사람인 파블로 피카소는 말의 힘을 경험한 사람이다. 그의 어머니는 그에게 이렇게 말하곤 했다. "만일 네가 군인이 된다면 너는 장군이 될 것이고, 수도사가 된다면 너는 언젠가 교황이 될 것이다."[1] 그 대신 그는 예술가가 되었지만, 세계적인 거장이 되고 말았다.

나는 말이 끼친 부정적인 영향도 보았다. 최근에 한 사람으로부터 그가 어렸을 때부터 겪어온 이야기를 들었다. 그는 키가 크고 깡마른 매우 볼품없는 아이였다. 중학교 3학년 시절, 어느 날 그보다 나이가 많은 몇

몇 소년이 그를 구석에 몰아붙이고는 나가서 죽는 게 나을 놈이라며 저주를 퍼부었다. 그는 그 일로 몸과 마음이 깊은 상처를 입었다. 그는 자신에게 정말 무슨 문제가 있는지 알고 싶었다. 그들의 말은 그가 스스로 느끼고 있던 불안감을 확인해 주었을 뿐이다. 원수가 그에게 던진 거짓말은 다른 사람의 말을 통해 더 큰 힘을 얻게 되었다. 감사하게도 그는 삶을 죽음으로 끝내지 않았다. 하지만 오늘까지 자신의 참된 모습을 알지 못한 채, 거짓에 속아 살아왔다. 어린 나이에 가슴 속 깊이 뿌리박힌 거짓말은 그의 삶에 결정적인 영향을 끼쳤다. 그리스도와 주님의 진리가 아니었다면, 그는 원수의 계획대로 희생되고 말았을 것이다. 우리가 아는 사람들 중에도 이런 경우가 얼마나 많은가?

많은 사람들이 과거의 상처와 고통 때문에 그들의 참 모습을 모른 채 거짓에 속아 그것을 진실이라고 믿고 산다. 그러나 그 터널을 지나고 나면 희망이 있다! 하나님의 말씀과 진리, 그분의 임재로 당신의 삶을 채운다면 순식간에 빛이 들어올 것이다. 그때 당신은 자신에 대하여 믿어왔던 것이 모두 새빨간 거짓말이었고, 진리의 입김을 한 번 불면 무너져 버리고 마는 허술한 장난감 집이라는 것을 깨닫게 된다.

참된 정체성을 알라

일단 과거의 상처로 인한 고통을 대면하고 당신의 정체성이 거짓에 근거했다는 것을 이해하면, 영혼에 희망과 기쁨이 솟아날 것이다. 왜냐하면 당신이 하나님께서 창조하신 본연의 모습으로 변화될 수 있는 기회가 남아있다는 것을 깨닫기 때문이다. 당신은 그토록 소망하던 영웅이 될 수 있다. 일단 진리에 의해 거짓이 드러나면 당신은 참된 자아실현을 경험하게 된다. 자아실현이란 당신이 알고 있거나 다른 사람들이 정의하는 당신이 아니라, 주님이 바라고 기대하시는 당신의 모습을 실현하는 것을 말한다! 당신은 결코 자신의 정체성에 죄인의 딱지를 붙여서는 안 된다. 당신이 알코올이나 마약중독을 극복했다면, 당신은 더이상 알코올중독자나 마약남용자가 아니다. 당신은 이제 그리스도 안에서 새로운 피조물이다! 당신은 하나님의 자녀. 사랑과 용서와 용납을 받은 당신은 하나님 안에서 온전한 자이다. 당신은 전혀 새로운 본성, 하나님의 성품을 가지고 있다! 죄는 더이상 당신을 다스릴 힘이 없다. 당신 안에 있는 생명이 공급하는 놀라운 힘은 모든 악하고 부정적인 것들을 정복하고, 당신이 처음 창조되었을 때의 모습이 되게 한다. 잠언 23장 7절은 말씀한다. "대저 그 마음의 생각이 어떠하면 그 위인도 그러한즉…"

내가 감동을 받은, 미디어계의 거물급인 유명한 한 그리스도인의 이야기를 소개하겠다. 그는 벌써 영화와 TV프로를 포함하여 20편이 넘는 연극 작품을 제작한 사람이다. 어린 시절 그는 아버지로부터 무자비하게 얻어맞으면서 육체적·성적으로 심한 학대를 받으며 자랐다. 심지어 10살이 되기도 전에 3명의 남자와 1명의 여자로부터 성적인 학대를 경험했다. 이런 학대는 그의 성정체성을 매우 혼란스럽게 했다. 자신을 성적으로 학대한 사람에 대해 그는 이렇게 말했다. "그는 내가 가지고 다니고 싶지 않은 것, 내가 바라지도 않는 것을 내게 주었다."

어느날 그의 어머니가 하나님으로부터 받은 기쁨에 충만한 모습을 보면서 그는 자기도 그런 기쁨을 누리고 싶었다. 그렇게 그는 불행 중 다행으로 하나님을 믿으며 성장했다. 성장하면서 그는 "우리가 생각을 키울수록 그것은 더욱 커지고, 생각하지 않으면 어느새 소멸된다"는 사실을 깨달았다. 영화계에서 크게 성공한 그는 자유롭게 되리라고 선택했다. 그는 "나는 자유로울 수 있다"고 말했고, "안 좋은 일들이 내게 생겼지만 그것이 나는 아니었다"는 것을 이해했다.[2] 그는 자신에게 일어났던 일로 자신을 규정해서는 안 된다는 것을 깨달았다. 그의 정체성은 거짓이 아니라 진리 안에서 평안했다.

그것은 내 잘못이 아니다

어린 시절 학교에 다닐 때, 나는 항상 친구들과 잘 어울리지 못했다. 옳고 그른 것에 대한 확고한 기준을 가지고 있었던 나는 때로 잘못하는 사람들을 보면 참지 못하고 다투곤 했다. 한번은 아무도 어울리려 하지 않는 한 친구와 운동장에서 같이 놀았다. 난 그 아이가 안쓰럽게 느껴졌다. 당시 나는 상상력이 풍부해서 사설탐정이나 슈퍼히어로가 되는 공상에 빠지는 걸 좋아했다. 그 시절에 어울렸던 친구들이 몇 명 있었지만 나는 항상 놀림감이었다. 친구들과 잘 섞이지 못했던 나는 거의 대부분 운동장에서 혼자 놀던 외톨이었다.

나는 내가 옳다고 생각한 것을 기초로 하여 살았다. 그래서 때때로 심하게 핍박을 받았다. 공부가 재미있었고 매일 밤 숙제에 열중했던 나는 성적이 우수했다. 가끔 성적이 너무 높아서 깜짝 놀라기도 했다. 나는 또한 노래를 매우 잘하는 편이었다. 믿음을 숨기지 않았던 나는 내가 아는 하나님을 다른 아이들도 알기를 소원했다. 하지만, 그들은 가끔 나의 믿음이 지나치다고 조롱하기도 했다.

고등학생 때에도 하나님께서 내가 순결하기를 원하신다는 것을 알았기 때문에 파티에 가서 술을 마시지 않았다. 물론 친한 친구들이 몇몇 있기는 했지만, 대부분의 아이들이 나를 좋아하지 않았고 가끔 조롱하고 비웃었다. 나는 무슨 일이건 깊이 생각하는 편이라 그런 일들은 내 마음에 깊은 상처가 되었다. 어릴 때부터 하나님께서는 나를 리더로 훈련시키셨지만, 원수는 나를 표적으로 삼았다. 원수는 내가 거절감을 느끼고 따돌림 당한다고 느끼게 했고, 스스로 무언가 잘못이 있는 사람인 것처럼 생각하게 하려고 애를 썼다. 그렇게 나는 내적으로 거절감과 낮은 자존감으로 깊이 상처를 입고 있었다.

수련회 기간 중 바위 위에 앉아 있었을 때, 이런 기억들이 홍수처럼 밀려왔다. 주님은 원수가 어린 시절 내 마음에 뿌려놓은 거짓말을 폭로하시기 시작했다. 주님은 내게 말씀하셨다. "이런 생각들이 우상이다. 네가 너 자신에 대해 알고 있는 그 방식이 우상이다." 그러자 내 속사람이 반응했다. "하나님, 이것이 어떻게 우상이 될 수 있지요? 그것은 제 잘못이 아니잖아요? 저는 저에 대해 이렇게 생각하고 느끼려고 선택하지 않았어요. 그것은 다른 사람들이 그렇게 말하고 행동했기 때문이었어요."

그러나 하나님은 부드러우면서도 분명하게 대답하셨다. "내가 너에 대하여 말한 것보다 더 높이고 신뢰하는 것이 있다면 그것이 우상이다. 그리고 네게 잘못이 있든 없든, 심지어 네가 그 모든 일에 대해 잘못이 없다 하더라도 그것을 회개해야 한다. 이런 부정적인 사고형태가 나보다 더 높아진 것 자체가 우상이다. 중요한 것은 말씀이 너에 대하여 무엇이라고 말하느냐이다. 너는 그것을 회개하고 잘못된 생각을 모두 깨뜨려야 한다." 나는 항의하고 싶었지만 그 계시가 너무나 압도적이어서 논쟁할 수가 없었다. 얼마 지나지 않아 나는 하나님의 말씀이 옳다는 것을 깨달았다. 눈을 가렸던 베일이 벗겨지자 나는 나 자신에 대하여 잘못 믿어왔던 모든 거짓을 볼 수 있었다.

그것은 전부 거짓투성이였다. 잘못된 생각이 하나님께서 진리라고 말씀하신 것보다 높아져 우상이 되었다. 그것은 비록 내가 의도적으로 한 생각이 아니었지만, 원수가 던진 거짓말에 굴복하고 그것을 믿었던 것을 회개해야 한다는 것을 알게 되었다. 돌파의 순간이 가까웠다! 그러나 그것은 다만 시작일 뿐이었다.

나는 진심으로 회개하였고, 주님이 보시는 대로 나 자신을 보지 못하고 살았던 것을 용서해 달라고 기도했다. 그리고 거절감과 열등감으로 뒤덮인 감정을 주님께 맡기며 나 자신에 대하여 믿어왔던 모든 거짓말을 고백했다. 기도를 끝낸 후 남은 시간을 그날의 일정에 따라 움직였다. 그날 밤 잠들기 전에 주님은 귀에 들리는 내적 음성으로 이렇게 말씀하셨다. "이런 생각들을 통하여 마귀는 네 마음속에 발판을 마련했다." 그때까지 나는 발판이나 견고한 진이 무엇인지 아는 바가 전혀 없었다. 내게 그런 것이 있으리라고는 전혀 생각지 못했다! 나는 주님께서 말씀하신 것을 묵상하며 잠들었다.

견고한 진을 허물어라!

다음 날 아침, 나는 일어나서 그날의 일과를 준비하기 시작했다. 화장실에서 이를 닦고 있는데 하나님께서 다시 말씀하셨다. 나는 분명 기도를 하고 있지 않았다! 치약이 입에서 뭉게뭉게 거품을 내고 있었다. 당신도 알

다시피 하나님은 생각지 못한 상황 중에 당신에게 말씀하실 수 있다. 그러므로 당신은 하나님의 말씀을 듣기 위해 꼭 무릎을 꿇고 기도하지 않아도 된다. 주님의 마음과 생각은 어느 순간에건, 당신이 전혀 예상하지 못했던 순간에 침입해 들어올 수 있다.

하나님은 지난밤에 하셨던 말씀을 다시 시작하셨다. "그 발판은 더이상 하나의 작은 발판이 아니다. 그것은 이미 오랫동안 자리하고 있었기 때문에 네 삶에서 큰 비중을 차지하게 된 것이다."

머지않아 나는 발판과 견고한 진이 어떻게 작용하는지 이해하게 되었다. 발판은 암벽을 기어오를 때, 딛고 오를 수 있는 작은 바위 턱이다. 당신의 생각 속에 발을 디딜 수 있는 작은 턱을 주면, 원수는 거듭하여 더 넓은 영역에 자신의 발을 디딜 자리를 확보하려 할 것이고, 결국 마음속에 아주 견고한 자리를 마련하는 것이다. 당신이 원수의 말에 동의하는 것은 당신의 생각 속에 그만큼 더 넓은 자리를 차지하도록 허용하는 것이다.

나는 여러 해 동안 무언가에 집착하는 것이, 원수가 그것을 요새화하고 강화하는 것임을 깨닫게 되었다. 그는 당신의 마음속에 부정적인 생각을 불어넣음으로써 이런 일을 한다. 그는 안 좋은 느낌과 정서를 당신의 영혼에 주입하고 나서 주변에 있는 사람들의 입을 통하여 그 거짓을 다시 한 번 강화한다. 그것이 그의 작전이다. 될 수 있는 대로 많은 거짓말로 당신을 사로잡아 무력한 먹잇감으로 묶어 두려는 것이다. 계속해서 반복되는 이런 거짓말들은 더이상 단순한 발판이 아니다. 그것은 결국 당신의 마음과 영혼 속에 세워지는 견고한 진과 요새가 된다. 그렇게 되면 당신은 잘못된 생각과 환경에 의해 규정되어진다.

우리가 육신으로 행하나(살지만) 육신에 따라(단순히 인간적인 무기를 사용하면서) 싸우지 아니하노니 우리의 싸우는 무기는 육신(혈과 육)에 속한 것이 아니요 오직 어떤 견고한 진도 무너뜨리는(뒤집어 놓고 파괴하는) 하나님의 능력이라 모든 이론(논쟁과 이론과 추론)을 무너뜨리며 하나님 아는 것(참된 지식)을 대적하여 높아진 것을 다 무너뜨리고 모든 생각(그리고 목적)을 사로잡아 그리스도(메시아, 기름 부으심 받은 분)에게 복종하게 하니 _고린도후서 10장 3-5절

만일 당신의 마음속에 하나님의 말씀과 목적에 어긋나는 이론과 생각이 있는 줄 알면서도 그대로 방치한다면, 그것은 당신의 생각을 혼란케 하는 견고한 진이 될 수 있다. 그런 강력한 진들이 하나님의 능력으로 깨뜨려지고 진리의 강력한 진으로 대체되지 않으면, 그것이 당신을 노예처럼 속박할 것이다.

베일을 벗기라

원수의 거짓이 삶에 견고한 진이 되었다는 것을 하나님께서 계시해 주신 후에, 나는 방에서 나가 예배하고 있는 리더들에게 가서 나를 위해 기도해 달라고 부탁했다. 나는 이 견고한 진을 지닌 채 집으로 돌아가지 않겠다고 결심했다. 나는 그것을 깨뜨리고 싶었다! 리더들은 나를 개인기도실로 데리고 갔다.

하나님께 부르짖을 때, 성령께서 계시를 주셔서 그들로 기도하게 하셨다. 그들은 의심과 불신을 꾸짖기 시작했다. 순간 그야말로 내 속에 있던 장벽이 무너지는 것을 느낄 수 있었다. 그러자 뚜렷한 이유도 모른 채 나

는 울기 시작했다. 그들의 기도는 내 안에 있는 많은 것, 내 마음보다 더 깊은 곳에 있는 것들을 만지기 시작했다. 그 기도는 내 영혼 속으로 깊이 들어가고 있었고 원수가 쌓아 놓은 감정적·정신적인 견고한 진들을 깨뜨리고 있었다. 나는 속으로 이런 생각을 했다. '내가 왜 울고 있지?' 그것은 내 머리로는 이해할 수 없는 일었다.

원수는 내가 결코 사람 노릇을 제대로 하지 못할 놈이라고 믿게 하여 마음속에 의심과 불신이라는 강력한 진을 쌓아 놓았다. 그 거짓말이 벗겨지고 드러났을 때, 나는 거짓의 올가미에서 풀려났다. 그 순간 내가 경험한 자유는 매우 영광스러운 것이다. 하나님의 진리가 뚫고 들어오자 원수는 설 자리를 잃었다. 원수가 거짓말이나 견고한 진으로 덮고 있으면, 당신은 계속 장악당할 수밖에 없다. 그러나 그 거짓이 드러나고 고백되고 거부되면, 원수는 권세를 잃는다.

리더들은 계속 기도했고 모든 벽들은 하나씩 무너졌다. 벽들이 무너지자 감정의 홍수가 밀려왔고, 억압되었던 감정과 아픔이 떠나가기 시작했다. 영혼이 정화되었고 마음에 갱신이 일어났다. 원수의 능력은 찢겨져 나가고 있었다. 차곡차곡 쌓였던 원수의 거짓말이 힘을 잃었고, 나는 영광스럽게 해방되고 있었다. 두려움, 의심, 거절감과 낮은 자존감은 나의 삶에서 떠나가고 있었다. 내가 버림받은 존재라고 속삭였던 거짓말은 완전히 무너져 내렸다.

참 자아를 해방시켜라

그 일 이후로 진리가 나의 정체성을 새롭게 빚었다. 그 진리는 하나님의 손길이 아주 어렸을 때부터 나와 함께하셨다는 사실이다. 주님은 나에게 매우 예민한 양심과 주님을 기쁘시게 하고 의를 행하려는 마음을 주셨다. 그래서 나에게는 항상 '다르다'는 딱지가 붙어 다녔다. 또한 하나님은 내가 확신하는 것을 굳게 붙잡고 살 수 있는 능력을 주셨다. 비록 그 확신 때문에 나는 군중들과 어울리지 못하고 호감이 가지 않는 사람이 되었지만 말이다. 그런 예민한 성격 때문에 나는 하나님의 임재를 쉽게 의식할 수 있었고, 그리스도를 영접한 순간부터 주님 안에서 초자연적인 삶을 살게 되었다.

내가 악(惡)하면서 다르다고 여긴 것은 실제로는 선(善)하지만 다른 것이었다. 나를 지배했던 거짓을 대체하기 시작한 진리는, 내가 용납 받지 못한 사람이 아니라 리더라는 사실이었다. 나는 괴상하거나 남다른 사람이 아니라 구별된 사람, 하나님 앞에 거룩한 사람이었다. 나는 버림받은 사람이 아니라 사랑받고 있는, 사랑받을 만한 사람이었다. 고등학교 시절에 하나님은 내 영혼을 더 많이 치유할 수 있는 훌륭한 그리스도인 친구 몇 명을 주셨다. 의로운 하나님의 자녀들과 어울리면서 나는 하나님께서 나를 어떤 사람으로 만드셨는지 정확히 알게 되었다. 나는 세상을 변화시키도록 창조된 사람이었다.

하나님의 진리와 내 안에 거하시는 그분의 임재는 그리스도 안에 있는 나의 정체성을 확고하게 해 주었고, 나에게 분명한 확신과 건강한 자의식을 주었다. 원수가 악하게 사용하려던 것을 하나님은 선으로 바꾸셨다. 젊은이로서 내가 개인적인 확신과 믿음을 위해 싸우는 법을 배울 때, 사람들이 나를 뭐라고 부르든지 하나님은 나중에 내가 세계를 다니며 수백만의 사람들에게 믿음을 전파하는 데 그것을 사용하려 하셨다. 하나님께서는 핍박의 요인이 되었던 모든 것을 결국 하나님의 영광을 드러내고 주님의 높은 뜻을 성취하는 데 사용하셨다. 하나님의 진리가 나의 정체성을 빚었다. 정체성은 삶의 목적을 만들어냈고, 삶의 목적이 계시될 때 불가능을 가능케 하는 초자연적인 능력이 풀어졌다.

어렸을 때부터 왕따를 당했거나 놀림을 받아왔다면, 당신은 혼자가 아니다. 1950년대에 많은 작품에 출연했던 전설적인 무용수이자 배우였던 진 켈리는 무용을 배운다는 이유로 온갖 조롱을 받았지만 참아냈다.[3] 후에 그가 하나님께서 주신 재능으로 영화배우가 되리라고는 아무도 생각하지 못했다. 위대한 일을 이루어낸 많은 사람들은 대부분 거절의 고통을 겪었다. 시드니 포이티가 처음으로 음성테스트를 끝냈을 때, 시험관은 그에게 여러 사람 시간 낭비하게 하지 말고 집에 가서 접시나 닦으라고 충고했다. 그러나 그는 그 일로 전 생애를 바쳐 배우로 살기로 결심했고, 결국 그 뜻을 이뤘다.[4]

거짓의 영향력

나는 원수가 사람들에게 사용하는 거대한 전략 가운데 하나를 드러내 보여주고 싶다. 이 단순한 진리를 알게 되면 당신은 완전히 자유로워질 수 있다. 언젠가 나에게 한 부인이 자신의 경험담을 말해 주었다. 어느 날 그녀가 부엌에서 그릇을 치우고 있는데 갑자기 술을 마시고 싶다는 욕망이 엄습해 왔다. 이런 생각은 그녀가 살아온 삶을 보면 매우 생소한 일이었다.

그녀는 알코올중독자가 많은 집안 출신이다. 어린 시절 경찰이 늘 문앞에서 지키고 있을 만큼 그녀는 문제 많은 집안에서 자랐다. 그녀의 아버지는 알코올중독자였고, 형제 중 몇몇도 알코올중독자여서 항상 말썽을 부렸다. 그래서 그녀는 술이 싫었고, 술을 전혀 입에 대지 않았다. 그녀는 자녀들에게도 알코올을 멀리하도록 교육했다. 집에서는 술이라고는 흔적도 찾아볼 수 없었고, 그날까지 그녀는 한 번도 술을 마시고 싶다는 생각을 해 본 적이 없었다. 그래서 갑자기 술을 마시고 싶다는 욕망이 생겼다는 것 자체가 매우 놀라운 일이었다.

그날 늦은 시간에 남편과 이 이야기를 나누면서, 남편에게도 그날 오후에 동일한 일이 있었다는 것을 알게 되었다. 일하고 있는데 불현듯 술을 마시고 싶다는 욕망이 생기더라는 것이다. 그 둘은 한 번도 술을 마신 적이 없었다. 그렇다면 이런 욕망은 어디서 온 것일까? 그녀는 이 일이 있고 얼마 지나지 않아서 그녀의 십대 자녀 중 하나가 알코올의 유혹에 이끌리고 있다는 것을 알게 되었다. 그 아들은 학교 친구들과 몰래 술을 마시기 시작했다. 그녀의 집안의 약점이 자녀 중 한 명에게 영향을 끼치기 시작한 것이다. 그 사실을 알게 됐을 때, 그녀는 정확하게 무슨 일이 일어나고 있는지를 깨닫게 되었다. 그녀가 술을 마시고 싶다고 느꼈던 그 욕망은 그녀가 아닌 아들의 주위를 배회하고 있는 원수로부터 온 생각과 느낌이었다.

알코올중독의 영은 그녀의 십대 아이를 시험하고 있었고, 그 아이의 삶에 시험을 향한 문이 열리고 있었다. 그들 부부에게 술을 마시고 싶다는 욕망을 주입하려고 시도한 것은 바로 그 영이었다. 그러나 그것은 매우 가소로운 일이었다. 왜냐하면 그녀는 그런 생각이나 감정을 품어 본 적이 전혀 없기 때문이다. 일단 그런 생각의 출처를 알고 나니 그녀는 아들을 위해 효과적으로 기도할 수 있었고, 결국 완전한 해방이 아들의 삶에 찾아오는 것을 볼 수 있었다.

당신은 이것을 정확히 알아야 한다. 당신이 무엇을 생각하거나 어떤 감정을 느낀다고 해서 그것이 꼭 당신의 것은 아니다! 원수가 하는 일은 정확하게 이런 일이다. 그는 1인칭을 사용하여 자신이 주입하는 생각을 당신의 생각으로 받아들이도록 말을 건다. 그러나 당신의 마음속에 일어난 생각이나 상상은 당신 너머에서 올 수도 있다. 그는 또한 술을 마시고 싶거나 담배를 피우고 싶다는 느낌, 정욕과 두려움, 질투, 분노, 그 외의 수많은 부정적인 느낌들을 주입하려고 시도할 수 있다. 물론 이런 느낌들이 당신의 것일 때가 있다. 그때 그것은 그리스도와 함께 십자가에 못 박혀야 할 당신의 악한 옛 본성에서 온다. 그럴 때 우리는 하나님의 뜻대로 살겠다는 결단을 하고, 육체를 거부해야 한다. 그러나 그런 느낌이 당신에게서 나온 것이 아닐 때가 있다. 그러므로 원수가 주입한 느낌을 분별하는 법을 배울 때, 당신은 그것을 거부하고 버릴 수 있는 놀라운 능력을 소유하게 될 것이다. 당신의 정체성은 유동적인 감정이 아닌 하나님의 말씀 위에 세워진다. 그리고 그것은 결코 변하지 않는다. 당신 안에 계신 그리스도가 당신의 참 모습이다. 주님이 당신의 참된 정체성이다.

참된 유전자와 재결합하라

브라이언이 아직 어머니의 뱃속에 있을 때, 그의 아버지는 아기를 낙태시키려고 했다. 그의 부모는 이혼 절차를 밟고 있었고, 아버지는 새로운 아이를 원치 않았다. 그러나 하나님의 놀라운 섭리로 브라이언의 어머니는 아기를 살리기로 결심했다. 브라이언이 18살이 될 때까지 그의 어머니는 그의 아버지가 자신의 배를 향해 손짓을 하며 "없애버려!"라고 말했다고 끊임없이 말했다.

　브라이언은 18살이 되었을 때, 아버지와 재결합하였다. 그러나 어머니가 들려주었던 그 말이 늘 생각이 나서 여러 해 동안 그를 괴롭혔다. '그것이 사실이었을까? 나는 아버지가 원치 않는 사람이었을까? 아버지는 정말 그렇게 생각했을까?' 그는 너무나 두려워 진실을 알고 싶지 않았다. 거절감은 그가 견디기에 너무나 무거웠다. 그는 여러 해가 지나고 35살이 되었을 때, 아버지를 마주 보며 용기를 내어 그 말에 대해 물었다. 그것은 사실이었다. 그러나 그 말로 인한 자신의 고통스러운 상처를 드러내고, 아버지가 진심으로 용서를 구했을 때 치유와 회복이 일어났다.

　성장기 내내 브라이언은 심적인 공허함에 시달렸다. 육신의 아버지와 연결되고 싶은 갈망이 그의 마음속에 항상 자리하고 있었던 것이다. 그러나 아버지와의 관계가 회복되자, 갑자기 연합과 충만함, 그리고 건강한 정체성이 견고하게 뿌리내리는 것을 새롭게 발견했다. 순간 안에서 '찰칵'하고 소리가 났다. 참된 정체성이 형성되자 무언가 제자리를 찾아가기 시작한 것이다. 그는 아버지 안에서 자신을 보았고, 그의 아버지는 브라이언 안에서 자기 자신을 보았다. 그는 아버지의 유전자에서 나온 사람이다. 그런 그가 자신의 근본과 재결합했을 때, 공허함은 사라졌다.

　요점은 우리 모두가 육신의 부모와 반드시 재결합해야 한다는 것이 아니다. 많은 사람들에게 그런 기회가 주어지지 않을 수도 있다. 가장 중요한 것은 하나님이 당신의 아버지이심을 아는 것이다. 시편 27편 10절은 이렇게 말한다. "내 부모는 나를 버렸으나 여호와는 나를 영접하시리이다(주님의 자녀로 입양하시리이다)." 진리 안에서 당신이 하나님과 연결된다는 것은 당신의 영적인 영원한 DNA와 결합하는 것이다. 하나님의 은혜로 그분의 자녀로 입양될 때, 우리는 주님의 이름과 정체성, 본성, 성품 그리고 주님께서 말씀하고 행동하시는 사고방식을 고스란히 이어받게 된다. 우리의 정체성은 더이상 나의 옛 생명 안에 있지 않고 주님 안에 있다.

우리는 하나님의 형상대로 만들어지고 주님의 DNA에서 나온다. 우리가 하늘 아버지와 온전한 관계를 맺게 되면 우리의 정체성은 올바로 정렬되고 충만하고 완전해진다. 그 순간 우리 안에서 무언가 '찰칵'하는 소리가 난다. 그리고 우리와 참으로 함께하시는 그분이 충만하신 것처럼 우리도 충만하다는 느낌을 받는다. 여기에 우리의 참된 정체성이 있다. 브라이언이 아버지와 재결합하자 그는 아버지의 유산과도 재결합되었다. 이것은 우리에게도 동일한 진리다. 우리가 하나님과의 관계 속으로 들어가면, 삶 속에서 하나님의 유업과 축복을 충만히 누릴 수 있다. 하나님의 참된 아들과 딸이라는 정체성을 가지고 살면, 우리는 우리를 위해 준비된 축복과 능력이 충만한 유업을 받을 수 있다.

CHAPTER 5

믿음의 능력 : 지붕을 뜯어내라

"주님, 저는 주님께서 무슨 일을 하셨는지 모릅니다. 그러나 제가 그것을 놓치지 않게 하소서." 나의 어머니, 베로니카의 질병이 다시 재발하기 시작하던 날 주님께 드린 기도이다. 이것은 어머니가 성당의 치유미사에서 하나님과 능력으로 충만한 극적인 만남을 가진 뒤 겨우 사흘이 지났을 때의 일이다. 그날 어머니가 성당 마루에 있을 때, 하나님의 능력에 압도되어 쓰러진 채 강력한 전기가 온몸을 관통하여 흐르는 것을 느끼셨다. 하나님의 능력이 어머니의 몸에서 모든 질병을 쫓아냈다.

주님과의 엄청난 만남을 경험했지만, 어머니의 믿음과 하나님과의 관계는 여전히 매우 어렸다. 그때까지 어머니는 성경을 많이 읽지 않으셨다. 그래서 어머니가 그리스도를 믿는 믿음을 통하여 하나님과 아름다운 관계에 들어가기는 했지만, 성경에 있는 진리에 대해서는 아는 것이 너무 적었다.

어머니의 삶은 하나님의 치유와 축사의 능력으로 변화되었다. 그러나 어머니는 자신에게 무슨 일이 일어났는지 충분히 이해하지 못하셨다. 어머니가 아시는 것이라고는 예수님이 매우 개인적으로 찾아오셔서 어머니의 모든 짐을 벗기시고 모든 질병을 고치셨다는 것뿐이었다. 어머니는 하나님께서 주신 특별한 선물, 즉 육체적으로나 영적으로 온전해진 새로운 삶을 정말이지 잃고 싶지 않으셨다.

통증이 다시 괴롭히기 시작했을 때, 어머니는 자기도 모르는 사이에 성령에 이끌려 신약성경을 읽고 있었다. 의식적으로 힘쓰고 애쓰지 않았지만, 어느새 하루에 7시간 동안 성경을 읽으셨다. 이런 특별한 은혜는 3년이 되도록 계속되었다. 그렇게 매일 7시간씩 하나님의 말씀에 젖어서 살기 시작한 지 3개월쯤 지나서 어머니는 하나님과 초자연적으로 만나는 또 다른 체험을 하셨다.

어머니가 방에 앉아서 성경을 읽고 기도하시는데 갑자기 내면 깊은 곳에서 믿음이 분수처럼 솟아오르기 시작했다. 어머니는 즉시로 하나님께서 귀에 들릴 만한 내적인 음성으로 말씀하시는 소리를 들으셨다. "나를 신뢰하라. 믿음으로 너는 치료받았다." 그 한 마디 말씀과 함께 어머니의 마음 깊숙한 곳에서부터 초자연적인 믿음이 솟아나 전 존재를 채웠다. 어머니는 내면에서 솟구치는 하나님에 대한 믿음에 깊이 빠지셨고, 그 즉시로 모든 통증과 고통은 어머니의 몸에서 떠나 다시 돌아오지 않았다. 어머니는 치유되었을 뿐만 아니라, 지금까지 평안하고 건강하시다. 그것은 다 믿음의 결과였다.

믿음은 참으로 매일의 삶 가운데 하나님의 능력에 접속하기 위한 매우 중요한 열쇠 중 하나이다. 믿음은 하나님으로부터 오는 치유의 능력을 경험하게 할 뿐 아니라, 치유가 지속되게 하는 능력의 원천이다. 그러나 믿음의 능력은 육체적인 치유에 머물지 않는다. 그것은 하나님의 모든 약속과 연결되는 영적인 교량이다. 믿음으로 당신은 하나님께서 당신을 위해 예비하신 모든 것을 받을 수 있다. 믿음으로 우리는 은혜를 받고 기도 응답을 받는다. 믿음으로 우리는 주님의 의롭다 하심과 거룩을 받는다. 믿음으로 우리는 삶의 모든 속박으로부터 자유와 해방을 누린다. 믿음으로 우리는 평화와 기쁨, 보호와 인도, 지혜와 그 밖의 많은 것을 받는다. 믿음으로 우리는 하나님께서 우리를 위해 계획하신 삶을 살 수 있는 능력을 힘입고, 주님의 모든 은혜와 축복을 받는다.

믿음의 사도로 알려진 스미스 위글스워스는 엄청난 초자연적인 능력 가운데 살았다. 믿음의 비밀을 잘 알고 있었던 그는 이런 말을 했다. "나는 내가 보거나 느끼는 것에 따라 움직이지 않는다. 다만 내가 믿는 대로 움직인다. 나는 밤새도록 주님께 부르짖어 얻는 것보다 한순간 하나님을 믿는 믿음을 통해 더 많은 것을 얻는다."[1]

믿음의 참된 근원을 이해하라

믿음이 어디로부터 오는지 제대로 알지 못하면 우리는 쉽게 자신의 노력으로 무언가를 시도하다가 결국 지쳐 넘어진다. 믿음은 당신의 힘으로 노력하여 얻을 수 있는 것이 아니다. 나는 종종 믿음을 얻으려고 노력하는 사람들을 본다. 그들은 대부분 자신의 능력으로 믿음을 만들어내려고 애쓴다. 그러나 그렇게 해서 되는 일이 아니다. 자신의 능력을 가지고 노력하기 시작하는 순간, 은혜에서 떠나 당신 자신에게 함몰되고 만다. 하나님에 대한 초자연적인 믿음은 노력으로 만들어낼 수 없다. 그러나 믿음을 얻을 수 있는 자리에 갈 수는 있다.

우리 어머니의 경우를 살펴보자. 주님의 말씀이 성령에 의해 어머니의 영과 마음속으로 들어갔을 때 무언가가 생기기 시작했다. 말씀의 진리가 어머니의 마음을 새롭게 했을 뿐만 아니라, 말씀이 더 많이 쌓여갈수록 어머니의 믿음은 더 높은 수준으로 올라가기 시작했다. 진리는 어머니의 마음속에 믿음을 풀어 놓았다. 이처럼 말씀을 읽고 묵상하는 것은 하나님께서 일하실 수 있는 여건을 마련하는 것이다.

어머니의 영이 말씀으로 채워지고 마음이 새로워졌을 때, 성령께서 어느 날 그분의 마음속에 심겨져 있었던 말씀을 취하셔서 생명이 되게 하셨다. 그것은 단순히 책 속에 쓰인 단어 이상이 되었다. 말씀은 어머니의 실재가 되었다. 성령께서 어머니의 내면에 쌓인 말씀에 생명을 불어넣으셨을 때, 그분이 만들어낼 수 있는 것보다 훨씬 큰 믿음이 심령 깊은 데서부터 솟아올랐다. 하나님께서 어머니의 영과 마음에 "나를 신뢰하라. 믿음으로 너는 치유되었다"라고 말씀하셨을 때, 그 말씀과 함께 믿음의 영이 풀어졌다. 그리고 그것은 결국 성취되었다. 그분의 마음과 가슴이 말씀에 잠김으로, 어머니는 하나님을 향한 믿음을 작동하는 열쇠를 받아 그분이 이미 완성하신 일을 충만히 드러낼 수 있었다.

모든 사람이 다 이와 같은 초자연적인 치유의 능력을 체험하지는 못할 것이다. 어떤 사람은 치유를 받고 그것에 대해 의문의 여지가 없는 반면, 다른 사람은 하나님으로부터 치유의 손길을 경험하고 난 며칠 뒤에 다시 고통이 되돌아오기도 한다. 이때가 바로 우리 안에 쌓인 진리의 말씀이 공급하는 믿음으로 하나님께서 주신 것을 붙잡고 지켜야 하는 때이다.

정직하게 자신을 점검하라

삶 가운데 하나님의 풍성한 능력을 경험하지 못한다면, 우리는 자신에게 정직하게 물을 필요가 있다. "나는 과연 날마다 내 마음에 무엇을 심고 있는가?" 우리가 TV프로그램 정보, 우울한 사건, 주변 사람들의 견해와 말들, 그리고 부정적인 고백을 날마다 마음에 심고 있다면, 하나님께서 하실 수 있는 일이 얼마 되지 못할 것이다. 그러나 우리가 생명의 말씀을 끊임없이 마음속에 심고 있다면, 주님은 그 말씀에 생명을 불어넣으시고 불가능한 일을 가능케 하는 초자연적인 믿음을 우리 마음속에 넣어주실 수 있다. 그러나 우리는 믿음의 근원이 무엇인지 확실히 이해해야만 한다. 그 근원은 우리가 성경을 많이 암기하려고 노력하는 것이 아니다. 그렇게 하면 우리가 바라는 믿음을 어느 정도는 얻을 수는 있다. 그러나 가장 중요한 것은 우리 마음속에 진리를 심는 것이고, 그런 다음 성령께서 그것에 입김을 불어넣으시고 그것이 우리 안에서 살아나도록 맡겨드리는 것이다. 믿음의 근원은 언제나 하나님이시지 우리가 아니다.

그리스도의 말씀

그러므로 믿음은 (말하는 것을) 들음에서 나며 들음은 그리스도(메시아 자신)의 (입으로부터 나온) 말씀으로 말미암았느니라 _로마서 10장 17절

믿음은 그리스도의 교훈과 말씀을 묵상하는 가운데 생긴다. 우리는 여기서 기준을 분명히 할 필요가 있다. 믿음은 특별히 그리스도의 말씀을

들을 때 생긴다. 율법의 말씀은 해당이 되지 않는다. 율법은 우리가 불완전하다는 것을 밝혀 줄 뿐이다. 그에 반해 그리스도의 교훈과 말씀은 우리에게 하나님의 약속과 축복을 받아 누릴 수 있는 믿음을 나누어 준다. 이것이 바로 우리가 신약성경을 읽으며 시간을 보내는 것이 믿음의 삶을 사는 데 있어서 그렇게도 중요한 이유이다.

일단 당신의 마음으로 하나님의 진리를 알고 나면, 초자연적인 믿음이 내면에서 솟아난다. 1920년대에 능력으로 치유사역을 했던 전도자 보스워드는 이렇게 말했다. "우리는 하나님의 뜻을 알고 나서야 그분의 능력을 구할 수 있다."2) 하나님의 말씀을 읽으면서 당신은 그분의 뜻을 배운다. 하나님의 뜻을 아는 데서 믿음은 시작된다.

예수님은 믿음의 근원이시고 우리 믿음의 완성자이시다(히 12:2). 우리가 주님의 말씀을 묵상하고 그분 안에 살면 주님은 우리의 믿음을 충분히 성숙게 하고 완전하게 하신다. 믿음이 성숙할 때, 우리는 하나님의 제약 없는 무한한 능력에 도달할 수 있다. 믿음은 모든 자연적인 한계와 제한을 제거하며 불가능을 가능하게 한다.

단순하게 하라

내가 한참 하나님과의 관계 속에서 성장해갈 때, 성령님은 매일 성경을 읽게 하셨다. 당시 말씀은 매우 새로웠다. 나는 매일 하나님에 대하여 무언가 새롭고 놀라운 것을 발견했다. 나는 신약성경의 말씀을 한 글자도 빼놓지 않고 읽었고, 성경이 말씀하는 그대로 단순하게 믿었다. 어머니가 고침을 받은 후, 우리 가족의 믿음은 높이 치솟아 기도하는 모든 것이 즉시로 응답받을 정도였다!

한번은 숲길을 걷는데 독성이 있는 참나무가 내 얼굴 전체를 할퀸 일이 있었다. 매우 끔찍한 일이었다! 그러나 나는 베드로전서 2장 24절과 야고보서 5장 14-15절 말씀을 외쳤다. "그가 채찍에 맞음으로 너희는 나음을 얻었나니…"(벧전 2:24). "너희 중에 병든 자가 있느냐 그는 교회의 장로들(영적인 지도자들)을 청할 것이요 그들은 주의 이름으로 기름을 바르며 그를 위하여 기도할지니라 믿음의 기도는 병든 자를 구원하리니 주께서 그를 일으키시리라 혹시 죄를 범하였을지라도 사하심을 받으리라"(약 5:14-15).

나는 곧바로 교회로 달려가서 목사님에게 기름을 바르고 치유기도를 해 달라고 부탁했다. 의사는 상처가 나으려면 두세 주간이 걸린다고 진단했지만, 나는 이틀도 안 되어 나았다! 나는 하나님과의 관계 속에서 성장했고, 성경에 있는 모든 말씀을 그저 단순히 믿었다. 나는 사람들이 가르치는 종교적인 교리 때문에 믿음을 제한하지 않았다. 하나님의 말씀은 매일매일 아주 단순했다. 나는 있는 그대로 단순하게 믿고 받아들였다.

하나님의 말씀을 단순히 심는 행위가 얼마나 놀랍게 당신 안에 하나님의 믿음을 풀어 놓는지 아무리 강조해도 지나치지 않다. 치유운동의 대표적 선두주자 중 하나인 릴리안 여만스 박사는 말씀과 결합된 하나님에 대한 믿음에 능력의 근원이 있음을 발견하였다. 약물치료로 스트레스가 심했던 그녀는 한동안 약물중독에 빠졌다. 의사의 도움으로 중독에서 벗어나려고 노력했지만, 매번 실패했다. 심지어 나중에는 침대에서 전혀 일어나지도 못하는 지경에까지 이르렀다. 1898년, 그녀는 시카고에 있는 존 알렉산더 도위의 '치유의 집'에서 성경을 읽으며 많은 시간을 보냈다.

말씀을 읽으면서 그녀는 하나님께 치유의 능력이 있다는 진리를 깨달았다. 이런 진리의 계시가 임하자마자 그녀의 중독은 사라졌고 결국 완전히 고침 받았다. 그 후 그녀는 자신의 집을 병든 자들에게 개방하여 그들에게 치유에 관한 말씀을 읽어주고, 하나님의 말씀을 그들 스스로 지속적으로 선포하라고 가르쳤다. 진리가 그들의 가슴과 마음에 들어갈 때, 놀라운 치유가 그들의 삶 가운데 일어났다. 침상에 누워서 며칠 동안 입으로 하나님의 말씀을 선포하고 나면, 하나님께서 깨끗이 치유하셔서 그들은 펄쩍 뛰며 일어나곤 했다. 심지어 불구자들이 침대에서 일어나 하나님을 찬송하며 걸어 다니는 발자국 소리를 아래층에서도 들을 수 있었다.3)

하나님의 믿음

많은 번역본들이 마가복음 11장 22절을 "하나님을 믿으라"라고 기록하고 있지만, 희랍어 신약성경의 문자직인 뜻은 "하나님의 믿음을 가지라"이다. 그 뒤에 이어지는 본문은 이렇다. "내가 진실로 너희에게 이르노니 누구든지 이 산더러 들리어 바다에 던져지라 하며 그 말하는 것이 이루어질 줄 믿고 마음에 의심하지 아니하면 그대로 되리라 그러므로 내가 너희에게 말하노니 무엇이든지 기도하고 구하는 것은 받은 줄로 믿으라(신뢰하고 확신하라) 그리하면 너희에게 그대로 되리라(너희가 얻으리라)"(막 11:23-24).

하나님을 믿는 것과 하나님의 믿음을 가지는 것은 매우 다르다. 하나님을 믿는다는 것은 우리가 하나님은 전능하시고 그분이 원하시는 것은 무엇이든지 다 하실 수 있다고 믿는 것을 의미한다. 우리 모두는 하나님께서 세상의 모든 능력을 가지고 계시다고 믿는다. 그러나 하나님의 믿음은 다르다. 이것은 우리가 하나님을 믿는 인간적인 믿음이 아니라 우리 안에 계신 하나님의 믿음이다.

미문에서 병자가 고침 받은 것이 베드로와 요한의 능력으로 된 것으로 생각하는 사람들에게 베드로는 이렇게 설교했다. "이스라엘 사람들아 이 일을 왜 놀랍게 여기느냐 우리 개인의 권능과 (적극적인) 경건으로 이 사람을 걷게 한 것처럼 왜 우리를 주목하느냐 … 그 이름을 믿으므로(그 이름을 믿는 믿음에 의해서, 그리고 그 믿음을 통하여) 그 이름이 너희가 보고 아는 이 사람을 성하게 하였나니 예수로 말미암아(예수에 의해서, 그리고 예수를 통하여) 난 믿음이 너희 모든 사람 앞에서 이같이 (몸을) 완전히 낫게 하였느니라"(행 3:12, 16).

베드로는 치유의 근원만이 아니라 치유를 일으킨 믿음의 근원에 대해서도 매우 분명하게 밝혔다. 그것은 예수님으로 말미암아 생긴 믿음이었다. 예수님은 베드로와 고침을 받은 사람 모두에게 믿음을 주시고 그 믿음을 완성하신 분이셨다.

믿음은 지적인 것이 아니다. 그것은 영적인 것이다. 믿음은 생각으로부터 오지 않고 가슴으로부터 온다. 찰스 프라이스는 20년 이상 하나님께 치유사역자로 쓰임을 받은 사람이었다. 그는 맹인이 눈을 뜨고, 중풍병자와 불구자들이 휠체어에서 일어나고, 응혈과 암과 종양이 녹아내리는 것을 보았다. 자신의 치유사역에 대해 그는 이렇게 말했다. "그동안 일어난 모든 놀라운 치유사건들은 온전히 자신을 내어드린 기도 후에 일어나는 것을 발견했다. 군중들이 치유를 받으러 몰려들 때에는 집회가 어렵고 힘들었다. 그러나 사람들이 치유보다는 치유하시는 분께 온전히 집중할 때, 주님의 달콤한 임재가 원수의 능력을 깨뜨렸고, 그 임재의 광선이 마음을 장악하고 있던 차가운 감정을 녹였다."[4]

마태복음 9장 22절에는 이런 말씀이 있다. "예수께서 돌이켜 그를 보시며 이르시되 딸아 안심하라 네 믿음이 너를 구원하였다 하시니 여자가 그 즉시 구원을 받으니라(건강이 회복되니라)." 마태복음 9장 29에는 이런 말씀도 있다. "이에 예수께서 그들의 눈을 만지시며 이르시되 (내게 주어진 능력을 믿고 신뢰하고 의지하는) 너희 믿음대로 되라 하시니."

이 사람들이 그들의 믿음 때문에 하나님의 능력을 받은 것은 분명하다. 그러나 전체적인 상황을 이해하기 위해서 우리는 모든 성경을 동시에 보아야 한다. 예수님은 '네 믿음'이라고 부르셨지만, 맨 처음에 주님께서 그들이 이런 믿음을 갖도록 감동하시고 또 그러한 믿음을 나누어 주신 사실을 우리는 알고 있다. 그들의 넘치는 믿음의 근원은 하나님 안에 있었다. 이와 관련하여 요한복음 3장 27절은 이렇게 말씀한다. "만일 하늘에서 주신 바 아니면 사람이 아무 것도 받을 수 없느니라." 또 고린도전서 4장 7절에는 이렇게 기록되어 있다. "누가 너를 남달리 구별하였느냐 네게 있는 것 중에 받지 아니한 것이 무엇이냐 네가 받았은즉 어찌하여 받지 아니한 것 같이 자랑하느냐"

믿음을 포함하여 우리가 소유한 모든 것은 하나님으로부터 받은 것이다. 주님은 언제나 우리가 소유한 모든 것의 근원이시다.

불구의 몸을 가진 한 여인이 사람을 보지 않고 예수님만 바라보았을 때, 어떤 일이 일어났는지를 한번 들어보라. 이 귀중한 여인은 병 낫기를 갈망하였다. 그래서 그녀는 하나님의 능력이 그녀의 삶에 임하기를 간절히 소원하였다. 남편의 도움으로 휠체어를 타고 치유집회에 갔을 때, 그녀는 집회를 인도하는 목사에게 달려가 고쳐 달라고 애원했다. 그 순간 그 목사는 자기와 그녀 모두에게 그 병이 치유될 것이라는 믿음이 없다는 것을 알았다. 물론 종교적인 감정으로 질병을 명령하고 꾸짖을 수는 있었지만, 그는 그렇게 하지 않았다. 그는 예수님을 믿었고 주님의 말씀 위에 서 있었다. 그러나 그는 자신의 힘으로 믿는 믿음이 아니라, 위에서 주어지는 초월적인 믿음이 필요하다는 것을 알았다. 자신뿐 아니라 그녀에게도 그런 믿음이 필요했다.

하나님의 지혜로 그는 그녀에게 예수님께 더 가까이 나아가라고 격려했다. 그는 예수님이 치유가 일어나게 하는 데 필요한 믿음의 근원이심을 알았다. 날마다 그녀는 집회에 와서 하나님을 찾았다. 그녀의 남편과 친구들은 날마다 그녀를 휠체어에 태워 집회에 데리고 다녔지만, 몸은 여전히 마비상태에 있었다. 그러나 그녀는 포기하지 않았다. 여러 날이 지나갔지만 그녀는 하나님께 더 가까이 다가갔다. 집회 마지막 날 밤, 남편은 그녀를 강단 앞으로 데려갔다. 강단 위에 누워 있는 동안 그녀는 사람들을 바라보지 않고 전적으로 하나님만 바라보았다.

예배가 진행되는 동안 그녀는 하나님의 깊고 거룩한 임재 속으로 들어갔다. 예수님이 찾아오셔서 그녀에게 자신을 보여주셨다. 그녀는 주님이 자신을 향해 미소를 띠고 손짓하시며 그녀 앞에 서 계시는 것을 볼 수 있었다. 그 순간 그녀는 갑자기 믿음이 자신의 가슴을 관통하여 흐르는 것을 의식하게 되었다. 바로 그 순간 주님께서 목사의 가슴 속에도 동일한 그분의 믿음을 나누어 주셨다. 그는 누워 있던 그 여인이 치유되었음을 알았다. 하나님의 믿음이 그녀를 관통하여 흐르고 있었고, 그녀는 완전하게 고침을 받아 자기 발로 일어섰다. 그녀는 바로 일어섰고 그녀의 오그라졌던 팔다리는 펴지기 시작했다.5)

위대한 믿음의 장군이었던 레스터 섬롤은 "더 큰 믿음을 얻는 비결은

하나님을 더 많이 아는 데 있다"고 말했다.6)

예수님의 음성을 듣고 그분의 초자연적 능력과 은혜를 받지 못하도록 방해하는 모든 것을 씻어내고, 주님께 얼마든지 가까이 다가갈 수 있다는 것을 아는 것은 얼마나 놀라운 일인가! 언젠가 아무 소리도 듣지 못하는 부인을 위해 기도한 적이 있다. 그 여인을 위해 기도하는데 하나님의 능력이 그녀 속으로 파도처럼 밀려오고 있다는 것을 느낄 수 있었다. 나는 하나님의 능력이 임하여 그녀를 치유하고 있음을 알았다. 엄청난 하나님의 능력 아래 누워 있는 동안 그녀는 계속해서 말했다. "주님, 저는 그것을 받습니다."

그녀를 부축해서 일으킬 때마다, 여전히 그녀는 듣지 못했다. 그래도 나는 여전히 하나님의 능력이 그 자리에 임하고 있음을 알았다. 그렇게 그녀를 위해 네 번째 기도했을 때, 하나님의 음성이 그녀를 뚫고 들어와서는 모든 생각을 잠잠하게 하셨다. 그녀가 받으려고 애쓰는 동안 하나님께서 "너는 벌써 그것을 가졌다"고 말씀하셨다. 하나님의 말씀은 그녀의 마음속에 믿음을 풀어 놓아서 그녀를 주님의 믿음과 연결시키고 계셨다. 결국 어떤 일이 일어났는지 아는가? 그녀가 마루에서 일어났을 때, 그녀의 귀는 나빠지기 전보다 더 완벽하게 치료되었다!

기도와 금식의 역할

당신이 기도와 금식의 역할을 이해하면, 하나님의 믿음을 받는 데 큰 도움이 될 것이다. 마태복음 17장 14-21절에는 간질병 든 소년이 고침 받은 이야기가 기록되어 있다. 제자들은 그를 고칠 수 없었다. 그러나 예수님은 고치셨다. 제자들이 예수님께 자기들은 왜 고치지 못했는지 물었을 때, 예수님은 그들의 믿음이 작은 까닭이라고 말씀하셨다. 그것은 하나님의 뜻에 대한 질문이 아니었다. 예수님은 소년의 믿음을 말씀하시는 것도 아니었다. 주님은 제자들의 마음속에 있는 믿음의 수준을 말씀하신 것이었다. 주님은 또한 "이런 종류는 기도와 금식이 아니면 나가지 않는다"(21절, NKJV)고 지적하셨다.

기도와 금식은 우리 안에 하나님의 믿음을 풀어 놓는 데 도움이 된다. 기적을 일으키는 것은 믿음이지 금식이 아니다. 다만 금식과 기도는 믿음의 충만함 속으로 들어가는 통로가 된다. 다시 말하자면, 그것은 우리의 노력이 아니라 우리에게 주어지는 주님의 믿음과 은혜에 의해 이루어지는 것이다.

믿음과 인내로 약속을 받으라

히브리서 6장 12-15절에서 우리는 하나님의 능력과 주님의 영광스런 미래로 달려가게 하는 열쇠 두 가지를 발견한다. 그것은 바로 믿음과 인내다. 우리가 주님의 능력을 받고 하나님께서 우리를 위해 예비하신 것들을 성취하려면, 이 두 가지가 다 필요하다.

창세기 12장에 보면 아브라함은 나이 75세에 하나님이 주시는 약속을 받았다. 하나님은 그가 위대한 나라가 되고 그를 통하여 땅에 있는 모든 나라가 복을 받게 되리라고 약속하셨다. 만약 75세에 하나님이 주시는 약속을 받는다면, 누구든 이렇게 말할 것이다. "그러나 하나님, 저는 지금 나이가 너무 많아요. 주님께서 저와 함께 일하고 싶으시다면, 제가 젊었을 때 사용하셨어야죠." 그러나 나이가 얼마가 되든지, 하나님께서 당신의 삶을 통하여 위대한 일을 행하시기에 결코 너무 늦는 것은 없다.

그런데 아브라함은 아들 이삭이 태어나서 이 약속이 성취되기 시작할 때까지 25년을 기다려야 했다. 그 후에도 아브라함은 하나님께서 이삭을 잘 키우셔서 그를 통해 위대한 나라를 이루실 것을 신뢰해야 했다. 약속의 아들 이삭이 태어났을 때 아브라함의 나이는 100세였다. 그것은 기다리고 인내하고 신뢰하고 믿기에는 너무나 긴 25년이었다.

아브라함이 그렇게 오랜 기간 동안 기다릴 수 있었던 한 가지 힘은 바로 믿음이었다. 아브라함을 통해 하나님의 약속이 성취될 수 있도록 인내하게 한 것은 바로 믿음이었다. 우리가 끝까지 인내하려면 믿음이 필수적이다.

믿음은 우리 눈에 보이는 상황이 어떠하든지 믿는 것이다. 믿음은 보이는 현실이 다 절망적일지라도 약속을 본다. 믿음은 하나님께서 약속의 말씀을 이루실 것이라는 내적 확신을 우리에게 준다. 믿음은 우리가 보거나 느끼는 것에 근거를 두지 않는다. 우리는 스쳐 지나가는 환경에 따라 살지 않는다. 우리의 참된 실체는 하나님의 말씀이다. 우리의 믿음은 그 말씀 위에 세워진다. 우리가 주님의 진리를 묵상할 때, 그 밖의 모든 것은 거기에 맞추어 정렬된다. 그러나 우리는 믿음 안에서 기꺼이 인내해야 한다. 믿음과 인내가 결합될 때, 우리는 하나님의 능력과 확고한 말씀 안에서 살아갈 수 있다.

이는 우리가 믿음으로 행하고(우리가 우리의 삶을 조절하고, 하나님과의 관계와 영적인 것들을 귀중히 여기는 확신이나 믿음 가운데 신뢰와 거룩한 열정으로 행동하고) 보는 것으로(또는 겉으로 나타난 것을 따라) 행하지 아니함이로라

_고린도후서 5장 7절

믿음은 불가능한 것을 행할 수 있는 능력을 준다(롬 4:20). 당신이 하나님을 믿기로 선택하고 주님의 성품은 신뢰할 만하다고 생각하고 믿는다면, 당신이 비록 죽은 것 같을지라도 하나님은 당신의 삶을 통해 하시고자 하는 목적과 뜻과 약속을 잉태할 수 있고, 그것을 통해 다른 많은 사람들 역시 축복을 받을 수 있다. 하나님께서 당신을 통해 하시려는 것은 단순히 당신만을 위한 것이 아니라 그보다 훨씬 거대한 일이라는 것을 잊지 말라! 주님의 계획은 항상 단순히 어떤 한 개인보다 크다. 하나님은 다른 사람들을 위해 당신을 통해 무언가 특별한 일을 행하기 원하신다.

믿음은 행동한다

마지막으로, 믿음은 입으로 하는 말보다 더 크다. 믿음은 행동한다. 프랑스의 유명한 줄타기 곡예사인 찰스 브론딘에 관한 이야기는 참된 믿음이 무엇인지 우리에게 강력하게 시사해 준다.

브론딘의 위대한 명성은 1859년 6월에 시작되었다. 당시 그는 줄을 타고 400미터나 되는 거대한 나이아가라 폭포를 건너는 최초의 사람이 되겠다는 포부를 품고 과감하게 시도했다. 그는 폭포 위에 놓인 줄을 타고 50미터정도 되는 지점까지 여러 차례 오갔다. 그럴 때마다 그는 여러 가지 묘기를 보여 주었다. 조는 척 하기도 하고, 그 위에서 허풍을 떨거나 눈을 가리기도 하고, 어떤 때는 난로를 들고 가서 계란을 삶기까지 했다.
한 번은 자기와 같이 해볼 사람은 나와 보라고 초청했다. 많은 사람들이 몰려들었고 흥분한 사람들이 폭포 양편에서 소리를 질렀다. 눈을 가린 브론딘이 외바퀴수레를 밀며 아슬아슬한 발걸음으로 조심스럽게 한 걸음 한 걸음 뗄 때마다 군중들은 "우와!" 소리 지르며 감탄했다. 드디어 건너편에 도달했을 때 군중들은 그에게 폭포소리보다 더 큰 박수갈채를 보냈다! 그 순간 브론딘은 갑자기 멈추어 서서 자신을 바라보는 사람들에게 말했다. "여러분은 제가 외바퀴수레에 사람을 태워서 건널 수 있다고 믿으십니까?" 군중들은 열광적으로 외쳤다. "그럼요, 그럼요. 당신은 세상에서 가장 훌륭한 줄타기 선수입니다. 당신은 무엇이든지 할 수 있습니다." "좋아요"라고 하면서 그는 말했다. "그러면 외바퀴수레에 오르세요." 시간이 지나도 수레에 오르는 사람은 아무도 없었다! 7)

이와 같이 행함(믿음을 뒷받침할 만한 순종의 행위와 활동)이 없는 믿음은 그 자체가 죽은(능력이 부족하고 작동이 멈춘) 것이라 _야고보서 2장 17절

믿음에 행위를 추가하려고 할 때, 당신은 하나님의 능력이 작동하도록 풀어 놓아야 한다는 것을 결코 잊지 말라. 참된 믿음은 항상 행위를 동반한다. '나는 믿는다'라고 말하기는 쉽다. 그러나 참된 믿음은 외바퀴수레를 타고 기꺼이 외줄에 올라서게 한다. 참된 믿음은 그에 상응하는 행동을 풀어 놓는다.

이러한 실례는 중풍병자의 친구들이 병든 친구를 예수님께 데려가기 위해 지붕을 뜯었던 이야기에서 찾아볼 수 있다. 누가복음 5장 18-19절은 이렇게 전한다. "한 중풍병자를 사람들이 침상에 메고 와서 예수 앞에 들여놓고자 하였으나 무리 때문에 메고 들어갈 길을 얻지 못한지라 지붕에 올라가 기와를 벗기고 병자를 침상째 무리 가운데로 예수 앞에 달아내리니." 예수님이 그들의 믿음을 보시고, 그 병자의 죄만 용서하신 것이 아

라 그를 완전히 치유해 주셨다. 그들의 믿음은 모든 장애물을 뚫고 돌진할 수 있는 힘이 되었고, 예수님께 다가가기 위해 물리적으로 지붕을 뜯게 하였다. 자, 이것이 바로 행위와 함께하는 믿음이다!

당신의 마음과 생각을 하나님의 진리로 채우겠다고 결심하라. 그리고 예배하며 주님께 가까이 나아가고 계속해서 그분께 초점을 맞춰라. 그때 주님은 그분의 믿음이 당신의 마음과 생각 속에 홍수처럼 몰려오게 하시고, 하나님의 무한한 가능성들을 당신의 삶에 열어주실 것이다. 당신 안에 있는 하나님의 믿음으로 당신은 주님의 축복과 은혜, 능력과 목적을 충만히 공급받을 수 있다. 믿음으로 당신은 삶의 모든 분야에서 주님의 무한한 능력을 충만하고 완전하게 공급받을 수 있다.

제2부
능력을 활용하라

Chapter 6 **온전함의 능력** : 마음의 문제들

Chapter 7 **관점의 능력** : 새의 눈으로 보라

Chapter 8 **인내의 능력** : 모든 것을 가능케 하는 비밀병기

Chapter 9 **비전의 능력** : 미래를 현재로 앞당겨라

CHAPTER 6

온전함의 능력 : 마음의 문제들

신학대학 재학시절 총장이었던 벤자민 크랜달 박사가 이런 이야기를 들려준 적이 있다. 내용은 대중에게 잘 알려진 복음전도자가 간음죄에 빠진 이야기였다. 그 일로 그는 하나님께서 허락하신 많은 것들을 잃었다. 이 사역자는 그 일이 있기 전에 의미심장한 꿈을 꾸었다. 꿈에 그는 자기만큼 큰 뱀을 보았는데, 잠시 후 그것은 3층 높이의 건물만큼 커졌다. 그 사역자는 자신을 유혹하는 세력이 너무도 강해서 자기의 힘으로는 극복할 수 없다고 해석했다. 매우 존경받는 사역자이기 때문에 자신을 도와 줄 사람은 아무도 없다고 생각한 것이다.

그러나 매우 예리한 통찰력을 가진 크랜달 박사는 이 문제에 대해 이렇게 말했다. "그 사람은 꿈은 잘 꾸었지만 해석을 잘못했다. 제대로 된 해석은 이것이다. 바로 뱀이 아직 작을 때 확실히 처단해서 자신을 압도할 만큼 크지 못하게 하는 것이다." 다시 말해서, 죄와 삶에 산재해 있는 골치 아픈 문제들을 제대로 다루려면 그것들이 너무 커져서 당신을 집어삼키기 전에 미리 해결하라는 것이다.

우리는 영웅이 되고 승리의 주역이 될 가능성을 안고 태어났다. 그러나 우리의 경주를 승리로 마무리할 열쇠는 마음이 쥐고 있다. 능력은 놀라운 것이다. 그것은 어떻게 사용하느냐에 따라서, 그리고 어떻게 개발하고 활용하느냐에 따라서 생산적인 것이 될 수도 있고, 파괴적인 것이 될 수도 있다. 나는 최근에 한 경주마에 관한 이야기를 들었다. 말의 주인은 그 말이 가지고 있는 능력을 최대한 발휘하게 하려고 최고의 훈련사와 기수를 고용했다. 그가 고용한 기수는 말이 가진 최대한의 능력을 발휘하게 하는 재간이 탁월한 매우 유명한 사람이었다.

처음 경주에 출전했을 때, 이 말은 가장 늦게 출발하곤 했다. 보통 그런 말은 경주에서 질 수밖에 없다. 그 말 역시 처음에는 출발이 늦어 맨 뒤에서 먼저 출발한 다른 말들을 따라가기 바빴다. 그런데 순간 아드레날린이 솟구친 것인지, 그 말은 바깥 술로 달리더니 다른 모든 말을 앞질러 달려서 1등으로 들어왔다. 그 일로 그 말은 최단거리를 가장 잘 달리는 말이라는 명성을 얻었다. 그러나 그 말이 장거리경주에서도 그렇게 잘 달릴 수 있을지 장담할 수 있는 사람은 아무도 없었다.

계속되는 경주에서 우승을 거듭하면서 그 말은 드디어 트리플 크라운 (연속적으로 열리는 미국 내 3개의 메이저 대회 우승을 석권한 말을 지칭함 - 편집자 주)을 눈앞에 두게 되었다. 마지막 경주는 가장 어려운 코스인 장거리경주였다. 단거리를 가장 빨리 달린 그 말에게 과연 그 속력을 그렇게 오랫동안 유지할 힘과 인내력이 있을까? 말을 너무 심하게 몰아붙이면 달리다가 심장이 터지지는 않을까? 지금까지의 화려한 승리가 비극적인 패배로 끝나는 것은 아닐까? 경주가 시작되자 그 말은 전속력으로 달려 나와 선두에서 달리는 말을 바짝 뒤쫓았다! 그 말과 승부를 다투는 기수의 전략은 그 말이 초반에 힘껏 달리게 하여 결국 기운이 빠져 뒤처지게 하는 것이었다.

예상과 달리 경주가 계속되어도 그 말은 처음의 빠른 속력을 그대로 유지했다. 경쟁하는 말과 앞서거니 뒤서거니 하며 달리는 광경을 숨죽이고 지켜보던 관중들은 그 말이 지치기를 기다렸다. 그러나 아무런 기복 없이 결승선까지 전속력으로 달려 1등으로 들어오는 것을 보고 모든 사람들이 깜짝 놀랐다. 그 말의 심장은 지속되는 높은 속력에 강한 압박을 받으면서도 타격을 받지 않았다. 극도의 압박과 격한 운동량에도 아무렇지 않을 만큼 그 말의 심장은 강하고 튼튼했다. 그래서 결승선까지 전속력으로 달려 영광의 승리를 차지할 수 있었다. 이 일은 모든 사람을 놀라게 했다!

이 이야기는 세크리테리엇Secretariat의 놀랍고 감동적인 실화다. 그 말은 미국산 순종 경주마였는데 1973년에 25살 나이로 첫 번째 미국 트리플 크라운 챔피언이 되었다. 그것은 켄터키 더비와 벨몬트 스테익스에 기록되어 지금도 남아 있다. 세크리테리엇은 첫 왕좌에 오른 주간에 〈타임〉, 〈뉴스위크〉, 그리고 〈스포츠 일러스트레이티드〉 표지에 실렸다. 게다가 동물로서 유일하게 ESPN이 선정한 '금세기 가장 위대한 스포츠인 50명' 가운데 하나로 선정되기도 했다. 그것도 미키 맨틀(뉴욕 양키즈 소속 타자로 통산 536홈런을 쳐 아메리칸 리그 홈런왕을 4차례, MVP를 3차례 차지하였고 비거리가 가장 긴 홈런으로 기네스북에 올라 있기도 함 - 편집자 주)과 같은 전설적인 선수들보다 앞서서 35번째로 기록되었다.1)

세크리테리엇은 챔피언이 될 무한한 가능성을 가지고 있었다. 그 말에게는 훈련을 제대로 하여 그 가능성을 극대화시켜 줄 합당한 기수가 필요했고, 심장도 경주하면서 받게 되는 압박을 견뎌낼 만큼 강해야 했다. 후에 세크리테리엇이 죽은 후 부검을 하던 중 놀라운 사실이 밝혀졌는데, 심장 외에 모든 장기는 정상적인 크기였다. 부검을 실시하던 수의학 교수인 토마스 스워체크 박사는 이렇게 말했다. "우리는 모두 충격을 받았다. 나는 말을 수천 번 부검해 보았는데, 이런 경우는 본 적이 없다. 말의 평균 심장은 4킬로그램 정도다. 그런데 이 말의 심장은 평균 심장의 거의 2배이고 내가 전에 보았던 가장 큰 심장보다도 3분의 1이 더 크다. 그러나 그것은 질병으로 인한 것은 아니었고, 심장의 모든 심실과 판막은 정상이었다. 그것은 그저 크기가 더 클 뿐이었다. 나는 그래서 그 말이 그렇게 잘 달릴 수 있었다고 생각한다."2)

마음의 문제

　세크리테리엇의 심장이 그랬던 것처럼 우리의 심장도 하나님의 성품과 특성을 닮아 강건해야 한다. 커다란 심장은 온전함을 유지하는 능력이며, 온전함은 삶 가운데 하나님의 능력을 최대한 활용할 수 있게 한다. 하나님은 우리가 남들보다 앞설 수 있도록 특별한 은사와 재능과 은혜를 부어주실 수 있는 분이다. 이에 대한 좋은 실례가 바로 세크리테리엇이다. 그 말은 챔피언이 될 수 있는 자질들을 가지고 태어났다. 세크리테리엇에게는 강한 근육과 빨리 달릴 수 있는 힘이 있었다. 그러나 그 말이 경주에서 우승할 수 있었던 가장 큰 비결은 특별히 큰 심장에 있었다.

　심장이 온전할 때, 우리는 끝까지 힘있게 경주를 지속할 수 있다. 데릭 프린스는 이런 말을 한 적이 있다. "하나님은 우리가 성취하는 것보다 우리의 성품에 더 많은 관심을 가지신다. 성취는 이 세상에 사는 동안에만 중요하다. 그러나 성품은 영원하다. 그것은 우리가 영원히 어떤 존재가 될 것인가를 결정한다."3)

깨어짐을 통한 온전함

우리는 온전한 마음을 가지고 태어나지 않았다. 온전함은 우리가 살아가는 동안 성숙해가는 것이다. 그것은 경주마가 자기에게 주어진 놀라운 능력과 힘을 활용하는 과정과 매우 유사하다. 온전함은 깨어지는 과정을 포함한다. 그러나 이 과정을 잘 따라가면 우리 안에 있는 하나님의 능력은 가장 충만하고 탁월하게 역사한다.

훈련을 위해 말은 길들여져야 한다. 이 과정을 거쳐야만 말의 힘은 올바른 방향으로 사용될 수 있다. 그러나 길들여지지 않은 말은 훈련받지 못한 야생마가 되어 주어진 능력과 힘을 비생산적이고 위험한 방식으로 사용한다. 길들여지지 않은 말은 주변 사람들에게 수많은 위험과 피해를 주는 고통의 원인이 된다. 그러나 일단 길들여지기만 하면 이 당당한 피조물에게 주어진 엄청난 능력은 자신을 철저히 훈련된 챔피언으로 만드는 데 활용될 수 있다! 그 말의 힘과 능력은 경주에서 승리하고자 하는 목표와 목적에 온전히 사용된다.

길들여지는 과정을 통해 얻어지는 온전함의 능력을 이해하기 위해, 말이 가지고 있는 힘이 어떻게 적절하게 활용되는지 살펴보고자 한다. 말을 길들인다는 것은 말을 마음대로 다룰 수 있도록 훈련시키는 과정을 말한다. 보통 '길들인다'는 표현은 말에 처음 올라탈 때 쓰는 말이다.

말을 길들일 때 정신까지 함께 길들일 필요는 없다. 많은 사람들은 말이 내는 소리는 매우 신비스러운 것이어서 보통 사람들은 알아들을 수 없다고 믿는 경향이 있다. 그러나 이처럼 독특한 소리를 내는 데에는 특별히 신비스러운 요소가 있는 것은 아니다. 그것은 말의 행동과 특성을 잘 알고 있으면 전혀 문제가 되지 않는다. 주로 떼를 지어 다니는 말은 전투 본능을 가진 동물이다. 이런 기본적인 사실을 이해하면 말과 기수 사이에 좋은 관계가 형성될 수 있다. 우선 기수가 말과 신뢰관계를 형성하는 것이 매우 중요하다.[4]

기수와 말 사이에 신뢰 관계가 형성되어 있으면 훨씬 수월하게 말을 훈련할 수 있다. 마찬가지로 하나님과 우리 사이에 인격적인 관계가 형성되어야 주님은 성령을 통해 가장 생산적이고 생명력 넘치는 방식으로 우리를 훈련하실 수 있다. 우리의 삶을 다루시는 하나님께 복종하면, 그분은 우리가 고집스럽게 복종하지 않고 있는 분야들을 부드럽게 깨뜨리시고, 강하게 단련하셔서 최대한의 가능성을 발휘하게 하신다. 자아가 깨어지면 우리 안에 있는 하나님의 능력은 가장 위대한 결과를 만들어내는 데 활용되기 시작한다.

낸시 레이 드모스는 그녀의 책 《깨어짐》Brokenness에서 이렇게 말한다. "깨어짐은 나의 의지가 부서지는 것이다. 그것은 나의 의지를 하나님의 의지에 절대적으로 복종시키는 것이다. 그것은 마치 '예, 주님!'이라고 말하는 것과 같다. 깨어짐은 아무런 저항이나 마찰도 없이, 아무런 고집도 없이 내 삶을 향한 주님의 뜻과 목적 앞에 단순히 복종하는 것이다."[5]

온전함으로 가는 열쇠는 극도의 압박과 시간이라는 시험을 견딜 수 있는 흔들림 없는 마음을 갖는 것이다. 대부분의 사람들이 하나님이 주신 힘과 재능을 가지고 태어난다. 하나님은 우리에게 은혜를 베푸셔서 특정한 능력을 은사로 주셨다. 우리는 보통 의욕을 가지고 힘차게 시작한다. 그러나 대부분 단거리선수들이라 단숨에 우승할 것 같지만, 시간이라는 시험을 치러야 하는 장거리경주에서 오는 압박을 받을 때 심장이 감당하지 못해 터지고 만다. 승리를 기대하며 지켜보던 많은 사람들은 그들의 비극적인 종말을 보고 실망한다. "삶이 빛을 발하느냐, 추락하느냐의 문제는 그 사람의 체질에 달렸다"고 캐서린 쿨만은 말했다.[6]

장거리경주에서 능력을 활용하라

하나님은 우리가 출발만 잘하기를 원치 않으신다. 주님은 우리가 단거리경주에서만 챔피언이 되기를 원치 않으시며 장거리경주에서도 힘차고 빠르게 달릴 수 있는 능력을 갖추기 원하신다. 주님은 우리가 그분의 능력을 덧입어 끝까지 잘 달릴 수 있기를 원하신다. 우리가 좋은 훈련사와 기수를 만날 수는 있지만, 우리의 마음을 다스릴 수 있는 것은 우리 자신이다. 장거리경주에서 받는 압박을 참아낼 수 있는 심장은 우리의 성품과 온전함이다. 온전함은 당신의 심장을 계속해서 강화시키고 오랜 기간 인내할 힘을 공급한다. 온전함은 종국적으로 당신이 노련한 챔피언이 될 수 있도록 자격을 부여한다. 그것은 놀라운 능력을 불어넣어 끝까지 달려 경주에서 승리하게 할 것이다.

우리는 하나님의 능력을 담은 그릇으로 창조되었다. 그러므로 온전함을 개발하는 것이 삶 가운데 하나님의 능력을 활용하고 유지하고 증폭시키는 데 있어서 매우 중요하다. 우리가 단지 하나님께서 주시는 은사에만 집중하고 온전한 삶을 살고자 하는 노력을 게을리 하면 자격을 상실할 수 있다. 온전함은 우리를 지켜주는 은혜가 된다! 온전함은 장거리경주를 하는 우리에게 하나님의 능력을 풍성하게 공급하는데, 이러한 온전함은 깨어짐을 통하여 만들어진다.

치유사역에 있어서 놀라운 능력으로 하나님께 쓰임 받았던 스미스 위글스워스는 이렇게 간증했다. "지금의 이곳에 이르기까지 하나님께서는 나를 일천 번이나 깨뜨리셨다."[7]

깨어지면 완전한 승리를 얻는다

사사기 7장 16-22절에는 주님께서 기브온에게 주신 전략이 나오는데, 그것은 깨어짐을 통해 능력이 풀어지는 것이었다. 그 내용을 잠시 살펴보자. 성경에 보면 기브온은 300명의 용사를 세 무리로 나누었다. 그는 그들의 손에 나팔과 빈 항아리를 들려주었는데, 그 항아리 안에는 횃불이 감추어져 있었다. 적진에 아주 가까이 간 그들은 나팔을 불면서 외쳤다. "여호와를 위하라 기드온을 위하라!"(18절) 그들은 나팔을 불며 손에 들고 있던 항아리를 깨뜨려 그 속에 숨겼던 횃불을 밝혔다. 그들은 왼손에는 횃불을, 오른손에는 나팔을 들었다. 그들의 외침과 함께 주님의 능력이 풀어지자 미디안 군대는 돌아서서 겨우 300명뿐인 이스라엘 군사들 앞에서 도망쳤다! 이스라엘은 결국 전투에서 승리했다.

여기에서 흥미로운 것은 양손에 횃불과 나팔이 들려졌다는 기록이다. 어느 누구의 손에도 칼이 들려지지 않았다. 왜 그랬을까? 칼은 하나님의 손 안에 있었기 때문이다. 여기에서 발견할 수 있는 원리는 매우 단순하다. 바로 그릇이 깨어질 때 불이 밝혀진다는 것이다. 그와 동시에 나팔소리를 들은 적군은 혼란에 빠졌고 결국 전투에서 패배했다. 우리가 깨어지고 하나님께 찬양을 올려 드릴 때, 원수는 패한다. 이런 영적 전략을 통하여 하나님의 능력은 우리 삶에 풀어진다.

우리가 온전히 깨어지면 삶 가운데 하나님의 능력이 풀어진다. 우리가 깨어질 때, 하나님께서 우리를 위해 싸우실 수 있고, 원수는 완전히 패한다. 마음이 진실해지고 순전해지는 것은 경건한 깨어짐의 결과다. 경건한 깨어짐과 세상적인 깨어짐에는 커다란 차이가 있다. 또한 경건한 슬픔이 있고 세상적인 슬픔이 있다. 전자는 진보를 가져오는 반면, 후자는 퇴보를 가져온다. 경건한 슬픔은 능력을 산출하고, 세상적인 슬픔은 죽음을 불러온다. 경건치 못한 틈새로 하나님의 능력이 새어나가고, 경건한 깨어짐은 능력을 유지하고 증대시킨다. 경건한 깨어짐은 불을 풀어 놓고, 경건치 못한 깨어짐은 불을 억제하고 소멸한다.

성경에는 깨어짐과 온전함의 능력에 있어서 극명한 대조를 보여주는 두 사람이 등장한다. 그것은 바로 사울과 다윗이다. 이 두 사람은 모두 불완전했다. 그들은 실수를 저지르고 죄를 지었다. 그러나 한 사람은 권력을 잃었고, 다른 사람은 평생토록 권력을 유지했다. 한 사람은 온전했고, 다른 사람은 그렇지 못했다. 도대체 이들에게 무슨 차이가 있었던 것일까?

사울은 왕으로서 많은 잘못을 저질렀다. 그는 불안과 질투, 증오와 교만, 사람에 대한 두려움과 주술에 빠졌다. 한 마디로 그는 불완전한 그릇이었다. 그렇지만 그가 처음 하나님의 부르심을 받았을 때에는, 자신이 낮고 비천한 사람이라는 것을 잘 알고 있었다. 그러나 왕이 된 후 교만이 그의 마음에 자리 잡게 되었다.

사무엘 선지자가 그의 죄를 지적했을 때, 사울은 거리낌 없이 받아들였다(삼상 15:30). 그러나 그는 곧 사람들 앞에서 자신을 높여달라고 사무엘에게 간청했다. 사울은 하나님 앞에서 진실하게 깨어지거나 회개하지 않은 채, 그저 세상적인 슬픔을 느꼈던 것이다. 단지 그는 들킨 것이 싫었고, 당장 양심에 직면해야 하는 상황이 괴로웠다. 게다가 여전히 하나님의 마음을 아프게 해 드린 것보다 자신의 명예에 더 관심을 쏟고 있었다. 이처럼 그의 마음은 하나님 앞에 온전하지 않았다. 그의 마음은 온전히 깨어지거나 회개하지 않았고, 여전히 사람들의 칭송을 추구하고 있었다.

사역이 상당히 성장하여 지금은 대중집회를 인도하는 한 친구가, 처음에 섬겼던 교회의 목사님이 강단에서 자신의 과거에 대해 후회하는 말을 공개적으로 했다는 이야기를 들려주었다. 그분은 자신이 변화되었고 더이상 이전의 그가 아니라는 것을 사람들이 알아주기를 바라는 마음으로 그런 말을 했다. 오랜 기간, 그가 목회하면서 나의 친구를 포함하여 많은 사람들이 그로 인해 상처받고 아파했다. 여러 해 동안 그 목사님은 통제와 두려움과 분노를 이용하여 자신이 섬겨야 할 사람들을 오히려 조종했다. 결국 많은 사람들이 교회를 떠난 후에야 그분은 깨어짐의 자리에 들어섰고, 자신이 변화된 것을 사람들에게 공개적으로 알리고 싶어했다.

그 후에 친구는 그 목사님으로부터 이메일을 받았다. 그분은 내 친구가 왜 자신을 더 공개적으로 인정하고 존경하지 않는지 그 이유를 알고 싶다고 했다. 그 이메일은 그분이 강단에서 공개적으로 자신의 깨어짐에 대해 이야기한 시기에 보낸 것이었다. 사울과 같이 그는 깨어짐의 모양은 가지고 있었지만, 마음으로는 여전히 대중적인 명예와 인정을 갈망하고 있었던 것이다. 그것은 진실하고 경건한 깨어짐이 아니었다.

우리는 자신이 느끼는 감정에 스스로 속지 않도록 조심해야 한다. 단지 우리가 잃어버린 것 때문에 아쉬워하는가? 아니면 다른 사람뿐 아니라 하나님의 마음까지 아프게 한 것을 괴로워하는가? 경건한 슬픔은 우리 마음에 변화와 변혁을 일으킨다. 그러나 세상적인 슬픔은 그렇지 않다. 이 육신적인 슬픔은 슬퍼하는 자체가 싫을 뿐이다.

 참으로 회개한 자의 슬픔은 단순히 우리가 감수해야 할 죄의 결과를 후회하는 것이 아니라 거룩하신 하나님을 거역한 죄를 슬퍼하는 것이다. 죄가 드러났기 때문에 슬퍼하거나 죄의 대가로 받아야 할 고통이나 연단으로 인해 슬퍼하는 것은 경건한 슬픔이 아니다. 게다가 그것은 회개와는 전혀 상관이 없다. 그런 종류의 슬픔은 다만 이기적인 후회요, 하나님보다는 자기 자신에게 더 많은 관심을 가지는 것이다. 그것은 다만 원죄를 가중시킬 뿐이다.**8)**

– 존 맥아더

이제는 다윗의 깨어짐을 살펴보자. 사울과 같이 다윗도 왕으로서 많은 잘못을 저질렀다. 그것도 아주 질이 나쁜 것이다. 그는 살인도 하고 간음죄도 범했다. 그런데도 하나님은 다윗을 그분의 마음에 맞는 자라고 하셨다(행 13:22). 어떻게 그런 일이 가능할까? 어떻게 그런 끔찍한 죄를 지은 사람이 하나님의 마음에 맞는 사람이 될 수 있을까? 이에 대한 의문을 해결하기 위해 다윗이 죄를 지적받았을 때, 어떻게 반응했는지 시편 51편의 내용을 살펴보자.

다윗은 사람들의 평판에 전혀 관심을 두지 않았다. 그는 오직 하나님의 마음을 슬프게 하고, 삶 가운데 하나님의 임재를 상실한 것에 관심을 두었다. 그에게 가장 중요한 것은 하나님과의 관계였다. 그가 왕국을 잃지도 않고 그의 삶에 부어주시는 하나님의 능력을 잃지도 않은 이유는, 경건한 깨어짐 때문이었다. 그는 심각한 죄를 지었으나 경건한 회개를 통해 용서받았다. 비록 자신이 행한 악한 선택과 그 결과를 직면해야 했지만, 그는 자신이 누리는 하나님과의 관계나 권위와 능력을 잃지 않았다.

이처럼 경건한 깨어짐은 그의 삶에 회복을 가져다주었다. 시험을 만난 다윗은 때로는 그것을 잘 통과하기도 하고, 때로는 실패하기도 했다. 그러한 과정을 통해 다윗의 마음에 온전함이 자리하게 되었다. 그것은 그가 삶 가운데 하나님의 능력을 활용하고 유지하고 보존할 수 있게 하였고, 왕국도 유지할 수 있게 하였다. 하나님은 다윗의 마음에 일어나는 반응을 매우 중요하게 여기셨다. 때때로 실패하기는 했지만, 다윗은 참으로 하나님을 추구하는 마음을 소유했기에 결국 승리했다. 그는 하나님께서 자신의 삶에 온전함을 이루시도록 그분께 모든 것을 맡겨 드렸다.

마음의 완악함을 극복하라

예수께서 이르시되 모세가 너희 마음의 완악함(굳어짐과 고집) 때문에 아내 버림(이혼)을 허락하였거니와 본래는 그렇지 아니하니라(그렇게 제정되지 않았느니라).

_마태복음 19장 8절

결혼전문사역자인 클린트와 페니는 뒤늦게 결혼생활을 덮친 간음의 문제로 이혼이란 뼈아픈 고통을 겪었다. 이혼 후, 클린트는 모든 감정을 묻어버리고 일어섰다. 의도와 목적이 어떠하든 그들의 관계는 마치 끝이 난 것 같았다. 11년이란 긴 세월 동안 그들은 서로 대화하지도, 만나지도 않았다. 그러던 어느 날 클린트의 집에 소포가 하나 배달되었는데, 거기에 이혼한 부인이 용서를 구하는 쪽지가 들어 있었다. 얼마 지나지 않아 그들은 커피숍에서 만났고, 클린트는 자기가 아직도 그녀를 사랑하고 있다는 것을 깨달았다. 결국 페니에게 다시 결혼해 달라고 청했고, 그들의 관계와 결혼서약은 완벽하게 회복되었다.

클린트와 페니 부부가 재결합에 성공한 비결은, 모든 체면을 하나님 앞에 내려놓고 그분의 도우심을 간구한 것에 있다. 그 일이 있은 후, 그들은 매우 사소한 것에 대해서도 허심탄회하게 이야기하는 시간을 일과 중 의도적으로 떼어 놓았다. 하나님의 도우심과 그들의 꾸준한 노력 끝에 현재 그들은 여러 지역을 다니며 결혼생활에 어려움을 겪고 있는 수많은 부부들이 이와 동일한 회복을 경험할 수 있도록 돕고 있다.9)

그리스도인과 사역자의 삶에도 결혼생활과 가족관계가 무너져 내리는 날이 찾아올 수 있다. 그때 우리를 부르시는 하나님의 음성을 듣고 그분 앞으로 나아가면 우리의 마음은 이내 부드러워진다. 오직 이러한 깨어짐의 고통을 통해 하나님은 잃었던 것을 참으로 다시 찾아주신다. 우리는 굳은 마음을 주님께 내어드리고 복종해야 한다. 이것이 유일한 해결책이다. 그리고 바로 여기에 우리의 희망이 있다.

늘 회개하는 마음으로 사는 것이 온전한 삶을 사는 데 본질적인 요소이다. 상하고 아픈 마음은 약함 중에 전적으로 하나님께 돌아가게 하고, 삶을 변화시키시는 하나님의 능력을 공급받을 수 있게 한다. 경건한 슬픔은 우리 안에서 철저한 변화를 일으키며, 그 가운데 우리는 하나님이 미워하시는 것을 미워하고 그분이 사랑하시는 것을 사랑할 수 있게 된다. 그것은 우리가 하나님을 슬프시게 했던 옛 습관과 행위에서 돌아설 힘을 공급해 주며, 성령의 능력으로 참으로 자유롭게 사는 것을 가능케 한다.

온전함은 어느 누구도 줄 수 없는 내적인 확신으로, 그것은 자신의 마음에서 나와야 한다. 참된 회개는 삶 가운데 놀라운 열매를 맺게 한다. 누가복음 3장 8절에서 세례 요한은 이렇게 외쳤다. "(너희의) 회개에 합당한 열매를 맺으라(변화된 마음에 합당하게 죄를 증오하는 마음으로 살아라)."

하나님은 깨어진 것들을 사용하신다. 깨어진 흙에서 곡식을 거둔다. 구름이 깨어져야 비가 온다. 낱알이 깨어져야 빵이 되며, 빵이 깨어져야 에너지가 된다. 옥합이 깨어졌을 때, 향내가 났다. 베드로가 심히 통곡했을 때, 그는 이전보다 더 큰 능력을 받았다.**10)**

– 밴스 하브너

내적인 규범에 따라 살라

온전함은 내적인 규범이고 확신이다. 그것은 하나님 앞에서 취하는 예민한 양심이다. 당신의 양심이 예민해질수록 그만큼 당신은 성령님과 조화를 이룰 것이다. 그렇게 되면 위험한 영역에 들어설 때, 즉시로 그것을 감지하게 된다. 하나님이 슬퍼하고 계시다는 것을 알게 되는 것이다. 이렇듯 양심을 따르면 당신의 삶에 온전함이 더해질 것이다. 진실한 성품과 온전함은 보는 사람이 아무도 없을 때, 당신이 취하는 선택에서 드러난다. 온전함은 완전히 투명한 삶을 가능케 한다. 오, 이 얼마나 놀라운 일인가! 사람들은 당신을 통해 당신 안에 계신 하나님의 본성과 성품을 볼 수 있다. 온전함은 당신을 통하여 하나님의 빛과 성품이 막힘없이 드러나게 한다.

한번은 치유집회를 인도하던 중 이런 일이 있었다. 내가 강단 가까이 서 있었는데 한 사람이 놀란 사람처럼 눈을 동그랗게 뜨고 내게로 걸어오고 있었다. 입술은 떨리고 두 뺨 위로 눈물을 흘리며 다가온 그는 내 위에 임한 하나님의 영광과 임재를 보고 있다고 말했다. 나는 그 순간을 결코 잊지 못한다. 내 안에 있는 하나님의 생명이 나를 통하여 빛을 발하여 누군가에게 영향을 끼쳤던 순간 말이다.

아리조나에서 집 없이 살던 데이브가 어느 날 3천 달러도 더 되는 돈이 든 가방을 발견했다. 순간 그는 선택을 해야 했다. 자신의 필요를 채우기 위해 그것을 조용히 가져갈 것인가, 아니면 주인을 찾아 돌려줄 것인가? 결국 그의 양심은 그것을 주인에게 돌려주어야 한다고 말했다. 돈이 가득 든 가방이 잃어버린 지 닷새 만에 되돌아오자, 가방의 주인은 매우 놀랐다. 그것을 다시 찾으리라고는 전혀 생각지 못했기 때문이다.[11]

이 이야기를 통해 당신은 환경이 어떠하든 자신의 성품을 훈련할 수 있다는 교훈을 얻게 될 것이다. 이처럼 예상치 못한 선택의 순간을 만날 때, 당신이 참으로 어떤 사람인가가 드러난다.

나는 성품에 관하여 D. L. 무디가 한 말을 좋아한다. "성품은 어둠 속에서 보여주는 개인의 됨됨이다. 하나님은 금그릇이나 은그릇을 찾지 않으신다. 다만 주님은 깨끗한 그릇을 찾으신다. 우리는 모든 사람이, 그 누구보다도 가장 가까운 가족이 우리를 그리스도인으로 인정할 수 있는 삶을 살아야 한다."[12]

내 개인적인 삶의 목표는 가능한 한 투명하게 살아서, 대중 앞에서나 혼자 있을 때에나 다를 바 없는 사람이 되는 것이다. 어렸을 때 나는 매우 예민한 양심의 소유자였다. 나는 나 자신이 용납하지 않는 일은 어떠한 것도 할 수 없었다! 그리고 무언가 잘못했다고 느낄 때마다 나는 죄를 고백해야만 했는데, 그것은 지금도 마찬가지다. 비밀을 간직하고 살 수 없는 나의 삶은 마치 펼쳐진 책과 같다. 조금이라도 하나님의 마음을 슬프게 해드렸다고 느껴지면, 나는 하나님 앞에 나아가 마음이 정결해졌다고 느껴질 때까지 기도한다.

하나님 앞에서 끊임없이 느끼는 이런 회개와 깨어짐의 감정이, 내가 주님의 임재 안에 살도록 지켜주고 있다. 이렇게 나는 삶 가운데 하나님의 임재와 능력이 나타나도록 끊임없이 개발하고 있다. 하나님과 나 사이를 갈라놓는 것이 마음에 들어왔다고 느껴지면, 완전히 회복되었다고 느낄 때까지 그 문제를 놓고 기도한다. 나는 이것이 참된 회개라고 믿는다.

회개는 단순히 이성적인 사고의 변화나 단순한 슬픔이 아니다. 사실 그런 것은 고백성사보다도 못하다. 회개는 전 인격의 급격한 변화요, 슬픔에 압도되는 감정이며, 마음과 행동의 근본적인 돌아섬이다. 그것은 결국 열매를 맺게 한다.**13)**
– 돈 카슨

사소한 것이 더 중요하다

알고 보면 삶의 사소한 일들이 더 중요하다. 사실 우리가 내리는 작은 결정들이 인생에 지대한 영향을 끼친다. 이런 이유로 하나님은 우리가 삶의 모든 분야에서 온전하기를 원하신다.

창세기 1장에 "하나님이 지으신 그 모든 것을 보시니 보시기에 심히 좋았더라"(31절)고 기록된 말씀은 창조의 탁월함을 하나님께서 공언하신 말씀이다. 그리스도인은 항상 선한 일을 해야 하고, 어디를 가나 가장 훌륭한 일꾼이 되어야 한다. 그들은 가장 좋은 태도와 최고의 순전함을 지녀야 하고, 가장 신뢰할 수 있는 사람이 되어야 한다. 온전함은 한 사람의 일부만이 아니라 그의 인격 전체를 규정짓는다. 온전한 사람은 언제 어느 곳에서나 의롭고 온전하다. 그는 속사람만이 아니라 겉으로 드러난 행위까지도 온전한 사람이다.14)

- 켄트 휴즈

당신이 하나님의 놀라운 능력 안에 살기를 원한다면, 남다른 각오로 매일의 삶 속에서 인격적으로 온전해지기 위해 노력해야 한다. 그렇게 되면 당신의 삶은 몰라보게 달라질 것이다. 이것은 집을 청소하거나 쓰레기를 치우고 좋은 위생습관을 기르는 것과 같은 작은 일들을 가리킨다. 아니면 출근시간을 잘 지키고, 회사를 위해 정해진 업무 이상으로 성실히 일하고, 자기 것이 아니면 직장에서 쓰는 종이와 펜 하나도 집으로 가져가지 않으며 정해진 점심시간을 넘기며 시간을 낭비하지 않는 것이다.

이러한 일들이 매우 사소해 보일지도 모른다. 그러나 비록 작은 일이라도 그것에 성실하지 못하면 우리는 다른 사람들과 다를 바 없는 똑같은 사람이 되고 만다. 누군가 지켜본다면 당신의 행동은 아마 달라질 것이다. 거짓말을 하고 고용주의 지시와 회사의 정책을 따르지 않는 것이 발각되면, 당신은 신뢰할 수 없는 사람이라는 평판을 얻게 되어, 승진과 사회적 성공과는 거리가 먼 사람이 될 것이다.

이것은 우리의 개인적인 건강에도 영향을 끼친다. 140킬로그램이나 되는 체중과 씨름하면서도 다이앤은 자신이 매일 선택하고 결정하는 작은 일들이 얼마나 중요하고 또 위험한지 알지 못했다. 예를 들면, 그녀는 매번 초콜릿을 적정량을 초과해서 먹으면서도 그것이 비만의 원인이 된다는 것을 전혀 생각하지 않았다. 그저 자신의 몸집이 뚱뚱하다 못해 거대하다는 '전체적인' 문제에 대해 고민하는 것이 전부였다.

다이앤은 자기가 뚱뚱하고 행복하지 않으며 능력이 없다고 생각했다. 그러나 그녀는 전혀 무능력하지 않았다. 얼마든지 지금의 잘못된 습관들을 바로 잡을 작은 결정들을 내릴 수 있는 능력이 그녀에게 있었다. 예를 들어, 매일 200칼로리나 되는 사탕을 먹지 않으면 한 달에 6000칼로리를 안 먹게 되는데, 그렇게 되면 500그램의 체중을 줄일 수 있다. 만일 그녀가 매일 가벼운 산책으로 꾸준히 칼로리를 소모하게 되면 체중도 줄이고 기분도 한결 좋아질 것이다.15)

이것은 나도 확인한 진실이다. 습관적으로 먹던 프렌치파이나 탄산음료와 같이 건강에 좋지 않은 음식 몇 가지를 안 먹었는데도, 나는 작은 사이즈의 옷으로 바꿔 입어야 할 만큼 체중을 많이 줄일 수 있었다. 몇 가지를 조절하기만 했는데도 몸과 마음이 더 건강해졌다. 이 작은 선택들은 한 사람으로서 나의 인격 전체를 온전하게 만든다.

어느 날 다이앤의 블로그에 이런 글이 올라왔다.

당신이 지금 내린 결단은 당신의 건강에 지대한 영향을 끼칠 수 있습니다. 미국의 질병관리국에 의하면, 체중을 10퍼센트 줄이면 심장병의 위험을 줄일 수 있고 혈압을 낮추는 데 도움이 됩니다. 당신의 체중이 만일 90킬로그램이라면 10퍼센트는 9킬로그램밖에 되지 않습니다. 그 정도 빼는 것쯤이야 얼마든지 가능한 일입니다. 특별히 당신이 정한 목표에 이를 때까지 아주 사소하고 작은 일이라고 여겼던 것들을 바꾸기로 결정하고 실행하기만 하면 얼마든지 가능합니다. 체중을 줄이는 것은 삶의 다른 분야와 마찬가지로 결단과 관계된 일입니다. 우리는 항상 온전한 결단을 하지는 못합니다. 그러나 좋은 결단을 계속해서 하다 보면 목표에 도달할 수 있습니다. 작은 것에 진실하게 반응하면 전체적인 삶까지 달라질 것입니다.**16)**

건강한 경계선을 치라

온전한 삶을 살려면 건강한 경계를 정하는 것이 필수적이다. 하나님의 능력 안에서 살아가는 법을 배우면서 나는 올바른 경계를 설정하는 것이 매우 중요하다는 것을 알게 되었다. 나는 온전해지기를 원한다. 그러나 이것은 실행하기에 쉬운 일은 아니다. 확실히 하나님은 우리가 바른 선택을 할 수 있도록 은혜를 주신다. 그러나 그것은 옛 습관에 안주하고 싶은 마음과 씨름하는 일이 없을 것이라는 뜻은 아니다. 능력 있는 그리스도인으로 사는 것은 결코 쉬운 일이 아니다. 예수님은 그것이 쉬울 것이라고 말씀하지 않으셨다. 사실 주님은 우리의 정욕과 욕망을 육체와 함께 십자가에 못 박아야 한다고 말씀하셨다. 하나님의 성품이 우리를 온전히 다스리게 하기 위해 옛 자아와 싸우려면 고통스러운 과정을 지날 수밖에 없다(벧전 4:1). 그러나 온전한 삶의 유익은 그 과정에서 겪는 고통과 비교할 수 없을 만큼 너무나 크다.

바울은 에베소서 5장 10절에서 "주를 기쁘시게 할 것이 무엇인가 시험하여 보라(너희의 삶이 언제나 주님께서 받으시기에 가장 합당하다고 하는 증거가 되도록 사는 법을 배우라)"고 가르쳤다.

내가 가장 존경하는 치유사역의 거장 중 한 분은 참으로 성별된 삶을 사셨다. 스미스 위글스워스는 거룩한 삶은 개인을 통해 나타나는 능력과 상관관계가 있다고 말했다. 그렇게 확고한 믿음과 신념으로 살았기에 그는 자기 집 앞으로 세속적인 신문조차 지나가지 못하게 했다고 한다. 성령의 놀라운 능력 안에 산 성별된 그릇이었던 그는 이렇게 말했다.

 당신은 날마다 더 높은 출발점에서 시작해야 한다. 하나님과 함께 전진하려면 자신을 부인해야 하며 순수하거나 거룩하지 않은 것은 어떤 것이든 거부해야 한다. 하나님은 당신의 마음이 순결하기를 원하시고 성결을 강하게 열망하기를 바라신다. 오늘 당신이 하나님의 약속을 얻으려면 두 가지가 필요하다. 하나는 순결이고 다른 하나는 믿음이다. 믿음은 순결에 의해 더욱 더 불타오른다. 죄에 빠지는 순간 하나님의 생명은 멈춰 버리고 우리의 삶은 쓸모없는 것이 되어 버린다.**17)**

스미스 위글스워스가 한 교회의 목사관에 머물 때 있었던 일화를 하나 소개하겠다. 그 교회의 목사는 두 발이 없어 의족을 하고 있었다. 스미스는 그 목사에게 "내일 아침에 가서 새로운 구두 한 켤레를 사시오"라고 말했다. 두 발이 없는 사람에게 이런 말을 한다는 것은 깜짝 놀랄 일이다! 그런데 그 목사는 믿음으로 반응하여 다음 날 아침에 일어나서 구두가게에 갔다.

가게에 들어서자 점원이 다가와서 "무엇을 도와드릴까요?"하고 물었다. 그 목사는 신발 한 켤레를 사고 싶다고 말했다. 그 점원은 두 발이 없는 그의 모습을 보고 어떻게 대답해야 할지 망설였다. 당황해하는 점원을 본 목사는 "250 사이즈의 검정색 구두 한 켤레를 주세요"라고 말했다. 점원은 주문한 구두를 가지고 왔다. 그것을 받아 목사가 한쪽 의족에 끼워 넣자 그 즉시 다리와 발이 생겨났다. 다른 쪽 다리에도 동일한 기적이 일어났다.[18] 이처럼 성별과 온전함은 우리 삶 가운데 하나님의 능력을 나타내는 데 결정적인 역할을 한다.

출애굽기 19장 12-23절에 보면, 하나님은 모세에게 산 아래에 경계선을 쳐서 그가 산 정상에서 하나님과 함께 있는 동안 어떤 짐승이나 사람도 접근하지 못하게 하라고 지시하신다. 하나님은 불경건한 것이 모세와 교제를 나누는 장소에 침범하여 더럽히는 것을 원치 않으셨다. 주님은 모세와 온전히 함께하기를 원하셨다. 이렇게 모세가 경계선을 쳤듯이 당신도 그렇게 할 필요가 있다. 삶 가운데 당신을 하나님의 임재로부터 분리시키는 것이 있다고 깨닫게 되면, 당신은 반드시 기도로 그것을 내려놓고 버릴 수 있는 은혜를 베푸실 것을 하나님께 간구해야 한다.

때때로 포기하고 싶지 않은 것들로 인해 마음속에서 치열한 전쟁이 일어날 수도 있다. 그러나 그것은 하나님과의 관계에 부정적인 영향을 줄 뿐이다. 당신이 하나님께 더 가까이 나아가고 더 큰 능력을 소유하기를 갈망할수록, 그만큼 포기해야 할 것들이 더 많아질 것이다. 그러나 당신이 주님의 임재를 원한다면 그것은 분명 가치 있는 일이다. 또한 이런 경계선은 당신이 불필요한 시험에 빠지지 않도록 지켜준다.

당신이 피할 수 없는 시험이 있을 수 있다. 때때로 그것은 당신이 통제할 수 없는 일일 것이다. 그러나 우리가 의지적으로 보고 귀를 기울임으로써 시험과 죄의 문을 열어 놓을 때도 있다. 하나님의 말씀에 어긋난다고 생각되는 것을 보거나 듣기로 선택하는 것은, 시험과 공격 앞에 자신을 무방비 상태로 노출시키고 방치하는 것이다. 이를 통해 우리는 자신을 더 취약하게 만든다.

그러나 하나님과 함께 동행하면 당신은 주님의 은밀한 곳에서 안전하게 보호 받게 된다(시 91). 온전하기로 선택하면 당신은 하나님의 임재 안에서 보호를 받아 안전하다. 당신의 삶 가운데 하나님을 근심케 할 만한 것이나 그릇된 선택을 할 가능성이나 연약함이 있다면, 경계선을 칠 필요가 있다. 그것은 어떤 TV프로그램을 보지 않고 꺼버리는 것일 수 있고, 성적 부도덕에 빠지지 않도록 인터넷을 차단하거나 검열하는 프로그램을 깔아 놓거나 믿을만한 프로그램만 보는 것일 수도 있다. 인격적인 온전함을 개발하는 데 필요한 경계선이 무엇이든지, 하나님의 능력이 계속 증가하여 능력으로 충만한 삶을 살기 원한다면 당신에게 이것은 생사가 달린 문제이다.

올바른 교제를 선택하라

온전하게 살려면 교제의 능력과 직접적으로 연결되어야 한다는 것을 하나님과 동행하면서 배웠다. 누구와 시간을 보내느냐가 당신이 어떤 사람이 되느냐를 결정한다.

지혜로운 자와 (친구가 되어) 동행하면 지혜를 얻고 (스스로를 믿는) 미련한 자와 사귀면 (그 자신도 미련한 자가 되어) 해를 받느니라 _잠언 13장 20절

당신의 영이 예민해질수록 신중하게 교제해야 한다. 나는 이것을 경험해 보아서 안다. 나는 스펀지와 같은 사람이어서 어떤 일에 시간을 보내든지 그것을 바로 흡수한다. 젊었을 때, 나는 하나님의 임재와 능력에 쉽게 젖어들어 '스펀지'라는 별명을 얻기도 했다. 하나님의 기름 부으심에 가까이 나아가기만 하면 나는 무섭게 그것을 빨아들였다. 이러한 일이 영적인 은사에도 나타났다. 예언하는 사람들 주변에 있으면 나는 예언을 했다. 그 전까지 내게 예언의 은사는 없었다. 또한, 놀라운 치유와 기적의 사람들과 함께 있으면 그들의 믿음과 기름 부으심을 빨아들여, 나를 통해 일어나는 기적적인 일이 기하급수적으로 많아졌다. 그것은 사실이다. 나에게는 기름 부으심을 흡수하는 능력이 있다. 이 얼마나 놀라운 일인가!

당신이 명예를 귀하게 여긴다면 좋은 성품을 가진 사람들과 사귀라. 나쁜 사람들과 친구가 되는 것보다는 차라리 혼자 있는 것이 더 낫다.**19)**
- 조지 워싱턴

한편으론 이런 능력 때문에 내 삶에 들어오는 것들을 참으로 조심해야 했다. 나의 과도한 감수성은 때때로 부정적인 것들 또한 쉽게 흡수했다. 이런 경험을 통해 나는 진실로 하나님을 간절히 찾는 사람들, 믿음과 능력으로 살아가는 사람들과 친밀하게 교제해야 한다는 교훈을 얻었다. 정서적인 문제나 처리되지 않은 문제가 많은 사람과 관계하게 될 때에는

적절한 경계선을 쳐야만 했다. 화를 잘 내거나 부정적인 사람들과 어울리면, 당신 안에 있는 하나님의 생명이 말라버릴 수 있다. 하나님께서 다른 사람들의 삶을 위해 당신을 사용하시는 것과 당신을 타락시킬 수 있는 사람들에게 당신의 영을 개방하는 것은 전혀 다른 문제다. TV나 영화를 보는 것, 인터넷에 접속하는 것을 포함하여 우리는 누구와 가깝게 지내야 하는지를 지혜롭게 선택해야 한다. 갈수록 세상이 빠르게 변하여 인격적·내적인 온전함을 유지하려면 하나님의 기름 부으심과 임재에 젖어 살겠다고 의지적으로 결단하고 선택해야 한다.

경건한 회개와 깨어짐, 그리고 좋은 교제를 통해 온전한 삶을 개발할 때, 우리가 달려야 하는 장거리경주에 필요한 하나님의 능력을 활용할 수 있을 것이다. 그리고 결국 최후의 순간까지 질주하여 경주를 승리로 완주할 수 있을 것이다.

관점의 능력 : 새의 눈으로 보라

    독수리의 눈으로 인생을 바라본다면 삶이 얼마나 달리 보일지 상상해 본 적이 있는가? 높은 곳에 당당하게 둥지를 틀고 앉아 저 아래에 펼쳐진 세상을 하늘의 시각으로 바라본다면! 아마도 지상에서 볼 땐 거대해 보였던 것들이 손톱만큼 작게 보일 것이다. 당신을 가로막는 장벽은 하나도 없다. 어떤 한계도 없다. 모든 약탈자들은 당신의 발밑 저 아래에 있다.

    당신이 참으로 높이 날아올라 지금 하고 있는 모든 일들을 멋지게 완성하려면, 독수리의 눈으로 삶을 바라보는 관점의 변화가 필요하다. 고통스러운 삶의 순간들을 하나님의 능력으로 인내하며 살아가려면, 당신의 삶을 높으신 하나님의 시각에서 볼 수 있어야 한다. 당신에게 자연적인 한계 너머를 보는 능력이 있다면, 인생의 경주를 끝까지 달려가는 데 필요한 모든 것들을 소유하게 되고 당신을 위해 하나님께서 예비하신 모든 축복을 차지할 수 있을 것이다.

    창세기 37-50장에는 요셉의 엄청난 이야기가 기록되어 있다. 요셉은 하나님이 주신 놀라운 환상과 꿈을 가진 사람이었다. 그는 앞으로 펼쳐질 위대한 미래의 청사진을 보았다. 그는 자신에게 아버지와 형제들이 엎드려 절할 만큼 높이 세워질 날을 보았다. 이러한 꿈 이야기를 형들에게 말하자, 요셉을 죽이려고 모의할 정도로 그들은 질투와 분노, 증오로 끓어올랐다. 간신히 죽음을 면한 요셉은 물 없는 구덩이에 던져졌다. 그리고 그를 죽이는 것보다 파는 것이 더 이득이라는 생각을 한 형들은 요셉을 노예로 팔았다. 그렇게 요셉은 미디안 사람들에게 팔려 애굽으로 갔다. 애굽에서 요셉은 다시 바로의 시위대장인 보디발에게 팔렸다.

이렇듯 심한 고통과 배신을 인내하고 종으로서 신실하게 살던 요셉은, 어느 날 보디발의 아내를 겁탈하려 했다는 억울한 누명을 쓰고 감옥에 갇히게 된다. 그는 더는 내려갈 곳이 없을 만큼 처절하게 낮아졌다. 어떻게 이런 일이 생길 수 있을까? 어떻게 그처럼 놀라운 꿈을 꾼 그가 이처럼 어둡고 춥고 고독한 자리로 떨어질 수 있을까? 이 모든 상황 중에 도대체 하나님은 어디에 계셨나? 나는 요셉이 하나님께서 자기를 완전히 잊으셨거나 잔인하게 희롱하셨다고 생각하며 수없이 괴로워했을 것이라고 생각한다.

계속해서 닥쳐오는 고통스런 시련을 오랜 기간 참아낸 후, 요셉은 갑작스럽게 일어난 일로 인해 모든 일들을 올바른 시각으로 보게 되었다. 어느 날 바로의 술 맡은 관원장과 떡 맡은 관원장이 요셉이 있던 감옥에 갇혔다. 그들은 같은 날 범상치 않은 꿈을 동시에 꾸어 그 의미가 무언지 궁금해했는데, 요셉이 그 꿈을 명쾌하게 해석해 주었다. 술 맡은 관원장은 요셉의 꿈 풀이대로 사흘 만에 석방되어 복직하지만, 그 일에 대해 새까맣게 잊어버렸다. 그렇게 2년이 흐른 후, 바로의 꿈을 해석해 줄 사람이 필요한 상황이 되었다. 그러나 그 나라에 그것을 해석해 줄 사람이 아무도 없었다. 그때 술 맡은 관원장이 2년 전 감옥에서 자기의 꿈을 해석해 준 요셉을 기억해내고 바로에게 이 사실을 말했다. 드디어 운명적인 순간이 도래했다. 왕은 요셉을 불러 꿈을 해석하라고 했다. 그 후 이런 일이 이어졌다.

> 너는 내 집을 다스리라 내 백성이 다 (존경과 복종과 순종의 마음으로) 네 명령에 복종하리니 내가 너보다 높은 것은 내 왕좌뿐이니라 바로가 또 요셉에게 이르되 내가 너를 애굽 온 땅의 총리가 되게 하노라 하고 자기의 인장 반지를 빼어 요셉의 손에 끼우고 그에게 (공식적으로) 세마포 옷을 입히고 금 사슬을 목에 걸고
> _창세기 41장 40-42절

얼마나 놀라운 결말인가! 그렇다. 그러나 아직 끝나지 않았다. 하나님께서 요셉을 위해 계획하신 것이 아직도 더 남아 있었다. 그것은 잠시 후에 알아보기로 하고, 먼저 관점의 능력과 그것이 당신의 삶에 어떤 영향을 미치는지에 대해 좀더 숙고해 보자.

벽! 벽! 벽!

여러 해 동안 요셉은 벽에 둘러싸여 있었다. 사방이 벽이었고 어딜 가나 벽이었다. 처음 그가 맞닥뜨린 것은 형들이 던져 넣은 웅덩이라는 벽이었다. 그것은 육신과 감정의 벽이었다. 배신의 벽, 분노와 아픔의 벽, 형들이 요셉의 주위에 쌓은 고통의 벽이었다. 다음에는 거짓 참소의 벽, 그 다음에는 감옥의 벽이었다. 그것들은 모두 요셉이 통제할 수 없는 환경의 벽

이었다. 그것은 다른 사람들의 마음속에 자리 잡고 있던 죄악 때문에 생겨난 것이었다.

당신 또한 사방이 온통 벽으로 둘러싸인 것 같을 때가 있을 것이다. 그 벽은 다른 사람들의 행동과 태도 때문에 쌓인 것이어서 당신이 통제할 수 없다. 그것은 당신을 향한 하나님의 뜻과 계획이 성취되지 못하도록 방해하는 것처럼 보이고 철저한 패배와 절망을 안겨 줄 것만 같다.

그러나 이 문제와 관련하여 당신에게 들려 줄 좋은 소식이 있다. 당신은 그 모든 과정을 통해 결국 값진 열매를 맺을 것이고, 당신을 제한하는 것처럼 보이는 벽이 있음에도 불구하고 분명 하나님께서 뜻하신 당신의 참 모습을 되찾게 될 것이다. 준비하라. 이제 곧 당신을 묶고 있는 모든 장벽과 한계, 경계와 제한이 무너질 것이다. 이것을 어떻게 알 수 있을까? 자, 요셉의 아버지 야곱이 그의 생애 마지막 순간에 요셉에게 했던 예언적인 말을 한 번 살펴보자.

창세기 49장 22-24절과 26절에서 야곱이 선언하기를 요셉은 열매를 풍성히 맺는 샘 곁에 심겨진 나무인데 그 가지가 담장을 넘었다고 했다. 요셉은 살면서 여러 차례 고통스러운 공격을 받고 수많은 장벽들이 그를 에워쌌지만, 그는 그 가운데서도 열매를 맺었고 거목으로 자라 결국에는 그를 둘러싼 장벽들을 넘었다.

우리는 수없이 하나님께 환경을 변화시켜 달라고 기도한다. 우리를 둘러싸고 있는 벽들이 옮겨지기만 하면, 얼마든지 앞으로 전진할 수 있고 우리를 향한 하나님의 뜻을 성취하는 삶을 살 수 있으리라고 생각한다. 그러면 우리는 행복할 수 있고, 예수님이 우리를 위해 죽으신 목적대로 기쁨과 평화와 번영 속에 살 수 있을 것이라고, 하나님께서 우리 마음에 두신 꿈과 비전을 성취할 수 있으리라고 생각한다. 이렇듯 환경이 우리를 제한하는 것 같지만 사실 전혀 제한받고 있지 않다는 사실을 깨닫지 못한 채, 우리는 언제까지나 환경이 바뀌길 기다리고 또 기다리기만 한다.

모든 것이 잘못될 때

나의 삶의 여정은 평탄하지만은 않았다. 내가 체육관을 가득 채운 사람들 앞에서 수많은 기적을 일으키게 되리라는 하나님의 약속을 받았을 때, 요셉처럼 나의 모든 삶은 정 반대 방향으로 가는 것처럼 보였다. 당시 나는 의사가 되기 위해 의학을 공부하던 학생이었다. 그러나 하나님의 부르심을 받고 그 모든 계획을 포기하고 전임사역자가 되기 위해 신학교에 들어갔다. 그곳을 졸업한 후 사역을 시작하였다. 경제적으로 넉넉하진 않았지만, 하나님을 섬긴다는 생각에 행복했다.

몇 년간 목회하고 난 뒤, 나를 통해 흐르는 기름 부으심을 보고 하나님께서 나를 위해 계획하신 사역이 다른 곳에 있다는 것을 분명히 깨닫게 되었다. 내 안에서는 사람들이 치유되는 것을 보고 싶다는 바람이 간절해졌다. 그러던 어느 날 하나님께서 내가 사람들을 치유하는 것이 그분의 소원이라고 말씀하셨다. 나는 주님이 나를 치유사역에 사용하기를 원하신다는 것을 마음으로 깨달았다. 교회의 임원과 동역자들과 함께 여행을 하던 중 사람들이 치유되는 것을 보고 싶다는 비전을 이야기했을 때, 처음에는 모두 기뻐했다. 그들은 그러한 부르심을 내게서 보았고, 그래서 그것이 하나님의 계획이 맞는 것 같다고 동의하였다. 그들은 내가 선교회를 세워 세계 곳곳을 다니며 수많은 병자들을 치유하고, 사역자들을 훈련시킬 것이라는 비전에 뜨겁게 호응했다. 또한 내가 받은 복음전도자의 소명을 확증해 주었고, 여러 지역을 다니며 선교하는 것이 하나님의 뜻이라고 말해 주었다. 게다가 당시 내가 강단에 설 때마다, 하나님의 능력이 나를 통해 강력하게 역사하곤 하였다.

그러나 그런 기쁨도 잠시, 사역은 전혀 다른 방향으로 흘러갔다. 나도 모르는 사이에 계속 맡아왔던 장년 성경공부반이 아니라 20대 청년들을 맡아 결혼을 하여 어떤 가정을 이루어야 하는지를 가르치게 되었다. 이것은 나의 기름 부으심과는 전혀 맞지 않는 사역이었다. 물론 결혼을 하여 믿음의 가정을 이루는 것은 등한히 할 수 없는 문제이다. 그러나 사역 가운데 바라던 바가 나타나지 않았고, 나는 찢기는 듯한 고통 속에 매우 힘든 시간을 통과해야 했다. 그 과정에서 나는 원하는 사역을 할 수 없었다. 그러나 나는 하나님께서 약속하신 것이 무엇인지 분명히 알고 있었다. 나는 주님께서 나를 더 높은 부르심으로 부르셨다는 것을 알았다. 비록 감옥에 있었지만, 나는 찬란한 왕궁을 볼 수 있었다.

그 과정에서 나는 사역을 가로막는 환경의 벽에 둘러싸인 것처럼 느끼기도 하고 때때로 영적·정서적 벽에 둘러싸이기도 했다. 가끔은 감정이 마치 롤러코스터를 타는 듯 요동쳤다. 감정적 압박이 얼마나 심했던지 정밀검사를 받으러 가기도 했다. 나는 25살 먹은 목사로서 의료기계에 매달려 극심한 고통의 원인을 찾기 위해 검사를 받았다. 그러나 그것은 신체적 이상에서 비롯된 고통이 아니라 내적 압박감에서 기인한 것이었다.

사역이 끝없이 후퇴하는 것처럼 보였던 그때, 사실 나는 하나님께서 주시는 영적 승진을 앞두고 있었다. 다만 나는 그것을 보지 못하고 있었을 뿐이다. 당시 나는 영원히 기억하게 될 몇 가지 매우 가치 있는 삶의 교훈을 배우고 있었다.

몇몇 다른 목사와 리더들과 함께 모임을 가졌던 날을 나는 지금도 생생히 기억한다. 한 목사가 참석자들에게 나를 '심부름꾼'이라고 소개했다. 심한 모멸감을 느낀 나는 그저 고개를 숙이고 그 말에 동요되지 않고 마음의 안정을 유지하려고 애쓰고 있었다. 그런데 갑자기 나의 모교 총장이신 벤자민 크랜들 박사님이 말씀하셨다. 그분은 뉴욕의 큰 교회에서 중직을 맡고 계신 연세가 많은 분이었다. "제가 매트에 관하여 여러분에게 할 말이 있습니다. 그는 신학교에 다니던 시절 4년 내내 회장으로 섬겼습니다. 최고의 성적으로 신학교를 졸업한 그는 하나님을 추구하는 뛰어난 젊은이입니다." 이것은 하나님께서 나를 지지해 주셨던 수많은 순간 중 하나이다. 나는 지금도 그 일을 겸허한 마음으로 돌아본다.

아버지는 항상 나에게 이렇게 말씀하셨다. "뒤늦게 깨달은 지혜는 아무런 효과가 없다." 당신이 어떤 일을 겪고 나서 뒤늦게 그것이 하나님께서 하신 일이었다고 깨닫는 것은 쉽다. 내가 목회를 시작하던 당시, 나는 뚜렷한 눈매에 더벅머리를 하고 있었다. 사역에 대하여 굉장한 비전을 가지고 있었던 나는 무척이나 흥분된 마음으로 교회 사무실에 들어섰다. 그러나 출근하던 첫 주간에 나는 한 임원에게서 이런 말을 들었다. "죄송하지만, 현재 목사님이 쓰실 사무실이 따로 없습니다. 대신 창고 방을 사용하실 수 있습니다." 그렇게 작은 창고 방이 내 첫 번째 사무실이 되었다. 그 방은 복도쪽으로 작은 창문이 하나 나 있는 아주 볼품없는 곳이었지만, 나는 그곳을 가능한 한 최상의 사무실로 꾸몄다. 나는 벽에 달린 블라인드를 떼어내고 창문을 조금 열었다.

다음 주일 아침에 교회를 가니 안내위원장이 놀란 얼굴로 나를 찾아와 이렇게 말했다. "목사님, 사무실의 블라인드가 어디로 갔습니까?"

"제가 떼어냈는데요."

"그러시면 안 돼요. 그곳은 유아실이거든요."

그 말에 깜짝 놀란 내가 말했다. "아니에요. 그렇지 않아요. 그곳은 제 사무실이에요."

"저, 그곳은 목사님 사무실이기도 하지만 주일에는 유아실로 사용한답니다."

그 후 주일이 지나 사무실에 들어설 때마다 냄새가 진동했다. 그것은 그리스도의 향기가 아니었다. 그 전날 부모들이 버리고 간 지저분한 기저귀에서 나는 냄새였다!

주일마다 예배를 마치고 나면 요양원에서 사역했다. 나는 그곳에서 매주 5명의 노인들에게 설교했다. 그 중 어떤 분은 나에게 했던 이야기를 계속 반복해서 했다. 그들은 지난주에 들은 구원에 대한 설교를 기억하지 못했기 때문에, 나는 그들의 구원을 위해 매주 같은 주제로 설교해야 했다! 열방을 향한 비전을 가지고 있었던 내게 하나님은 말귀를 제대로 알아듣지 못하는 다섯 노인에게 복음을 전하는 일을 맡기셨다. 물론 우리가 하나님을 위해 하는 어떤 사역도 과소평가하고 싶지 않다. 그러나 그것은 나에게 가장 적합한 사역이라고 말할 수 없는 일이었다. 그래도 하나님은 그 상황을 통해 나에게 유익한 교훈을 가르치셨다. 그 시간을 통해 주님은 나에게 그분의 높은 관점을 가르치고 계셨다.

겸손의 능력

참된 겸손은 설교를 통해 배울 수 있는 것이 아니다. 그것은 경험을 통해 체득하는 것이다. 하나님은 더 깊은 차원의 겸손과 섬김의 마음을 가르치시기 위해, 우리 삶에 고통스럽고 답답한 환경을 허락하신다. 내가 갇혀 있다고 생각하는 동안, 하나님은 내가 겸손과 섬김의 마음을 가질 수 있도록 부지런히 일하고 계셨다. 그것은 때때로 고통스러웠다. 그러나 그렇게 여러 해를 지나면서 내 안에 이루어진 일들은 현재 내가 하고 있는 모든 것 가운데 나타나고 있다.

나는 종종 지도자들이 자신에게 사역의 기회를 더 많이 열어주지 않는다고 비난하며 불평하는 소리를 듣는다. 그러나 우리는 하나님이 우리의 근원이시지 우리와 동등한 분이 아니시라는 것을 이해해야만 한다. 주님이 문을 여시면 그 누구도 닫을 수 없고, 주님이 문을 닫으시면 누구도 열 수 없다. 하나님은 우리가 하고 싶지 않은 일까지도 해야 하는 좌절의 계절을 통과하도록 허락하신다. 그러나 그 모든 것에는 거룩한 목적이 들어있다.

이 문제를 한번 다뤄 보자. 모든 사람이 다 육체노동을 해야 하는 것은 아니다. 활동적으로 하는 일을 좋아하는 사람이 있는가 하면, 책상에 앉아 머리를 써서 일하기를 좋아하는 사람이 있다. 그러나 나는 이와 관련해서 아주 중요한 교훈을 하나 배웠다. 그것은 바로 육체적 노동에서 자유로운 사람은 아무도 없다는 것이다. 다른 말로 하면 하나님께서 우리에게 맡기신 일이 무엇이든지, 우리는 쓰레기봉투를 채워서 내다 버리고 화장실 청소하기를 즐겨해야 한다는 것이다. 물론 개인에 따라 이런 일들을 좋아하지 않겠지만, 이런 일들이 우리의 품위를 떨어뜨리는 것은 아니다.

권위자가 하고 싶지 않은 일을 하라고 요구할 때, 우리는 이와 같은 종의 자세를 가지고 일해야 한다. 만일 우리가 "그것은 나의 품위를 떨어뜨리는 일이다"라고 하며 주인공 노릇하는 마음의 자세를 가지고 있다면, 교만이 마음에 스며들어 하나님께서 주시고자 하는 승진의 기회를 스스로 박차버리는 일이 될 수 있다.

하나님의 관점에서 볼 때, 나를 겸손케 한 모든 고통스러운 경험에 대해 감사드릴 수 있다. 최근에도 여러 번 하나님께서 고통스러운 순간들을 취하셔서 나를 더 겸손케 하셨다. 겸손은 도달해야 할 목표가 아니라 우리가 지속적으로 개발하고 발전시켜야 할 마음의 자세다. 우리는 세상이 알아볼 수 있을 정도로 삶 가운데 예수님의 형상을 드러낼 수 있도록 부르심을 받은 종들이다. 하나님은 우리에게 능력을 주셔서 다른 사람들을 섬기며 도울 수 있게 하신다. 그러므로 직분이나 지위가 어떠하든지, 우리가 종이라는 사실을 결코 잊어서는 안 된다.

대단한 영향력을 끼치는 사람들의 삶 가운데 이처럼 깊은 겸손을 발견할 때, 우리는 놀라움을 금치 못한다. 한번은 나이지리아의 대중 전도집회에서 탁월한 복음전도자 중 하나인 라인하르트 본케 목사님을 수행할 기회가 있었다. 이 영적 장군은 아프리카 전역에서 수백만의 사람들을 그리스도께로 인도했다. 나는 그와 함께 보낸 특별한 시간을 잊을 수 없다. 우리는 매일 아침 십여 명이 함께 모여 예배하며 기도했다. 라인하르트 목사님은 모인 자들에게 말씀을 가르치고 식탁에서 함께 아침을 먹었다. 그분은 수백만의 대중 앞에서 말씀을 전한 후, 밤에는 편한 옷차림으로 함께 앉아 담소를 나눴는데 유머감각이 매우 뛰어났다. 나는 그에게 경호원과 함께 다니느냐고 물었다. 그러자 그는 웃으면서, "아니요. 저에겐 경호원이 없어요. 저는 다만 사역팀과 함께 다녀요"라고 말했다. 그와 함께 팀으로 다니는 사람은 약 5명쯤 있었다.

어느 날 밤, 그날은 그가 집회에서 설교하기로 한 날이었는데, 갑자기 그가 장차 전도자로 세우려고 하는 젊은이를 향해 돌아서더니 이렇게 말하였다. "다니엘, 오늘 밤 집회를 인도하세요. 저는 방으로 돌아가려고 합니다." 그는 이 젊은이에게 자신의 강단을 넘겨준 것이다. 그 강단은 그가 여러 해 동안 지켰던 자리다. 그 연합집회는 수백만 달러의 경비가 투입되는 매우 중요한 자리였다. 그런데 그 자리를 젊은 사역자에게 맡긴 것이다. 그는 나중에 내게 말했다. "저는 바통을 넘겨주어야 합니다. 저는 이 사역을 이어갈 다음 세대를 일으켜야 합니다." 그의 말을 듣고 나는 거의 기절할 뻔하였다.

나는 목사들이 다음 세대를 세우는 것이 얼마나 중요한지에 대해 이야기하는 것을 수차례 들었다. 그러나 나는 자신의 강단을 젊은이에게 넘겨주는 것을, 경험이 부족한 젊은 지도자가 능력을 받아 부르심의 소명을 성취할 수 있도록 돕는 사람을 한 번도 본 적이 없었다. 그러나 그는 달랐다. 이것이야말로 참으로 아름답고 진실한 겸손이었다. 거기에는 아무런 염려나 불안도, 경쟁심도 없었다. 라이하르트 본케가 하나님께서 자신에게 주신 목표에 도달하고 또 그것을 지킬 수 있었던 것은 바로 이런 마음의 자세라고 나는 믿는다. 그러나 그보다 더 큰 것은, 그가 이처럼 겸손하였기에 다른 사람들에게 큰 영향력을 끼칠 수 있었고, 자신의 삶보다 훨씬 더 오래 지속될 영적인 유산을 남기게 되었다는 것이다. 겸손의 능력에 대한 얼마나 놀라운 간증인가!

하나님의 임재와 기름 부으심

모든 사람이 이런 마음을 가진 지도자를 만나는 것은 아니다. 그러나 하나님은 삶의 어려운 순간들을 선한 목적을 위해 사용하신다. 내가 젊은 목사로서 경험한 고통스런 순간과 환경은, 하나님의 은총 가운데 새로운 기회의 문을 열어 부르심의 자리로 나아갈 수 있게 하였다. 믿음으로 한 걸음씩 발을 떼어놓을 때, 하나님은 나를 향한 거룩한 계획을 밝히 보여 주셨다. 어떠한 일이 생기든지, 나는 쓴뿌리나 분노가 결코 내 마음에 들어오지 않도록 노력했다. 나는 마음을 정결하게 지켰고, 늘 겸손하려고 애썼으며 모든 공격을 미소로 받아넘겼다. 그렇다. 나는 고통을 겪어야 했지만, 결코 그것이 나의 태도나 영혼을 더럽히지 못하도록 했다.

이것은 하나님께서 주신 사명을 완수하기 위한 생사가 걸린 문제다. 당신이 하나님의 축복을 받지 못하게 하는 유일한 한 가지가 있다면, 그것은 바로 당신이 분노와 원한으로 마음을 오염시켜 하나님의 높으신 계획을 이루지 못하게 방치하는 것이다.

그것을 극복하는 비결은 요셉이 그랬던 것처럼 우물가에 심겨지는 것이다. 우물은 능력의 은밀한 근원으로, 하나님의 임재와 기름 부으심이다. 우리가 우리의 근원과 계속 연결되기만 하면, 어떤 소리가 들리든지 가지는 계속 자라서 우리를 둘러싸고 있는 담장 밖으로 넘어갈 것이다! 다른 말로 하면 사람들이 어떻게 하든지, 당신은 당신의 부르심과 목적 안에서 풍성한 열매를 맺는다는 것이다.

하나님의 손이 당신과 함께 하면 그 무엇도 당신을 방해하지 못한다. 다른 사람이 당신에게 무슨 말을 하고 어떻게 대하든지, 당신은 풍성한 열매를 맺고 하나님께서 부어주시는 능력이 넘치는 삶을 경험하게 될 것이다. 사실 그런 부정적인 요소들은 다만 당신이 하나님의 축복 그 한가운데로 돌진해 들어가도록 도울 뿐이다! "뭐라고요? 지금 뭐라고 하시는 건가요?" 그렇다, 맞다. 사람들이 당신을 해롭게 하는 바로 그 일들을 사용하셔서 하나님은 삶의 목적을 향해 이끌고 계신다. 그러나 그렇게 되려면 당신에게 참으로 올바른 관점으로 보는 능력이 있어야 한다.

높은 관점을 가지라

날마다 적극적인 관점을 가지고 사는 것이 중요하다. 마치 문제가 없는 것인 양 외면하는 것은 지혜롭지 못한 일이다. 그러나 문제를 넘어 그 속에 숨어 있는 가능성을 보는 것은 지혜로운 일이다. 골리앗이 이스라엘을 향하여 나왔을 때 군인들은 생각했다. '그는 너무 커서 우리가 죽일 수 없다.' 그러나 다윗은 그 거인을 보면서 생각했다. '골리앗이 저렇게 크니 내가 못 맞출 수 없다.'[1]
- 데일 E. 터너

시편 105편에는 요셉이 겪어야 했던 일들이 기록되어 있다. 그것을 통해 하나님께서 보시는 것과 사람이 보는 것은 완전히 다르다는 것을 알 수 있다. 환경은 변하지 않지만, 하나님은 그 결말을 알고 계신다.

먼저 시편 105편 17-22절을 보자. "그가 한 사람을 앞서 보내셨음이여 요셉이 종으로 팔렸도다 그의 발은 차꼬를 차고 그의 몸(영혼)은 쇠사슬에 매였으니 곧 여호와의 말씀이 (그의 매정한 형제들에게) 응할 때까지라 그의 말씀이 그를 단련하였도다(시험하였도다) 왕이 사람을 보내어 그를 석방함이여 뭇 백성의 통치자가 그를 자유롭게 하였도다 그를 그의 집의 주관자로 삼아 그의 모든 소유를 관리하게 하고 그의 뜻대로 모든 신하를 다스리며 그의 지혜로 장로들을 교훈하게 하였도다."

17절을 보면 모든 사정을 알 수 있다. "그가 한 사람을 앞서 보내셨음이여 요셉이 종으로 팔렸도다." 세상적인 관점에서 보면 요셉은 종으로 팔렸다. 그는 형들에게서 학대당하고 부당한 대우를 받았다. 질투심에 사로잡힌 그들은 요셉을 죽이려 했다. 그들은 그를 종으로 팔아버림으로써 그의 꿈이 이루어지지 못하게 하려 했다. 그들은 그를 없애려고 애썼다. 그러나 이것은 인간적인 관점이다. 요셉의 형들이 한 행위는, 하나님께서 말씀하신 것과는 정 반대의 사건이 일어나게 하는 것처럼 보였다. 세상적인 관점에서 보면 사람이 요셉의 꿈과 사명을 파괴하고 있었다.

그러나 하나님은 사건을 아주 다르게 보셨다. 요셉은 단순히 종으로 팔린 사람이 아니었다. 그는 하나님이 보내시는 사람이었다. 인간적인 관점에서 보면 그는 '팔린' 사람이었다. 그러나 하나님의 관점에서 보면 그는 '보내심을 받은' 사람이었다. 사건은 같지만 해석이 다르다. 문제는 하나님께서는 언제나 우리가 바라고 생각하는 대로 역사하시지는 않는다는 데 있다. 그러나 요셉은 하나님께서 있게 하신 그 자리에 경건하게 있어야 했고, 때가 되어 하나님께서 예정하신 자리로 승진할 수 있었다. 하나님은 요셉이 왕 앞으로 나아가는 최선의 길이 술 맡은 관원장을 만나게 될 감옥이라는 것을 아셨다. 감옥은 요셉이 왕궁으로 가는 통로가 될 것이다. 그러나 요셉은 먼저 감옥에 있으면서 이 통로를 만들어야 했다.

사건이 어떻게 진행될지 아는 사람이 없을 때에도, 하나님의 손길은 꿈을 성취하는 데 필요한 정확한 자리에 요셉을 두시고 일하셨다. 하나님은 요셉의 형들의 사악함까지도 그분의 목적을 성취하는 데 사용하셨다. 모든 고통스러운 경험은 그가 거룩한 과업을 향해 더 가까이 나아가도록 밀어붙였다. 배신과 참소와 같은 사람들의 악행은 요셉이 하나님께서 예비하신 거룩한 자리에 설 수 있게 했다. 때가 되어 하나님께서는 애굽의 모든 계시를 닫으셨고, 요셉 외에 그 누구도 바로의 꿈을 해석할 수 없었다. 하나님께서는 모든 일을 이렇게 해 오셨다. 결국 결정적인 돌파의 순간에 요셉은 정상에 올라섰다!

훈련을 보는 관점

갓 태어난 독수리 새끼가 자라 어느 정도 시간이 지나 날아야 할 때가 온다. 그러면 어미 새는 둥지 위에서 날개를 펄럭이며 새끼가 날도록 재촉한다. 그래도 말을 듣지 않으면 어미 새는 새끼가 닿을 듯 말듯 한 곳에서 먹이를 물고 날갯짓하며 새끼 독수리를 유혹한다. 이 어린 독수리는 날고 싶은 본능을 가지고 있지만, 날 수 있는 힘을 길러야 한다. 독수리 새끼는 둥지 안에서 날개를 퍼덕거리기도 하고, 어떤 때는 잠깐씩 공중을 날기도 한다. 그들은 어미 새를 보며 나는 법을 배운다. 곧 새끼의 통통한 살이 근육으로 바뀌고 그들은 더 민첩해진다. 그리고 굶주린 배를 채우기 위해 결국 그들은 기류를 타고 높이 날아오른다.[2)]

우리는 여기서 하나님께서 불편한 환경을 통해 우리가 날 수 있도록 훈련시키신다는 교훈을 배운다. 새끼 독수리가 배고픔이라는 불편함을 해결하기 위해 날아야겠다고 생각하게 되는 것처럼, 하나님께서는 그것이 비록 세상적으로는 두려운 일일지라도 불편한 환경을 사용하셔서 우리가 소명의 자리로 나아가도록 격려하신다. 내가 복음전도를 위한 선교회를 출범하기 전에, 하나님께서 독수리 한 마리가 둥지를 떠나 로켓처럼 하늘로 날아가는 환상을 보여주셨다. 그것을 통해 나의 때가 도래하였다는 것을 알 수 있었다. 하나님은 보다 더 위대한 소명의 자리로 몰아가시기 위해 환경을 불편하게 만드셔야 했다. 자마이카 사람들이 흔히 하는 말 중에 이런 것이 있다. "문제는 없다. 하나도 없다!" 정말 맞는 말이다.

그의 여정 어디에선가 요셉은 자신의 삶을 보는 새로운 관점을 갖게 되었다. 창세기 50장 20절에서 그는 자신을 죽이려고 했던 형들에게 말한다. "당신들은 나를 해하려 하였으나 하나님은 그것을 선으로 바꾸사 오늘과 같이 많은 백성의 생명을 구원하게 하시려 하셨나니."

고통스런 여정을 지나면서 어느 순간엔가 요셉은 부분적으로나마 하나님의 높은 관점을 갖게 되었다(창 45:5-8). 살면서 그에게 일어났던 모든 안 좋은 일들이 하나님께서 그에게 주신 과업을 완수하는 데 필요한 것을 얻는 데 도움이 되었다는 것을 깨달았다.

당신이 직면해야 했던 모든 시련들, 부당한 대우와 모함과 거부, 학대와 시련과 비판 이 모든 것은 결국 당신이 하나님의 뜻을 성취하기 위해 마땅히 있어야 할 자리로 나아가는 데 도움이 된다. 이런 과정을 지나면서 하나님의 손이 일하고 계심을 보기 어려울 때가 가끔 있지만, 오히려 그 순간 하나님께서 가장 가까이 계셨다는 것을 나중에서야 깨닫는다.

나는 당신이 하나님의 목적을 완전히 알지 못하더라도 흔들림 없이 우물가에 심겨져 있으라고 격려하고 싶다. 그 자리에서 하나님을 예배하고 기다리면, 주님은 결국 그분의 감추어진 계획을 계시하신다. 그러니 당장 전체적인 그림을 볼 수 없어도 올바른 태도와 순수한 마음을 간직하라. 그것은 당신에게 주신 하나님 나라의 과업을 성취하는 데 없어서는 안 될 본질적인 요소다.

요셉은 하나님의 관점을 얻었다. 그래서 그는 형들을 용서하고 사랑할 수 있었고, 자신을 학대한 사람들을 축복할 수 있었다. 그들이 자신에게 행한 일들이 결국 그가 부르심의 자리로 나아가기 위해 반드시 필요한 과정이었다는 것을 깨달았기 때문에, 그는 오히려 감사할 수 있었다. 그러므로 어떤 시련을 만나더라도 당신 또한 기뻐할 수 있다. 사람들이 가혹하게 학대하더라도 행복할 수 있다. 하나님은 그들을 통하여 당신을 더 높은 곳으로 가게 하신다. 당장의 고통이 당신을 파괴하지 않도록 하라. 그것을 통하여 오히려 앞으로 더 달려나가라!

거침돌이 디딤돌로

브랜디의 아버지는 입이 매우 거칠고 난폭한 사람이었다. 한 번 감옥에 다녀오고 20번도 넘는 음주운전 경력이 있는 그는, 브랜디의 어머니에게 심하게 폭력을 휘두르며 언어적·육체적으로 학대하곤 했다. 브랜디가 태중에 있을 때, 그녀의 아버지는 아기를 낙태시키려고 어머니의 배를 여러 번 주먹으로 치기도 했다. 브랜디는 그녀의 부모들에 의해 1983년 9월 12일에 유산되었다. 그녀는 자궁에서 사형선고를 받은 채 거절당하는 처참한 운명을 안고 태어났다. 브랜디는 임신된 지 21주 되는 시기에 낙태용 염수주사를 맞고 산화되었다. 그녀가 죽은 채 웅크리고 있을 때, 갑자기 그녀의 팔이 불쑥 튀어나오는 것을 보고 모두 놀랐다. 그녀는 여전히 살아있었다! 결국 그녀는 살아남았고 그 후에 유아살해를 당하지도 않았다.

자궁에서 겪었던 일로 인해 그녀는 여전히 육체적인 불구로 고생하고 있다. 학교에서는 다른 아이들과 다르다는 이유로 놀림과 괴롭힘을 당했다. 그녀는 부모에게서 한 번도 따뜻한 사랑이나 지지를 받지 못했다. 심지어 브랜디의 어머니는 그녀에게 유산이 제대로 되었더라면 좋았겠다고 말하곤 했다.

그러나 브랜디는 놀라운 선택을 했다. 자신을 거부하고 살해하려 했으며 언어적 학대를 서슴지 않는 부모를 용서하기로 선택한 것이다. 그리고 수치나 괴로움, 또는 그녀의 육체적인 불구가 하나님께서 그녀에게 주신 말씀을 침묵시키지 못하도록 했다. 그녀를 파멸시키려 했던 모든 것들이 오히려 그녀를 더욱 강하게 만드는 수단이 되었다. 하나님은 그녀가 육체적인 곤경을 넘어 일어서게 하셨고, 간증을 통해 그녀와 같은 어려움을 겪는 사람들이 한계를 극복하도록 격려하는 일에 사용하셨다. 그녀는 단지 살아남은 자로서만이 아니라, 다음 세대와 육체적 불구를 가진 사람들의 권리를 옹호하는 영웅으로 살고 있다.

브랜디의 간증을 통해 2010년 5월 19일에 루지애나 주 상원의원회에서 특별한 법이 통과되었다. 그것은 낙태하는 의사는 낙태 전에 반드시 초음파 검사를 해야 하고, 산모에게 초음파 영상이나 사진을 볼 기회를 제공해야 한다는 법이다. 이제 임산부들은 중요한 결정을 앞두고 충분한 정보를 접한 후 신중하게 선택할 수 있게 되었다. 브랜디의 삶은 사회법에도 지대한 영향을 끼쳤으며, 이를 통해 결과적으로 많은 생명들이 죽음을 면하게 되었다. 당신도 용감하게 선택하라. 브랜디처럼 현재의 거침돌이 목적과 소명을 위한 디딤돌이 되게 하겠다고 말이다.[3)]

시련의 바람을 타고

독수리는 폭풍의 바람을 이용하여 더 높이 날아오른다. 이때 독수리는 힘들이지 않고 날아올라 날개를 쉬게 하고 에너지를 비축한다. 다른 새들이 나무 사이에 숨을 때, 독수리는 오히려 더 높은 곳으로 날아오른다. 마찬가지로 당신이 겪은 시련은 전혀 해로운 일이 아니다. 그 좋은 시련을 조금이라도 낭비하지 말라. 숨지 말고 날아오르라!

> 내 형제들아 너희가 여러 가지 시험을 당하거든 온전히 기쁘게 여기라 이는 너희 믿음의 시련이 인내를(또 견고함과 오래 참음을) 만들어 내는 줄 너희가 앎이라 인내를(또 견고함과 오래 참음을) 온전히 이루라(그 역할을 다하게 하라) 이는 너희로 온전하고 구비하여 조금도 부족함이(아무 흠이) 없게 하려 함이라
>
> _야고보서 1장 2-4절

시련을 잘 견딜 때, 하나님은 당신 안에서 일하셔서 당신의 모든 결점들을 제거하신다. 주님은 당신이 영적으로 성숙하게 하셔서 최상의 삶을 살게 하신다. 그러니 모든 것이 잘못 되어가는 것 같을 때 기뻐하라! 하나님께서 당신을 위한 놀라운 계획을 이루고 계실 뿐 아니라, 그 과정에서 당신을 정결케 하셔서 인생의 종착역에 도착할 때 그곳에서 살기에 합당한 마음을 갖게 하신다. 하나님의 궁극적인 목표는 당신이 주님을 위해 일하는 것만이 아니다. 그분의 더 큰 목표는 당신이 마땅히 되어야 할 존재가 되는 것이다. 주님의 목표는 당신이 풍성한 열매 맺도록 하는 데 있다. 올바른 관점을 갖게 되면 당신은 풍성한 열매를 생산할 수 있는 능력을 받

는다. 이런 열매는 당신의 목적을 능히 성취하게 한다.

요셉은 하나님께 받은 자신의 과업을 성취하고 민족을 구원하였다. 형제들은 그를 팔았지만 하나님은 그를 보내셨다. 동일한 사건이 예수님에게도 있었다. 주님은 은전 삼십에 배신을 당하셔서 유다에 의해 바리새인들에게 팔리셨다. 예수님은 사람에 의해 팔리셨지만, 하나님에 의해 보내심을 받았다. 그분은 세상을 죄에서 구원하기 위해 보내심을 받았다. 요셉은 자기 민족을 기근에서 구원하기 위해 보냄을 받았다. 결국 요셉은 이스라엘을 보존하는 데 쓰임 받았다. 이스라엘을 통하여 궁극적으로는 세상을 구원하실 구세주가 태어나셔야 했고, 그래서 요셉의 이야기는 실제로 그와 그의 형제들이 생각한 것보다 훨씬 더 의미 있는 일이 되었다. 이와 같이 당신을 향한 하나님의 계획은 당신이 생각하는 것보다 훨씬 더 크다.

궁극적인 소명을 성취하라

요셉의 생애를 통해 성공이란 하나님이 우리에게 맡기신 사역을 완수하는 것만이 아니라는 사실을 알게 된다. 성공은 단지 당신이 하는 일이 무엇이냐에 있지 않다. 성공의 참된 표식은 살아가는 과정 중에 우리가 실제로 어떤 사람이 되느냐에 있다.

창세기 49장 22-26절에서 보면, 야곱은 요셉이 견뎌야 할 시련과 고난만을 이야기하지 않고 그의 풍성한 열매도 함께 언급했다. 요셉은 억눌려질 사람이 아니었고, 하나님의 축복으로 확장되고 번창할 사람이었다. 견뎌야만 할 모든 과정을 지나면서 그는 열매 맺는 사람이 되었다. 그것이 무슨 의미인가? 그가 과일을 좋아한다는 뜻일까? 아니다. 그것은 그의 삶이 하나님의 성품과 인격, 마음을 드러낸다는 뜻이며, 그가 고난 중에서도 옳은 일을 한다는 뜻이다. 그는 모든 것이 절망스러울 때에도 하나님을 믿었다. 그는 괴로움과 분노로 소명을 빼앗기지 않도록 자기를 지켰고, 아픔과 상처가 자신을 짓밟지 못하게 했다. 그리고 자신에게 그럴 수 있는 능력이 주어졌을 때에도 원수를 보복하지 않았다.

당신이 알다시피, 하나님의 계획은 요셉에게 큰 능력과 영향력을 위임하는 것이었다. 그러나 하나님은 요셉에게 그러한 능력을 위임해도 되는지, 그리고 요셉이 그것을 바르게 사용할 수 있는지를 확인하실 필요가 있었다. 그래서 주님은 그가 어떻게 행동하고 반응하는지 보시기 위해 시험을 허락하셨다. 하나님의 말씀이 요셉을 시험했지만, 그는 마음을 깨끗하고 흠 없이 지켰다. 하나님의 완벽한 때가 되자 요셉은 한순간에 하나님의 축복과 목적 속으로 쏜살같이 진입하였다. 그리고 그의 마음과 중심이 확고했기 때문에 아무것도 하나님께서 그를 통하여 이루시고자 하는 바를 방해하지 못했다.

요셉은 열매가 풍성한 가지였다. 그는 하나님의 관점을 가지고 있었기 때문에 거룩한 과업을 성취하고, 자기에게 주어진 능력을 바르게 사용할 수 있었다. 요셉은 이런 관점을 통해 힘을 얻었고, 하나님께서 모든 일을 통해 합력하여 선을 이루신다는 것을 깨달음으로 형들을 용서하고 사랑할 수 있었다.

나는 당신이 이 한 가지를 이해했으면 좋겠다. 누가 당신에게 어떻게 하든지, 환경이 당신에게 무슨 말을 하든지 하나님의 관점에서 삶을 봄으로써 사랑과 용서 가운데 살아갈 것을 선택하기만 한다면, 하나님께서 당신을 위해 예비하신 풍성한 삶을 방해할 수 있는 것은 아무것도 없다. 요셉은 나라를 기근에서 구하고 가족을 위기에서 구출하는 위대한 일을 성공적으로 성취했을 뿐 아니라, 자신에게 주어진 하나님의 궁극적인 소명을 완수하고 풍성한 열매를 맺는 사람이 되었다. 그는 인내와 사랑, 용서와 은혜, 그리고 자비 안에서 살았다. 이것이 하나님께서 바라시는 것이었다. 요셉은 인생의 경주를 힘차게 완주했고, 결국 하나님께서 원하시는 사람이 되었다.

당신 또한 이제껏 겪은 수많은 고난이 위장된 축복이었다는 것을 깨닫게 될 날이 있을 것이다. 하나님께서 나를 여러 나라를 다니며 선교하는 사역으로 부르셔서 목회자 팀을 떠나야 했던 날을 기억한다. 당시 나는 두 가를 병행하고 싶었지만, 하나님은 더 좋은 계획을 가지고 계셨다. 그때 한 목사가 나에게 이렇게 말했다. "매트, 언젠가 모든 일을 진심으로 감사할 날이 올 겁니다." 그때 나는 속으로 생각했다. '과연 그럴까? 정든 교회 식구들, 영적인 집, 사역 이 모든 것을 잃는데?' 나는 그 일로 상처를 입어 거의 죽을 지경이었고, 그 후로 6개월 동안 우울증과 싸워야 했다.

그때는 정말 감사한 마음이 전혀 없었다. 그러나 지금 뒤돌아보면서 깨닫는 것은, 하나님께서 내 앞에 예비하신 경주를 자유롭게 달리려면 그 모든 과정이 반드시 필요했다는 사실이다. 그보다 못한 것은 나를 향한 하나님의 뜻일 수 없었다. 그리고 내가 분노의 흔적을 마음에서 제거하고 하나님의 권위자들과 주님께서 내 삶에 허락하신 사람들을 존경했기 때문에, 어떤 것도 하나님의 축복을 가로막을 수 없었다.

항상 이것을 기억하라. 비록 원수가 당신의 삶에 고통과 파멸을 주려고 계획하고 애쓸지라도, 당신을 통해 성취하게 될 하나님의 과업은 그보다 훨씬 더 크다. 당신이 하나님께 순복하고 마음을 순결하게 지키며 상한 마음으로 주님을 예배한다면, 하나님은 당신에게 주님이 보시는 것과 같은 하늘나라의 관점을 주시고 삶의 여정을 즐기며 주님의 부활의 능력을 매일의 삶 가운데 경험하게 하실 것이다. 요셉이 감옥에서 풀려났던 것처럼, 당신 역시 자유케 되어 하나님께서 예비하신 모든 좋은 것을 누리게 될 것이다. 좋은 시련을 헛되게 하지 말라. 그리고 결코 원수가 당신의 영광을 빼앗아가지 못하게 하라!

인내의 능력
: 모든 것을 가능케 하는 비밀병기

내가 좋아하는 TV쇼 중 '아이처럼 머리를 써라'라는 탐정프로가 있다. 거기에 등장하는 첩보원 86호는 언제나 그가 감당하기에는 너무나 큰 도전과 마주쳤다.

첩보원 86호와 마찬가지로 당신은 하나님의 비밀정보원이고, 당신의 과업은 세상을 혼돈으로부터 구원하는 것이다. 당신이 만일 이 과업을 수행하기로 선택한다면, 엄청난 도전을 받을 것이다. 그러나 하나님은 이 과제를 수행하는 데 필요한 비밀무기를 제공하신다.

하나님의 능력으로 충만한 남다른 삶을 산다는 것은 항상 평탄하고 시련이 없다는 것을 의미하지 않는다. 삶에는 항상 올라갈 때와 내려갈 때가 있다. 올라갈 때는 좋다. 그렇지만 참으로 궁극적인 성취는 인생의 내리막길에서 어떻게 하느냐에 달려있다. 우리에게 주어진 비밀병기, 즉 인내에 숨겨진 능력을 배울 수 있다면, 그 어느 것도 우리가 하나님의 과업을 성취하지 못하도록 억압하거나 가로막지 못한다.

제인은 그녀의 남편이 힘겹게 마지막 숨을 몰아쉬고 있는 동안 그 자리에 의식을 잃고 쓰러져 있었다. 바로 몇 시간 전만 해도 모든 것이 너무나 평온했다. 그녀는 일과를 마치고 집에서 편히 쉬고 있었고, 남편 댄은 창고에서 몇 가지 남은 일을 하고 있었다. 그날은 화창한 여름날이었다. 태양이 따사로이 비추고 새들은 아름답게 노래했다. 아이들이 마당 한편에 있는 스프링쿨러 사이에서 노는 소리가 들렸다. 그런데 갑자기 뭔가 불안한 느낌이 그녀의 명치를 쳤다. 이유를 알 수 없었던 그녀는 소파에서 일어나 아이들이 잘 있나 확인하기 위해 창가로 걸어갔다. 그들은 아무 걱정 없이 웃으며 놀고 있었다. 그녀는 안도의 숨을 내쉬면서 소파에 가서 앉았다. 그러나 불길한 느낌은 여전히 그녀를 떠나지 않았다.

시간이 조금 지나자 갑자기 남편 생각이 났다. 그녀는 서둘러 창고로 향하는 현관으로 걸어 나갔다. 모든 것이 조용하고 평안한 듯하였다. 창고가 있는 쪽으로 돌아서면서 그녀는 남편의 이름을 불렀다. "댄?" 아무 소리도 없이 무거운 침묵이 흘렀다. 잠시 후 그녀의 눈에 어렴풋이 댄의 팔이 보였다. 눈을 비비고 다시 살펴보니 댄은 창고 바닥에 쓰러져 있었다. 그녀는 댄에게 달려가 그의 이름을 불렀다. 그의 옆에 무릎을 꿇은 그녀는 한 팔로 그의 머리를 받치고 다른 팔로는 그를 안아 일으켰다. 눈물을 뚝뚝 떨어뜨리면서 댄은 마지막 숨을 몰아쉬고 있었다. 그러고 나서 그는 떠났다. 영원히 돌아오지 못할 곳으로 가버렸다. 아내와 두 아이들을 남겨놓고, 상실과 고통이라는 메울 수 없는 커다란 구멍을 남겨놓고 말이다.

이런 상실의 시나리오는 다양한 방식으로 펼쳐질 수 있다. 인생은 항상 우리가 계획한 대로 진행되지 않는다. 삶이 우리에게 예상치 못한 공을 던질 때 어떻게 할 것인가? 대부분 우리는 계속 헛방망이질만 한다. 우리가 멈추거나 포기하면 그것으로 끝이다. 나는 일찍부터 주어진 환경을 우리 힘으로 통제할 수 없다는 것을 알았다. 불행한 일이지만 어쨌든 우리는 환경에 자신을 맡기게 된다. 대부분의 사람들이 그렇다. 그들은 삶이 던지는 느낌에 따라 쉽사리 변하는 감정에 떠밀려 다닌다.

그러나 하나님께서 능력과 힘을 주시면, 우리는 아무리 거대한 난관이라도 극복할 수 있다. 힘없이 당하기만 하는 희생제물이 되는 것이 아니라, 우리는 어떤 도전도 성공적으로 딛고 일어설 수 있는 용맹스런 전사가 된다. 인내는 놀랍도록 풍성한 삶을 여는 가장 위대한 열쇠 중 하나다. 인내는 궁극적인 삶의 목표에 이르게 하고, 당신 안에 있는 영웅이 풀려나게 한다.

결코 포기하지 말라!

"결코 포기하지 말라! 결코! 결코! 결코 포기하지 말라!" 이 말은 오늘까지도 나의 마음과 생각에 메아리치고 있다. 모교의 총장이었던 벤자민 크랜돌 박사가 목사 안수식에서 윈스턴 처칠의 말을 인용하여 한 이 말은 마치 천둥소리 같은 강력한 울림이 되었다. 그 말은 그 후 나의 길을 비추는 빛이 되었다. 살면서 삶이 포기하고 싶은 수많은 순간들로 점철되어 있다는 사실을 알게 되었다. 안전지대에 안주하는 것은 쉽다. 그러나 계속 전진하려면 우리에게 용기와 능력이 필요하다.

가까운 친구이자 영적 아버지인 믿음의 거장 짐 골은 극도로 어려운 시련을 통과해야 했다. 보통 우리가 하나님을 섬기며 올바로 살면 삶은 항상 형통할 것이라고 생각한다. 그러나 삶은 완벽하지 않으며 주님께서 때로는 매우 힘든 일들을 겪게 하실 때도 있다는 것을 우리는 깨닫는다. 그러나 한 가지 확실한 것이 있다. 그것은 바로 하나님께서는 항상 시련이 변하여 유익이 되게 하시고, 그 과정에서 주님의 완전한 계획을 성취해 가신다는 것이다.

짐과 그의 아내 미쉘 앤은 암으로 무척 힘든 시련을 겪었다. 그들은 동시에 암과 싸웠는데, 앤은 한 번도 하나님을 믿고 의지하는 것을 멈추지 않았고 짐도 마찬가지였다. 한 집회에서 예배하던 중 한 사람이 짐에게 걸어오더니 파란 봉투에 든 카드 하나를 건네주면서 말했다. "이것은 당신의 부인이 전하는 메시지입니다." 그는 봉투를 서둘러 열어 카드의 표지에 쓰인 글을 읽었다. "결코, 결코, 결코, 결코 포기하지 마시오. 윈스턴 처칠." 그는 안쪽에 있는 글을 미처 읽지 못하고, 카드를 봉투에 다시 넣어 성경책 속에 넣어 두었다.

짐이 집회를 마치고 집에 돌아와 보니 그의 아내는 벌써 죽음을 앞둔 채, 매우 깊은 잠에 빠져 있었다. 그는 사랑하는 사람과 함께 마지막 밤을 지냈다. 간병인이 방에서 나갔고, 그는 아내와 함께 둘이서만 그 밤을 보냈다. 새벽 3시 30분에 잠에서 깬 그는 침대 옆에 무릎을 꿇었다. 그는 자신의 손을 그녀의 심장에 대고 말했다. "여보, 당신이 내게 할 마지막 한 마디가 있다면 듣고 싶소." 아내는 아무런 반응이 없었고, 그는 그녀를 위해 기도한 후 주님께 올려 드렸다. 아내를 안고 한참을 울고 난 짐은 그녀를 주님께 보냈다.

가족과 친구, 가까운 지인들과 함께 장례예배를 드리고 3주가 지난 후, 그는 한국에서 열린 집회에서 사역을 하였다. 비록 매우 힘든 시간이었지만, 그는 주님을 섬기기로 한 결단에 충실히 헌신하고 있었다. 한국에 머물던 중, 아내가 죽기 전에 한 사람을 통해 전해 준 카드에 대한 꿈을 꾼 그는 그때의 기억을 떠올렸다. 그리고 그날 카드의 안쪽을 한 번도 읽지 않았다는 것을 깨달았다. 아내가 카드에 뭐라고 썼을까?

카드의 바깥쪽에 적힌 말은 그녀가 우리 모두에게 하고 싶은 말이었다. 그러나 안쪽에는 남편 짐과 네 자녀에게 남긴 메시지가 있었다. 바깥쪽에는 이렇게 적혀 있었다. "결코, 결코, 결코, 결코 포기하지 마세요." 그리고 안쪽에는 "나는 결코, 결코, 결코, 결코 당신 응원하기를 포기하지 않았어요"라고 적혀 있었다. 이것이 사랑하는 남편에게 남긴 마지막 말이었다. 이 땅에 있든지 저 하늘에 있든지, 그녀는 언제나 그를 응원할 것이다. 그는 이와 같은 아내의 마지막 격려를 결코 잊지 못할 것이다.[1]

아내를 먼저 보낸 지 얼마 되지 않아서 짐은 암이 완치됐다는 진단을 받았다. 그는 영원의 이쪽에서 치유 받고, 미쉘 앤은 저쪽에서 치유 받은 것이다.

환경이 어떠하든지, 어떤 곤경을 만나든지 하나님은 우리가 우리의 경주를 끝까지 달리기를 원하신다. 우리는 결코 포기해서는 안 된다. 미쉘 앤이 항상 그녀의 남편을 응원했던 것처럼, 하나님은 항상 우리를 응원하고 계신다. 당신은 승리자의 편이다. 이 중요한 사실을 당신은 결코 잊어서는 안 된다.

나는 프랭클린 루즈벨트가 한 말을 좋아한다. "당신이 잡고 올라간 로프의 끝까지 다 간 후에는 매듭을 하나 묶어 아래로 늘어뜨려라."[2]

역사 속의 수많은 위대한 인물들은 살면서 극도의 시련과 실패와 좌절을 만났다. 그들은 다른 사람들의 가슴 아픈 비판을 참아냈다. 그들은 "너는 사람 노릇을 못하고 아무 일도 못할 것"이라는 말을 들을 때에도 믿음을 붙들고 자신의 마음을 신뢰해야 했다. 겉보기에 보잘것없어 보이는 사람들 중 어떤 이들은 인내 하나로 가장 놀라운 일들을 성취했다! 그들은 아무리 어려워도 포기하기를 거부했다. 그들이 아무리 여러 번 넘어지고 실패했을지라도, 그것이 그들을 패배시키지 못했다. 반복되는 실수에도 불구하고 그들은 멈추지 않았다. 인내하고 또 인내하면서 그들은 삶의 부정적인 요소들을 급진적인 성취를 위한 디딤돌로 바꿀 수 있었다.

하나님, 언제입니까?

만일 당신이 매우 큰 비전을 가지고 있는데, 생각만큼 그 일이 그렇게 빨리 성취되지 않으면 자신이 품었던 생각을 의심할 수 있다. 처음 사역을 시작하면서 나는 5년 동안 부목사로 섬겼다. 헌금을 계수하고, 질병 때문에 힘들어하는 성도들을 심방하고, 어린이 교육을 담당하는 등 여러 가지 일들을 맡았다. 그리고 시간이 지나면서 하나님은 나에게 능력으로 기적을 일으켜 체육관을 가득 채운 사람들을 치유하는 비전을 주셨다. 그러나 내가 있는 자리에서 이런 비전을 이루는 데는 한계가 있었다. 다윗이 아둘람 굴에서 지내던 때처럼, 내게는 설교할 기회도 별로 없었고 내 속에 가득한 가능성은 크게 제한을 받고 있었다.

당신이 가진 비전이 표현되거나 드러날 수 없으면 삶은 그렇게 느껴질 수 있다. 그러나 이때야말로 새로운 계절로 들어서기 위한 인내가 절실히 필요한 시기다. 새로운 계절을 기다리는 시간은 당신의 비전이 성취되기 바로 직전의 시간이다. 그때에는 모든 시험과 시련이 몰아치며, 좋은 일도 나쁜 일도 수없이 일어날 수 있다. 그러나 한 가지 확실한 사실은, 하나님께서는 그 모든 것을 사용하셔서 선이 되게 하시고 당신의 삶을 통해 그분의 목적을 성취하신다는 것이다.

어느 날 나는 하나님께 놀랍게 쓰임 받고 있는 한 젊은 전도자에 대한 소식을 접했다. 그의 사역에는 기적이 넘쳐났고, 더불어 그의 이름도 널리 알려졌다. 나는 신문을 통해 그를 통하여 하나님께서 하고 계신 일들을 볼 수 있었다. 당신의 삶에 큰일을 행하실 하나님을 믿고 기대하는데 당신에게는 어떠한 일도 일어나지 않고, 대신 다른 사람은 놀라운 축복을 받는 것을 인간적인 생각으로 바라보면 그다지 기분이 좋지만은 않을 것이다. 그것은 정말 매우 큰 시험이다.

나는 소파에 풀썩 주저앉아 하소연했다. '하나님, 왜 그러시나? 왜요? 도대체 언제까지인가요? 언제요?' 나는 매우 낙심이 되었다. 하나님은 왜 그는 축복하시고 나는 이렇게 초라하게 두시는 걸까? 그것은 전혀 공평해 보이지 않았다. 그렇다. 삶은 항상 공평한 것만은 아니다. 우리는 언제나 우리가 원하는 때에 원하는 것을 얻는 것은 아니다. 그러나 다른 사람들이 축복을 받을 때 기뻐하는 법을 배울 수 있다면, 우리의 때도 곧 올 것이다. 나는 경험을 통하여 이것을 배웠다. 우리는 다른 사람들의 성공과 축복을 보고 낙심하면서, 하나님 안에서 즐거워하지 못하고 너무나 많은 시간을 낭비한다. 이것은 부인할 수 없는 사실이다. 이제는 다른 사람들의 축복을 기뻐하라. 그러면 곧 당신의 때도 도래할 것이다.

삶이 어려워 보이더라도 나는 결코 포기하지 않는다. 문이 생각만큼 빨리 열리지 않았지만, 나는 계속 두드렸다. 치유의 역사가 일어나지 않았지만, 나는 계속 기도했다. 그리고 인내는 결국 보상을 받았다. 현재 하나님의 능력이 놀랍게 풀어져 수천의 사람들이 치유 받고 그분의 약속이 성취되는 것을 볼 수 있게 한 것이 바로 인내였다.

나는 이 단순한 교훈을 어두운 밤, 현관문을 여는 순간 깨달았다. 잠긴 문을 여는 열쇠는 가끔씩 열쇠고리의 맨 마지막에 있다. 간혹 문을 어떻게 열어야 할지 전혀 알 수 없을 때가 있다. 그러나 계속해서 열려고 시도하다 보면 결국 당신의 인내는 보상을 받을 것이다.

한 번에 한 계단씩 오르라

목표에 도달하기까지 언제나 완벽할 수는 없다. 당신은 다만 인내해야 한다. 당신이 가는 길에 어떤 일이 생기든지 절대 포기하지 말아야 한다.

누군가 이런 말을 했다. "산을 한 번에 넘는 사람은 아무도 없다. 당신을 넘어지게 하는 것은 작은 조약돌이다. 당신이 가는 길에 놓인 모든 조약돌들을 지나가라. 그러면 결국 오르고자 하는 정상에 이를 것이다." 살면서 우리를 낙심시키는 것은 알고 보면 매우 작은 일들이다.

바울은 삶의 끝자락에서 이렇게 말했다. "나는 선한(가치 있는, 명예로운, 고귀한) 싸움을 싸우고 나의 달려갈 길을 마치고 믿음을 지켰으니(굳건히 붙잡았으니)"(딤후 4:7).

삶은 때때로 치열한 싸움이다. 그러나 아무리 힘들더라도 결코 포기하지 않는다면, 당신이 가야 할 결승점까지 완주하게 될 것이다. 당신이 가진 능력의 근원을 잊지 말라. 때때로 당신은 스스로 매우 약하고 지쳤다고 느낄 수도 있다. 심지어 바닥까지 소진되었다고 느낄지도 모른다. 이럴 때 당신이 할 수 있는 최선의 일은, 하나님 앞에 나아가 그분의 말씀과 임재로 당신이 강해지도록 내어맡기는 것이다. 당신은 날마다 그렇게 해야 한다.

한 번에 그 순간에 꼭 필요한 기도를 드려라. 그러면 당신은 경주를 무사히 마치게 될 것이다.

인내는 당신에게 힘을 주어 경주를 끝까지 힘있게 마칠 수 있게 한다. 문제는 출발을 어떻게 하느냐가 아니라, 어떻게 마치느냐에 있다. 대부분의 사람들이 출발할 때에는 아무 문제가 없다. 그러나 결승점을 통과할 때, 챔피언과 나머지 사람들 사이에는 극명한 차이가 있다.

1933년, 첫 번째 연기 오디션을 마친 프레드 아스테어(20세기에 활동한 미국의 유명한 안무가이자 배우로 76년간 31개의 뮤지컬 영화에 출연하여 위대한 남자배우 5위에 선정되기도 함 - 편집자 주)는 영화사의 시험관으로부터 메모를 전달받았다. 거기에는 '배우가 될 수 없음, 노래를 할 줄 모름, 약간 대범하며 댄스를 조금 할 줄 앎'이라고 적혀 있었다. 그는 메모를 버리지 않고 집으로 가지고 가서 잘 보관했다.

아스테어는 언젠가 이렇게 말했다. "당신이 만약 실험을 하고 있다면, 자신이 원하는 것을 선택하기 전에 다양한 것들을 시도해 보아야 한다. 그때까지 당신은 아무것도 얻지 못하고 기진맥진해질지도 모른다." 그런데 인내에 대한 보상이 여기에 있다. "높이 오를수록 당신은 더 많이 실수할 수 있다. 실수할 만큼 다 하고 나서 정상에 섰을 때, 사람들은 그것이 당신의 스타일이라고 말할 것이다."[3]

많은 사람들이 시작은 잘 하지만, 달려가다가 어느 순간엔가 그들의 눈이 하나님과 자신의 목표를 벗어난다. 그들은 자신과 자신의 가치, 그리고 자신을 거기까지 이끌어준 원리에 주목하지 않는다. 의로운 것에 주목하지 않고 자신의 신념을 놓아 버리면, 쉽게 곁길로 빠져 결국 당신을 향한 하나님의 최종적인 목표에 이르지 못하게 된다. 곁길로 빠지지 말라. 당신이 출발했던 길을 벗어나지 말고 끝까지 달려가라.

내가 제일 잊지 못하는 추억 중 하나는 가족과 함께한 도보여행이다. 아버지와 어머니와 나, 우리 세 식구는 등에 배낭 하나를 지고 옆구리에 물병을 찬 채, 여러 날 황무지를 걸었다. 우리는 깊은 숲속을 헤치고 거친 산악지대를 오르내리며 여행을 했다. 보통 그것은 매우 재미있고 흥미로운 모험이었지만, 내가 결코 잊을 수 없는 사건이 하나 있다. 그날 나는 '서프린'SUFFRIN이라고 쓴 이정표를 주의해서 봤어야 했다. 그 말은 고통suffering이라는 말과 발음이 무척 비슷하다. 그렇지 않은가? 맞다. 나는 거기까지 하루만 가면 되리라고 생각했다.

7월 중순, 뉴욕의 날씨는 무덥고 눅눅했다. 20킬로그램 무게의 배낭을 지고 땀을 뻘뻘 흘리며 하루에 8시간을 걷기에는 별로 좋지 않은 날이었다. 그러나 감사하게도 아버지에게는 지도가 있었다! 그리고 그 지도에는 우물이 있는 곳들이 표시되어 있어서 우리는 그곳에 가서 물통을 채울 생각이었다. 그러나 우리가 우물에 도착할 때마다 더위에 물이 말라 있었다. 물이 단 한 방울도 없었다! 이틀 동안 걸어갔기 때문에 되돌아올 수도 없었다. 우리는 그저 앞으로 걸어갈 수밖에 없었다.

나는 줄곧 앞장서서 나무 위에 놓인 파란색의 작은 표시들을 따라갔는데, 갑자기 그 표시들이 보이지 않았다. '어, 어디로 갔지?' 당황한 나는 전후좌우를 둘러보았지만, 아무 표시도 없었다. 매우 주의를 기울여서 길을 걸었기 때문에 나는 절대로 곁길로 빠지지 않았다고 확신했다. 내가 둘러보지 않은 길이 있다면 위쪽뿐이다. 지도를 확인한 우리는 아버지가 선택한 코스가 베테랑 여행가들이 즐겨 찾는 매우 험난한 길이라는 것을 뒤늦게야 알았다. 우리는 그 정도 수준은 아니었는데 말이다! 로프와 케이블도 없이 우리는 다만 맨몸뿐이었다. 그것도 등산화도 아닌 보통 신발에 무거운 등짐까지 지고 있었다.

　유일한 해결책은 위로 올라가는 길밖에 없다는 것을 깨달은 우리는 20킬로그램의 무거운 배낭을 짊어지고 절벽을 오르기 시작했다. 오르는 내내 등에 매달린 무거운 짐이 우리를 절벽 아래로 끌어내리려 했다. 절반쯤 올라간 나는 얼마나 왔는지 확인했다. 방 안에 편히 앉아있는 사람은 당시 내 기분이 어떠했을지 전혀 이해할 수 없을 것이다. 발 아래에 펼쳐져 있는 나무들을 보는 순간, 나는 두려움과 공포에 사로잡혔다. 산기슭 벼랑에 얼어붙은 채 매달려 있던 나는 공포에 사로잡혀 비명을 질렀다. 어머니는 너무 무서운 나머지 신경질적으로 웃고 있었다. 우리 가족에게는 독특한 습성이 있는데, 그것은 바로 신경이 날카로워지면 웃는 것이다. 나는 이런 기이한 특성을 어머니에게서 고스란히 물려받았다. 반대로 아버지에게는 이런 면이 전혀 없고, 몇 마디 좋은 말씀을 하신다. 아버지가 큰 소리로 격려할수록 우리는 더 크게 웃었다. 산 절벽에 바짝 달라붙어 어머니와 나는 신경질적으로 웃고, 아버지는 맨 아래에서 소리를 질러댔다. 공포가 극에 달한 나는 예수님의 보혈의 능력을 선포하며 천사들에게 우리를 둘러싸 달라고 부르짖었다. 어머니는 말했다. "매트, 나는 너만 붙들고 있겠다."

　나는 이내 공포와 두려움을 극복하고 다시 위로 오르기 시작했다. 우리는 힘을 다해 계속해서 산 정상으로 올라갔다. 그렇게 힘겹게 절벽을 기어올라 우리는 가까스로 정상에 한 사람 한 사람 차례로 올라갔다. 나는 감격에 겨워 땅바닥에 엎드려 입을 맞추었다. 지금도 나는 그 여행을 결코 잊지 못한다. 사실, 그 뒤로 우리는 그 코스를 다시 가지는 않았다! 우리의 신조는 이렇다. "고난은 할 수만 있다면 피하라!"

삶은 언제나 우리가 어느 길로 가야 할지 선택할 수 있을 만큼 호사스럽지 않다. 우리는 종종 정상을 향하여 제대로 가고 있는지 의심하면서 절벽을 기어오르는 때가 있다. 때로는 깊은 골짜기에 빠지기도 한다. 이러한 순간 만약 우리에게 인내가 없다면 결코 여행을 끝까지 성공적으로 마칠 수 없을 것이다. 여기에서 내가 힘난한 코스를 통과했던 여행에서 배운 몇 가지 중요한 교훈을 소개한다.

1. 결코 뒤를 돌아보지 말라. 당신이 가야할 길만 계속 바라보라. 그러면 실수를 줄일 수 있다(창 19:26).

2. 잠잠하라. 그러면 하나님의 임재가 당신을 덮고 있음을 알게 될 것이다(시 91:4).

3. 아무리 상황이 절망스러워 보이더라도 인내하며 포기하기를 거절하면 희망은 항상 있다(잠 23:18).

4. 하나님은 어떤 상황에서도 어려움을 극복하는 데 필요한 지혜와 방법을 알려 주신다(행 17:11).

5. 당신이 출발한 지점으로 절대 돌아가지 않겠다고 결심하라. 대신 하나님께서 주신 높은 목표와 상급을 향해 계속해서 밀고 나가기로 선택하라(빌 3:14).

6. 당장 통과해야 할 시험과 시련의 순간들이 있을 수 있지만, 사람의 눈에는 언제나 한계가 있다. 시련은 영원하지 않으며 상황은 얼마든지 달라질 수 있다(시 30:5).

7. 결코 두려움 때문에 중단하지 말라. 당신의 마음을 위의 것에 고정하라. 그러

면 최종적인 목표를 향해 계속 밀고 나갈 용기를 하나님께서 주실 것이다(골 3:2-3).

8. 삶은 결코 예상하지 못한 방향으로 진행되고, 당신에겐 앞으로 나아갈 용기가 전혀 없다고 느낄 수도 있다. 그러나 기억하라. 당신이 약할 때 당신 안에 계신 주님은 강하시다(고후 12:10).

9. 어떤 일이 있어도 결코 웃음을 잃지 말라. 상황이 아무리 어려워도, 주님으로 인하여 기뻐하는 것이 우리의 힘이다. 웃을 수만 있다면, 적어도 당신은 행복하게 죽을 수 있다(느 8:10).

분투의 지점을 통과하라

포기하지만 않는다면, 당신은 돌파의 지점을 향해 치고 나아갈 수 있다. 나는 이것을 분투의 지점을 통과하는 것이라고 부른다. 보통 당신이 가장 큰 돌파를 경험하기 직전에 거대한 싸움이 있다. 나는 이것을 어머니가 치유받기 직전에 보았다. 치유미사에 참석하려고 성당에 가기 전까지 어머니의 상태는 거의 침상에서 나올 수도 없을 정도로 심각했다. 그러나 어머니는 죽을 힘을 다해 참석했고 그날 밤 온전히 치유되었다!

당신이 사방에서 밀려드는 영적인 압박에 눌리고 생의 가장 큰 영적 전쟁을 치르고 있다고 느낀다면, 기억하라! 당신의 돌파가 바로 눈앞에 있다. 그것은 당신의 문 앞까지 와 있다.

우리는 이 원리를 성경 어디에서나 찾아볼 수 있다. 이삭은 유업으로 받은 땅에서 새로운 차원의 풍성한 삶을 누리기 전에 이 분투의 지점과 마주쳤다. 창세기 26장에서 이삭이 유업으로 받은 땅에 씨를 뿌렸을 때, 하나님께서 크게 축복하셔서 그를 창대케 하셨다. 그가 모든 축복과 번영을 누렸지만, 하나님께서 그에게 주실 것은 아직 더 많았다. 하나님께서는 그를 더욱 풍성하게 하시기를 원하셨다. 그리고 하나님은 당신에게도 동일한 축복을 예비하셨다. 주님은 당신을 영광에서 영광으로 이끄시기를 원하신다.

그러나 원수는 이삭의 풍요를 빼앗으려 했다. 그러므로 다음 단계로 승진하려고 할 때, 우리는 이런 영적인 투쟁에 직면하게 된다. 원수는 결코 순순히 풍요를 누리도록 붉은 카펫을 깔아놓지 않는다. 이삭이 자기 땅에 계속해서 우물을 팠지만, 블레셋 사람들은 그것을 시기했다. 이삭은 첫 번째 우물을 '에섹'이라고 불렀는데, 그 뜻은 '다툼'이다. 두 번째 판 우물은 '싯나'라고 불렀는데, 그 뜻은 '대적함'이다. 그러나 이삭은 포기하기를 거부했다. 그는 그 땅이 자기의 소유임을 알았다. 그 다음 세 번째 우물을 '르호봇'이라고 불렀는데, 그 뜻은 '넓은 방'이다. 하나님은 이삭을 도우셔서 결국 분투의 지점을 돌파하게 하셨고, 그 땅에 열매를 맺을 수 있는 공간을 허락하셨다. 이삭이 계속 밀고 나아가며 포기하지 않았을 때, 그의 열매는 더 증가되었다. 이것은 당신의 이야기이기도 하다.

비밀병기를 지혜롭게 사용하라

자, 드디어 끝까지 왔다. 당신은 지금까지 잘 해왔다. 앞으로 하나님께서 당신에게 주신 사명을 성취해 갈 때, 비밀병기를 지혜롭게 사용하라. 인내는 당신 앞에 놓인 장애를 극복하게 하는 열쇠다. 당신은 충분히 감당할 수 있다. 나는 당신이 할 수 있다고 믿고, 하나님 또한 그러하시다. 주님은 우리가 죄와 싸울 때 함께하시는 참 좋은 동반자이시다. 주님과 함께 당신은 세상을 구원할 수 있다.

비전의 능력
: 미래를 현재로 앞당겨라

하나님께서 은혜 가운데 힘을 주셔서 과거의 문제를 다루고 모든 어렵고 힘든 상황을 견디게 하실 때, 주님은 당신을 그저 한 단계에서 벗어나게 하시는 것만이 아니라 새로운 차원으로 들어가게 하신다. 주님은 당신이 과거에서 벗어나 미래로 들어가게 하신다. 당신은 비전의 능력으로 소명의 자리로 나아갈 수 있다. 비전은 누군가가 당신에게 붙여준 모든 불명예스러운 호칭과 당신이 견뎌내야 했던 고통과 마주쳐야 했던 모든 불의를 뛰어넘을 수 있게 한다. 비전은 당신이 지나고 있는 현재의 순간을 넘어 장래의 목표와 부르심으로 돌진할 수 있도록 능력을 부여한다.

꿈을 크게 꿀 준비를 하라! 하나님은 당신이 지금보다 더 큰 비전을 품기 원하신다. 그것은 당신의 힘으로는 성취할 수 없는 것이다. 주님은 참으로 당신의 삶을 통하여, 그리고 당신 안에서 그분의 뜻과 계획을 온전히 이루셔서 영광 받기를 원하신다. 그것이 우리의 힘으로 성취하기에 불가능한 것일수록 주님은 그만큼 더 큰 영광을 받으신다.

이탈리아 르네상스 시대의 화가였던 미켈란젤로는 서양 예술사에 가장 큰 영향을 끼친 두 점의 그림을 그렸다. 로마에 있는 시스티나 대성당의 천장에 그린 '천지창조'와 제단 뒤 벽에 그린 '최후의 심판'이 바로 그것이다. 그 외에도 수많은 명작을 남긴 미켈란젤로가 이런 말을 했다. "대부분의 사람들이 지니고 있는 가장 큰 위험은, 목표가 너무 높아서 거기에 미치지 못하는 것이 아니라 목표가 너무 낮아서 쉽게 달성하는 데 있다."[1] 그는 주어진 능력 이상으로 자신을 높일 수 있는 비전을 갖는다는 것이 어떤 것인지를 잘 알고 있었다.

비전은 하나님께서 허락하신 모든 충만함 가운데 들어가는 데 있어서 없어서는 안 될 필수적인 요소이다. 당신이 바라보는 방향은 앞으로 당신이 살아갈 길을 결정한다. 어떤 사람들은 과거라는 진구렁에 빠져 옴짝달싹도 못한다. 그들은 부정적인 관점으로 자신의 마음에 들지 않는 것과 다른 사람들이 잘못하는 것에만 주의를 기울인다. 자신의 한계와 약함, 무능에 초점을 맞추는 그들은 다른 사람들의 행동과 눈에 보이는 환경, 그리고 하나님께서 원하시는 방향으로 전진할 수 없는 이유가 무엇인지에 더 많은 관심을 기울인다. 그들은 항상 자신이 왜 옛 방식을 반복하는지 변명한다.

우리는 매일매일 참으로 충만한 삶을 살기 위해 삶의 비전, 그것도 하나님께서 주신 비전에 사로잡혀야 한다. 비전은 삶의 목적을 생산한다. 그것은 배후에서 우리를 밀어주는 힘이다. 비전이 없으면 백성은 망한다(잠 29:18). 비전은 당신이 앞으로 전진할 수 있게 하며, 당신의 삶을 향한 하나님의 뜻을 성취하게 한다. 당신이 자신의 미래를 어떻게 보는지 알려면 비전을 보면 된다. 모든 위대한 업적과 성취는 하나의 비전과 꿈에서 시작된다. 비전은 당신에게 능력을 주어서 세상을 변화시키는 사람, 열방을 뒤흔드는 사람이 되게 한다. 비전은 당신으로 하여금 오늘의 한계 너머를 볼 수 있게 하며, 당신의 힘으로는 불가능한 일을 성취할 수 있는 능력을 준다.

비전을 가진 사람에게는 자신의 삶을 향한 하나님의 뜻을 볼 수 있는 능력이 있다. 육신의 눈으로 보는 것 그 이상을 볼 때, 눈이 열려 당신이 앞으로 어떤 사람이 되고 어떤 일을 성취할 수 있을지 그 가능성을 알게 된다.

비전은 단계적이다

비전은 단계적으로 온다. 하나님은 때때로 그분의 계획을 우리에게 한 번에 하나씩 보여주신다. 내가 대학에서 의사가 되려고 공부하고 있을 때, 하나님께서 나를 전임사역자로 부르셨다는 뜻을 계시하셨지만 구체적인 방향은 알 수 없었다. 주님은 큰 방향에 대한 비전을 주셨지만, 아브라함과 같이 나는 어디로 가야할지 온전히 알 수는 없었다. 다만 한 걸음씩 나아가면서 주님께 순종할 때, 비전은 계속 펼쳐졌다.

그렇게 계시를 통해 하나님은 사역을 위해 준비하고 훈련하며 말씀의 기초를 든든히 쌓을 수 있도록 신학교에 들어가는 길을 보여주셨다. 4년 동안 집중적으로 성경을 공부하고 난 후, 하나님은 나의 고향 교회에서 한 부서를 담당하는 목사로 사역하는 길을 열어주셨다. 4년 동안 목회하며 많은 지식과 경험을 쌓고 나자, 하나님은 나에게 초자연적 기적과 잃어버린 영혼의 구원에 대한 비전을 주셨다. 그러자 나에게 이 비전을 품고 세계를 여행하며 하나님의 말씀을 전하고 대중 가운데 주님의 능력이 나타나는 것을 보고 싶은 새로운 열망이 생겼다. 나의 걸음에 방향을 제시하고, 미래를 향해 올바로 이끌어 준 것은 바로 이 비전이었다.

비전에는 모험이 따른다

비전을 품는다는 것은 위대한 일이다. 그러나 비전을 품고만 있다면, 그것은 한낱 허망한 백일몽에 불과할 뿐이다. 전구를 발명한 토마스 에디슨은 그것을 이렇게 표현했다. "성취되지 않은 비전은 망상이다."[2]

비전은 비전으로 머물러 있어선 안 된다. 그것은 행동을 통하여 성취되어야 한다. 그러므로 비전의 최대 원수는 미루는 버릇이다. 하나님께서 수많은 비전을 주셨지만, 우리는 그것을 그저 품고만 있지 않았는가? 위대한 비전을 품은 사람들에게는 항상 그 비전을 실행할 기회가 주어진다. 하나님께서 주신 비전에 대해 믿음으로 반응하며 발걸음을 떼어 놓을 때마다, 나의 행동이 하나님의 손을 움직여서 새로운 문이 열리는 것을 발견한다. 만약 그렇게 하지 않았으면 그 문들은 여전히 닫혀 있었을 것이다.

하나님께서 처음 나에게 순회사역을 시작하라고 말씀하셨을 때, 내게는 어떤 문도 열려져 있지 않았다. 나는 다만 하나님께서 주신 비전을 품고 있었을 뿐이다. 그러나 신실하신 하나님은 여러 가지 방법으로 나에게 그분의 뜻을 확인시켜 주셨다. 이것은 내가 모험을 하는 데 필요한 용기를 주었다. 나는 안전지대를 떠나는 선택을 해야 했다. 순회사역을 시작하려면 부목사라는 지위를 내려놓아야 했다. 나는 안정적인 수입을 포함하여 모든 것을 뒤로 해야만 했다. 사실 그것은 매우 두려운 일이었다. 비전은 나를 소명의 자리로 몰아갔지만, 그 사이 나는 기쁘게 모험해야만 했다.

나는 몇 가지 이유에서 확신을 가지고 그러한 모험을 감행할 수 있었다. 첫째로, 하나님께서 분명히 내게 말씀하셨고 몇몇 지도자들의 조언을 통하여 주님의 말씀을 확증해 주셨다. 그러므로 나는 내 생각대로 움직이지 않고 순종과 믿음으로 발걸음을 옮길 수 있었다. 나는 또 하나님을 믿는 확고한 신뢰와 믿음으로 모험을 감행할 수 있었다. 나는 하나님께서 언제나 나를 돌보고 계시다는 것과 내가 주님의 뜻 안에 있기만 하면 모든 것은 주님의 완벽한 계획 안에서 진행되리라는 것을 알았다.

목회를 내려놓기 전에도 내게는 거리에서 설교할 기회가 여전히 주어지지 않았다. 하루는 마지막 병원 심방을 마치고 휴게실을 지나 밖으로 걸어 나가는데 다른 지역에서 온 목사와 마주쳤다. 내가 그를 만난 것은 3년 전 일이었는데도 그는 나를 알아보았다. 그는 내게 인사를 하며 이렇게 물었다. "요즘 어떻게 지내시나요? 뭐 새로운 일이라도 있나요?" 잠시 이런저런 이야기를 나누다가 나는 그에게 말했다. "저, 목사님, 사실 저는 지금 거리에 다니면서 사역하고 있습니다." 그것은 내 믿음의 고백이었다. 그는 나를 뚫어지게 보더니 이렇게 말했다. "우리 교회에 오셔서 설교해 주실 수 있겠습니까? 꼭 교회 사무실로 연락하세요. 한번 날짜를 잡아보겠습니다. 언제가 좋겠습니까?" 나는 "다음 주간에요"라고 말했다. 그렇게 해서 전도자로서 나의 첫 번째 문이 열렸다. 하나님은 그 후에도 계속해서 문을 열어주셨다.

나는 다양한 경험을 통해 하나의 문이 닫히면 하나님께서 항상 나를 위해 더 좋은 문을 열어놓고 계시다는 것을 배웠다. 알렉산더 그레이엄 벨은 이렇게 말했다. "하나의 문이 닫히면 다른 문이 열린다. 그러나 우리는 닫힌 문을 바라보다가 우리를 위해 열려 있는 문을 보지 못한다."[3] 우리가 상실감에 너무 집중한 나머지 하나님이 주신 기회를 놓치지 말아야 한다.

이것은 매우 중요한 일이다.

비전은 하나님께서 뜻하신 곳에 이르기까지 모든 과정 가운데 인내할 수 있는 힘을 준다. 이것이 비전이 주는 놀라운 능력이다. 그 길은 언제나 평탄하지는 않지만, 비전은 힘들 때마다 당신을 계속 이끌어준다. 예수님도 그러셨다. 예수님께서 십자가를 참으실 수 있었던 것은 그분만이 아시는 기쁨 때문이었다. 주님의 마음에는 인간을 하나님과 다시 화목케 하시고자 하는 비전이 있었다. 이 비전을 통해 주님은 능력을 공급받아 그분의 삶을 향한 하나님의 목적을 성취할 수 있었다. 비전은 당신이 바른 방향으로 계속 전진하게 한다. 비전을 통해 당신은 목적지까지 가는 동안 수많은 희생을 감수할 충분한 열정을 공급받는다.

당신의 눈은 어디를 향하고 있는가?

살면서 앞으로 나아가기 위해 뒤를 돌아보아야 할 때가 있다. 분명 고통스럽고 추했던 과거와 대면해야 할 때가 있지만, 언제까지나 거기에 머물 수는 없다. 하나님은 당신이 과거에 사로잡혀 살기를 원치 않으신다. 하나님께서는 내가 주님의 능력과 연결되어 세상을 변화시키는 그릇으로 준비되기를 원하셨다. 이를 위해 하나님은 먼저 과거로 인한 고통스러운 문제들을 다루셔야 했다. 그때 나는 뼈저리게 반성하며 과거에 직면하는 아주 힘든 시간을 통과해야 했다. 그러나 나는 그 자리에 언제까지나 머물 수는 없었다. 계속해서 그런 부정적인 요소들을 가지고 살 수는 없었다. 이것이 패배자와 승리자의 차이다. 패배자는 끊임없이 과거에서 벗어나지 못하는데, 그로 인해 그들은 결과적으로 혼돈된 삶을 살게 된다. 그러나 승리자는 당장 눈앞에 놓인 고통을 직면하고 그것을 뚫고 앞으로 전진한다. 결과적으로 승리자는 그들의 비전을 지나간 과거에도, 현재에도 두지 않는다. 승리자는 그들이 지향하는 푯대와 하나님께서 모든 것을 사용하셔서 그들의 삶을 선하고 영광스럽게 하실 것만을 바라본다.

창세기 13장 14-15절에서 하나님은 아브라함에게 이렇게 지시하셨다. "롯이 아브람을 떠난 후에 여호와께서 아브람에게 이르시되 너는 눈을 들어 너 있는 곳에서 북쪽과 남쪽 그리고 동쪽과 서쪽을 바라보라 보이는 땅을 내가 너와 네 자손에게 주리니 영원히 이르리라."

아브라함은 그가 서 있는 곳에서 앞으로 하나님께서 인도하실 곳을 바라보아야 했다. 그는 현재 자신의 나이와 서 있는 땅과 환경에서 눈을 돌려 그가 가야 할 곳을 바라보았다. 당신의 삶은 당신이 무엇을 보느냐에 따라 결정된다. 나는 당신에게 묻고 싶다. 당신은 지금 무엇을 보고 있는가?

아브라함은 하나님 안에 있는 자신의 삶을 매일 밤 생각했을 것이다. 창세기 15장에서 하나님은 아브라함을 밖으로 데리고 나가셔서 그에게 하늘의 별들을 세어보라고 하신 후, 이렇게 말씀하셨다. "네 자손이 이와 같으리라"(5절). 아브라함은 하나님의 말씀을 믿고 신뢰했다. 현재의 상황이 어떻게 보이든지 아브라함은 자신이 지금 주님이 약속하신 곳을 향해 가고 있다고 끊임없이 되뇌었다. 그는 수많은 무리의 아버지가 될 것이다. 그가 눈을 들어 별들을 바라볼 때마다 그는 자신의 미래를 보았다.

오직 비전을 바라보라

당신이 관심을 집중하는 것이 무엇이든지 그것이 삶 가운데 증가된다.

야곱의 삶은 이 진리를 보여주는 아주 좋은 사례라고 할 수 있다. 창세기 30장 25-43절에서 우리는 야곱이 어떻게 장인인 라반의 집을 떠나 새로운 삶을 살기 위해 준비했는지를 볼 수 있다. 그러나 라반은 야곱이 떠나는 것을 반대하며 그에게 품삯을 어떻게 지불하면 될지를 물었다. 그러자 야곱은 라반에게 품삯으로 양과 염소 중 얼룩무늬가 있거나 점 있는 것들을 달라고 요구했고, 이에 라반은 동의했다. 그날 이후로 라반이 야곱의 몫에 해당하는 것을 몰래 아들들에게 주어 야곱이 취할 수 있는 것은 아무것도 없었다.

그러나 하나님은 야곱에게 초자연적인 지혜를 주셨고 야곱은 그 지혜를 따랐다. "야곱이 버드나무와 살구나무와 신풍나무의 푸른 가지를 가져다가 그것들의 껍질을 벗겨 흰 무늬를 내고 그 껍질 벗긴 가지를 양 떼가 와서 먹는 개천의 물 구유에 세워 양 떼를 향하게 하매 그 떼가 물을 먹으러 올 때에 새끼를 배니 가지 앞에서 새끼를 배므로 얼룩얼룩한 것과 점이 있고 아롱진 것을 낳은지라"(창 30:37-39).

이야기는 창세기 30장 41-43절에서 이렇게 전개된다. "튼튼한 양이 새끼 밸 때에는 야곱이 개천에다가 양 떼의 눈앞에 그 가지를 두어 양이 그 가지 곁에서 새끼를 배게 하고 약한 양이면 그 가지를 두지 아니하니 그렇게 함으로 약한 것은 라반의 것이 되고 튼튼한 것은 야곱의 것이 된지라 이에 그 사람이 매우 번창하여 양 떼와 노비와 낙타와 나귀가 많았더라."

짐승들은 본 대로 잉태하고 낳아 야곱은 날로 번성했다. 무늬 있는 나뭇가지를 보았을 때, 그들은 점 있는 새끼를 낳았다. 원리는 아주 간단하다. 우리는 삶 가운데 비전으로 품은 것을 증가시키기 마련이다. 우리의 눈을 하나님의 선하신 약속과 목적에 고정하면, 그것이 바로 우리 삶 가운데 증가된다. 반대로 부정적인 것에 집중하면 우리는 부정적인 것을 증가시킨다. 그것은 사실이다. 부정적인 것들을 붙들고 살수록 당신의 삶은 점점 더 침체되고, 더 부정적인 방향으로 나아가게 된다. 당신이 자신의 연약하고 부족한 면에 시선을 고정시키면, 그런 것들이 더욱 증가된다. 다른 사람들이 당신에게 행한 잘못들을 붙잡고 살면, 당신의 마음에는 노와 분이 확대되고 증가된다. 당신이 과거에 받았던 상처들을 너무 오래 붙잡고 있으면, 피해의식과 패배감이 증대된다. 그러나 하나님의 비전에 주목하겠다고 결심하면, 당신은 주님의 약속들이 삶 가운데 성취되고 증가되는 것을 볼 것이다.

젊었을 때, 나는 하나님께 이렇게 말씀드렸다. "하나님, 저에게 우주의 비밀을 알려주세요." 그러자 하나님은 말씀하셨다. "그것은 나만이 알 수 있는 것이란다." 그래서 나는 말씀드렸다. "하나님, 그럼 저에게 땅콩의 비밀을 알려주세요." 그랬더니 하나님은 말씀하셨다. "잘했다, 조지야. 그것이라면 네가 알 만하다."4)
– 조지 워싱턴 카버

경건한 그리스도인이었던 조지 워싱턴 카버는 1864년 미주리에서 노예로 태어났다. 그의 삶은 하나님께서 주시는 비전의 능력을 보여주는 아주 좋은 실례다. 나는 카버 박사가 그의 연구실에서 엿새 동안 틀어박혀 있었다는 이야기를 읽었다. 그의 학생 하나가 카버에게 그곳에서 무엇을 하고 있느냐고 물었을 때 그는 이렇게 대답했다. "우리는 대답을 찾고 있지." "우리라고요?" 그 학생은 질문했다. 그랬더니 카버는 연구실에 있는 동안 한순간도 자기는 혼자가 아니었다고 설명했다. 하나님께서 언제나 그와 함께하셨기 때문이다. 하나님은 그에게 잉크, 아이스크림, 화장품, 빵, 염료, 비누, 사탕, 소시지, 기름 등 작은 땅콩을 가지고 300여 가지의 제품을 생산할 수 있다는 놀라운 사실을 보여주셨다. 후에 하나님께서 카버에게 주신 땅콩에 대한 비전은 엄청나게 확대되었고, 매우 어려운 시기에 남부에 사는 많은 사람들에게 일자리를 제공해 주었다. 족장 야곱과 같이 하나님은 카버의 비전 또한 증가시켜 주셨다.[5]

당신의 미래를 현재로 끌어당기라

나는 그동안 하나님의 시간표에 대해 다양한 가르침을 접했다. 어떤 것들은 하나님께서 주권적으로 그분의 시간표에 기록해 두셨다. 그러나 그렇지 않은 것들도 있다. 많은 경우 우리는 하나님께서 우리를 축복해 주실 때가 아니라고 믿기 때문에, 하나님께서 예비하신 축복을 다 누리지 못하고 산다. 그러나 하나님께서 당신의 미래에 주시려고 작정하신 것을 포함해서 비전이 실제로 당신의 미래를 현재로 끌어당길 수 있다는 사실을 알고 있는가? 비전은 당신을 앞으로 나아가게 할 뿐 아니라, 당신의 미래가 현재의 삶 가운데 역사하게 한다.

예수님이 갈릴리 가나 혼인잔치에 계실 때, 이러한 일이 일어났다. 주님이 잔치에 계실 때, 포도주가 떨어졌다. 예수님의 어머니 마리아는 이 소식을 듣고 주님을 돌아보며 말했다. "저들에게 포도주가 없다"(요 2:3).

주님께서 무언가 하실 수 있다는 듯, 왜 마리아는 이런 말로 예수님을 성가시게 해 드렸을까? 마리아의 말에 대한 예수님의 대답은 익살스럽기까지 하다. "여자여 나와 무슨 상관이 있나이까 내 때가 아직 이르지 아니하었나이다"(요 2:4).

예수님이 어머니 마리아에게 하신 말씀의 본래적인 뜻은 이렇다. "어, 왜 저에게 그런 말씀을 하시나요? 아직 제가 기적을 행할 때가 되지 않았는데요. 저의 능력이 아직 드러날 때가 아닌데요."

이에 대한 마리아의 반응은 더 재미있다. "너희에게 무슨 말씀을 하시든지 그대로 하라"(요 2:5). 그녀는 잔칫집 하인들에게 예수님이 어떤 말씀을 하시든지 그 말씀에 따르라고 지시한 것이다.

보통 어머니들이 그렇듯이 마리아는 예수님의 말을 완전히 무시했다. 그러나 이것은 다른 어머니들과는 전혀 다른 차원에서 나온 행동이었다. 마리아는 다른 사람에게는 없는 비전이 있었다. 그녀는 예수님이 하실 수 있는 것이 무엇인지 잘 알았고, 그것을 속으로만 간직하고 있을 수 없었다. 그녀의 비전은 결국 예수님을 기적의 현장으로 이끌었다. 그것이 비록 하나님께서 작정하신 때가 아니었지만 말이다.

마리아의 비전은 미래에 약속된 것을 현재의 순간으로 끌어당겼다. 그것이 바로 비전이 우리 삶 가운데 행하는 일이다. 만약 비전을 품는다면, 당신은 그것을 가질 수 있다. 비전은 당신의 마음에 능력을 주어서 지금 당장 하나님의 놀라운 능력에 초자연적으로 다가설 수 있게 한다. 비전은 하나님의 시간표를 앞당기고, 미래가 현재의 삶 가운데 이루어지게 할 수 있다.

제3부

능력을 풀어내라

Chapter 10 축복의 능력 : 은총의 통로

Chapter 11 기쁨의 능력 : 퍼뜨리라

Chapter 12 관대함의 능력 : 먼저 나누라

Chapter 13 사랑의 능력 : 혁명을 시작하라

축복의 능력 : 은총의 통로

　우리가 주체한 치유집회 기간 중, 한 예언사역자가 우리 선교회의 재정을 누군가 빼돌리고 있다는 사실을 주님께서 보여주셨다고 이야기해 주었다. 돈이 없어지고 있다는 것을 전혀 모르고 있었던 나는 그의 말을 듣고 깜짝 놀랐다. 솔직히 그때 나는 그가 잘못 들었을지도 모른다고 생각했다. 그 후 이사회는 바로 선교회의 정책을 조정하여 가능한 한 헌금이 바로 우리에게 들어오게 했다. 그의 말은 이사들로 하여금 어떤 조치를 취해야 한다는 생각을 하게 한 것이다. 나는 우리의 재정에 문제가 있다는 것을 전혀 알아채지 못했다. 처음 사역을 시작했을 때, 일주일에 들어오는 수입이 300달러도 안 되었다. 그런 일은 여러 해 동안 지속되었다.

　그러나 헌금을 우리가 직접 받기 시작하면서부터 놀라운 일들이 벌어졌다. 재정이 배가 되고 3배가 되고 심지어 4배로 늘어났다. 나는 왜 헌금이 그처럼 극적으로 증가되는지 이해할 수 없었다. 그 후에 이런 생각이 들었다. '내가 사역했던 몇몇 교회에서 우리의 재정을 관리하게 하면 어떨까?' 물론 그럴 수도 있다. 여러 해 동안 가깝게 지낸 이들 중 성품도 좋고 온전한 사람들이 몇 명 있는데, 나는 그들이 그 일을 하기에 합당하다고 믿었다. 그러나 때때로 우리의 재정이 새어나갈 가능성은 있다.

도둑맞은 돈

한 교회에서 사역하는데, 그날따라 하나님의 능력이 강하게 역사하여 하나님의 영광과 임재가 그곳에 충만하게 풀어지는 놀라운 축복이 있었다. 그 교회의 목사는 나에게 집회 중에 먼저 하는 헌금은 그 교회를 위해 쓰고, 나중에 하는 헌금은 우리 사역을 위해 쓰자고 제안했다. 보통 우리는 집회 때 헌금을 직접 거두는 편인데, 그 목사는 그들이 직접 하겠다고 했다. 나는 섬기는 마음으로 사역하기에 그 목사가 하자는 대로 했다. 나는 그 결정에 만족했고, 첫 번째 거둔 헌금으로 집회 경비를 충당할 수 있을 것이라 믿고 기대했다. 우리의 마음은 어떻게든지 그들을 섬기고 축복하는 데 있었다.

집회 후에 그 교회는 우리의 사역을 위해 들어온 헌금을 주었다. 처음 액수를 확인했을 때, 나는 아마도 착오가 있거나 아직 헌금이 다 집계되지 않았을 것이라고 생각했다. 나는 마음속으로 어쩌면 기대 이상의 많은 헌금이 들어올 것이라고 생각했다. 하지만, 그런 일은 없었다.

순간 나는 마음이 상했고 굳건했던 신뢰가 무너지는 것 같았다. 나는 그 목사가 우리의 헌금을 가져갔을 것이라고는 상상조차 할 수 없었다. 무엇보다도 모든 헌금이 우리의 사역을 위해 쓰일 것이라고 광고까지 한 후가 아니었던가? 내 안에 상처와 실망감이 먼저 일어났다. 만일 내가 나의 영혼을 절제하여 성령께 복종하지 않았더라면, 그런 감정들은 곧바로 불쾌감으로 번져 분노로 바뀌었을 것이다. 그러나 나는 그렇게 되도록 내버려 두어서는 안 된다는 것을 알았다.

그 문제를 두고 기도하면서 주님을 찾았을 때, 그분은 나에게 베드로전서 3장 9-11절을 보게 하셨다.

> 악을 악으로, 욕을 욕으로 갚지(꾸짖거나 야단치거나 호통치지) 말고 도리어 복을 빌라(그들의 평안과 행복과 보호를 위해 기도하고, 진심으로 불쌍히 여기고, 그들을 사랑하라) 이를 위하여 너희가 부르심을 받았으니 이는 (하나님으로부터 당신이 상속자로서 축복을 소유하고 또한 세상에 평안과 행복과 보호를 가져다주는) 복을 이어받게 하려 하심이라 그러므로 생명을 사랑하고 (겉으로 보기에는 어떠하든지) 좋은 날 보기를 원하는 자는 혀를 금하여 악한(배반하고 속이는) 말을 그치며 그 입술로 거짓을 말하지 말고 악에서 떠나 선을 행하고 화평(조화, 두려움과 걱정과 부도덕이 없는 평온함)을 구하며 그것을 따르라(단순히 하나님과 네 동료들, 그리고 네 자신과 평화로운 관계를 갈망하지만 말고 그것을 열심히 추구하라)

하나님은 의롭고 공평하신 분이라는 계시가 나의 영을 강타했다. 그 순간 내가 기도하고 그 목사를 위해 축복을 풀어 놓는다면, 그것은 나의 삶 가운데 하나님의 축복을 증가시키는 것이나 마찬가지라는 사실을 깨달았다. 나는 잃을 것이 전혀 없었다.

그러나 하나님의 축복을 진심으로 풀어 놓을 수 있기 위해서 나는 먼저 내 마음 중심에서 그를 용서하기로 선택해야만 했다. 내가 마음에 분노를 품고 있다면, 진실로 마음껏 축복할 수 없기 때문이다.

하나님의 축복을 상속받으라

베드로전서 3장 9-11절은 하나님의 능력과 축복 속에 사는 데 필요한 청사진을 우리에게 제공한다. 당신이 꾸지람을 듣고, 욕을 먹고, 모욕을 당하고, 크게 질책을 받을 때, 상대와 똑같이 악으로 반응하지 말라. 대신 축복으로 응답하라! 어떻게 그렇게 할 수 있을까? 그 사람이 받을 만한 자격이 없을지라도 그의 평안과 행복과 보호를 위해 기도하라. 육의 생각을 따라 반응하지 말고, 뒤로 물러나 여유를 가지고 그 자리를 피하라. 그리고 최선을 다하여 성령 안에 머물러 있으라. 그러면 당신은 축복을 풀어놓을 수 있다.

요한복음 10장 10절에서 예수님은 이렇게 선포하신다. "도둑이 오는 것은 도둑질하고 죽이고 멸망시키려는 것뿐이요 내가 온 것은 양으로 생명을 얻게 하고 더 풍성히 얻게(충만하게 흘러넘치노록) 하려는 것이라." 예수님은 우리에게 풍성함을 주시고, 우리가 주님의 축복과 선하심 가운데 충만한 삶을 살게 하시려고 오셨다. 예수님은 우리가 단순히 생존하는 것이 아니라 참된 삶을 살게 하시려고 죽으셨다. 참된 삶은 그리스도께 복종하여 우리를 해롭게 하고 학대한 사람들을 용서하고 축복할 때 시작된다. 더 많이 축복하면 할수록 당신은 더 많은 축복을 받을 것이다.

그리스도께서 당신에게 풍성한 삶을 주시려고 죽으셨다. 그 풍성함을 누리려면, 다음의 세 가지를 마음에 항상 간직하라.

1. 항상 사람들을 위해, 특히 당신에게 고통을 준 사람들을 위해 더 많이 기도하며 축복하라.

2. 입에서 악한 말이 나가지 않도록 조심하라. 원수의 악행에 요동하지 말라. 무슨 일이 있어도 화를 내지 말고, 상처를 주는 말이나 마음 아프게 하는 말, 부정적인 말, 협박하는 말이나 반박하는 말을 하지 말라.

3. 적극적으로 화평을 추구하라. 하나님과 다른 사람, 그리고 당신 자신과 화평하도록 노력하라.

하나님의 능력을 풀어 놓으라

우리와 다른 사람들의 삶에 하나님의 능력을 풀어 놓는 가장 중요한 방법은 바로 축복하는 것이다. 그리스도를 믿기 시작할 때 우리에게는 우리 자신과 다른 사람들의 삶을 축복할 수 있는 주님의 능력과 권위가 주어졌다. 이것이 무슨 뜻일까?

축복이라는 말은 '하나님께서 주셔서 우리를 행복하게 하는 특별한 호의, 선물, 또는 혜택'이라고 정의할 수 있다. 또 '악에서 지키시고 보호하시는 것, 하나님의 보호와 도우심을 받게 하는 행위'라고도 말할 수 있다. 또 다른 정의는 '인정하는 것'이다.1)

다른 사람을 축복할 때 우리는 하나님의 초자연적인 은총이 그들의 삶 속에 임하기를 기도한다. 축복할 수 있는 권위와 능력은 하나님으로부터 특별한 은사와 은혜, 유익과 보호, 공급을 우리 자신의 삶뿐만 아니라 주변 사람들의 삶에 풀어 놓는 능력이다.

왜 원수들을 축복하지 않는가?

하나님은 친구들이나 우리에게 잘 해주는 사람들만 축복하라고 우리를 부르지 않으셨다. 주님은 또한 우리의 원수들을 축복하라고 부르셨다. 누가복음 6장 28절에서 주님은 이렇게 말씀하셨다. "너희를 저주하는 자를 위하여 축복하며(또한 그들의 행복을 위해 기도하며) 너희를 모욕하는 자(너희를 욕하고 비난하고 헐뜯고 고압적으로 학대하는 자)를 위하여 기도하라(하나님의 축복과 은총을 간구하라)."

하나님께서는 왜 우리를 부르셔서 이렇게 하라고 하시는 것일까? 자, 중요한 이유는 그것이 주님의 마음을 나타내는 일이기 때문이다. 하나님은 모든 사람, 심지어 주님을 미워하는 사람까지도 사랑하신다. 주님은 우리 또한 그와 동일하게 행하라고 요구하신다. 그러나 주님은 매우 의롭고 공평하시다. 우리가 주님을 기쁘시게 하는 삶을 살면, 우리는 이런 경건한 행위에 대한 보상을 이 세상에서와 오는 세상에서 받는다. 그러므로 우리를 욕하고 학대하는 사람들을 축복하면 그만큼 우리에겐 유익이 많다.

예수님은 제자들에게 이렇게 가르치셨다. "어느 집에 들어가든지 먼저 말하되 이 집이 평안할지어다(죄의 대가로 받는 모든 불행으로부터 자유함이 이 집의 가족 모두에게 임할지어다) 하라 만일 평안을 받을(받을 자격이 있는) 사람이 거기 있으면 너희의 평안(그리고 축복)이 그에게 머물 것이요 그렇지 않으면 너희에게로 돌아오리라"(눅 10:5-6).

당신이 받을 자격이 없는 사람을 축복하면 그것은 결국 당신에게 되돌아온다! 원수에게 선을 행하거나 당신을 괴롭히는 사람에게 축복을 선포하면, 그것은 하나님의 은총과 유익, 보호와 공급을 포함한 주님의 축복을 당신의 삶에 풀어 놓는 것이다. 하나님은 실제로 주님의 성품과 인격, 마음을 소유한 자들을 축복하신다.

회복을 선포하는 권세

내가 헌금을 빼앗기는 재정문제를 두고 기도하고 있을 때, 하나님은 나에게 잠언 6장 31절을 보게 하셨다. "들키면 (도둑질한 것의) 칠 배를 갚아야 하리니 심지어 자기 집에 있는 것을 다(꼭 그렇게 해야 한다면 벌금에 해당하는 만큼) 내어주게 되리라."

말씀을 보는 순간 내게는 용서할 책임과 축복할 기회가 주어졌을 뿐만 아니라, 내가 빼앗겼던 모든 것이 7배로 되돌아올 것을 선포할 권세가 주어졌다는 것을 깨달았다. 깊은 기도 중에 나의 상한 마음을 하나님께 호소하고 그 목사를 축복해 달라고 기도하고, 우리의 헌금에서 없어진 것이 얼마든지 그것이 7배로 증가되어 되돌아올 것을 선포했다. 나는 하나님이 나의 환경보다 더 크시고, 어느 누구의 행위보다 더 크시다는 것을 알았다. 그래서 하나님께서 말씀대로 나의 사역에 7배의 재정적 축복을 주실 것임을 믿었다.

나는 진심으로 하나님이 나의 궁극적인 공급자이심을 믿기로 선택했다. 나는 주님께서 모든 것을 보고 계시며 나의 선을 위해 그 모든 것을 사용하실 것이고, 그분이 매우 의롭고 공평하시다는 것을 깨달았다. 그러나 나는 나의 권세를 사용하고 그 축복을 붙잡아야 했다. 이미 그 권세와 축복이 그리스도께서 십자가에서 이루신 일과 성경에 기록된 권위 있는 약속으로 인해 합법적으로 나의 것이 되었지만 말이다.

내가 기도 중에 7배의 축복을 선포한 바로 그 주간에 매일로 수표들이 들어오기 시작했다. 우리 사역을 위해 거액의 헌금을 할 것이라고 미처 기대하지 못했던 수많은 곳에서 헌금이 들어왔다. 우리의 온라인 구좌는 최고조에 달했고, 그 다음 주간에 집회한 교회에서는 우리가 그때까지 사역한 것 중 최고의 헌금이 걷혔다. 도둑은 7배로 물어내야 한다. 그러고 나면 어떤 일이 생길까? 하나님께서 순수한 마음을 가진 사람들의 마음에 사역을 위해 헌금하고 심으라는 감동을 주셔서 공급하게 하신다. 공급은 그렇게 하나님으로부터 온다. 사람들이 하나님의 음성을 듣고 그분이 하시는 일에 심으라고 하시는 뜻에 협력할 때 공급이 이루어진다.

축복하려고 선택하면 당신은 축복을 거두게 된다. 비록 힘들지라도 사랑하기로 선택하면, 하나님은 모든 일이 합력하여 선이 되게 하시고 당신을 힘들게 했던 자들의 악한 선택들을 뒤집어 놓으신다.

은총을 풀어지게 하라

여호와께서 모세에게 말씀하여 이르시되 아론과 그의 아들들에게 말하여 이르기를 너희는 이스라엘 자손을 위하여 이렇게 축복하여 이르되 여호와는 네게 복을 주시고 너를 지키시기를(또 돌보시고 보호하시기를) 원하며 여호와는 그의 얼굴을 네게 비추사(또 네 마음을 밝게 비추사) 은혜 베푸시기를(친절하시고 자비하시고 은총을 주시기를) 원하며 여호와는 그 (승인하시는) 얼굴을 네게로 향하여 드사 평강(마음과 삶의 평온함을 지속적으로) 주시기를 원하노라 할지니라 하라 그들은 이같이 내 이름으로 이스라엘 자손에게 축복할지니 내가 그들에게 복을 주리라

_민수기 6장 22-27절

당신은 말의 능력을 통해 다른 사람들을 축복할 수 있다. 당신이 하나님의 말씀을 그들에게 선포할 때, 축복은 급파된다. 민수기 6장 22-27절은 축복을 위한 매우 좋은 지침이다. 입에서 선포되는 말을 통해 당신은 하나님의 돌보심, 지키심, 보호하시는 능력, 명철, 은혜, 친절, 자비, 호의, 승인, 평화를 풀어 놓는다.

당신이 성령의 인도하심을 따라 그분이 인정하시는 대로 다른 사람들을 축복할 때, 하나님의 은총이 그들의 삶에 풀어지기 시작한다. 이런 은총은 그들에게 기회의 문을 열고, 하나님이 그들에게 초자연적으로 공급하시고자 하는 비전을 풀어 놓고, 나아가서 하나님께서 그들의 삶을 위하여 사용하실 좋은 사람들을 만날 수 있도록 완벽한 시간과 장소로 그들을 이끈다. 당신은 다른 사람들에게 하나님의 신령한 축복을 나누어주는 사람이 될 수 있다. 그리고 당신이 다른 사람들에게 베푼 대로 하나님께서 당신에게 갚아주신다는 사실을 잊지 말라.

뉴질랜드의 정치가로 1912년부터 1920년까지 국방장관을 지낸 제임스 알렌은 잊을 수 없는 말을 했다. "잘못된 생각과 행위를 심고 하나님께 축복해 달라고 기도하는 사람은, 가라지를 심고 밀을 추수하게 해 달라고 기도하는 농부나 다름없다."[2]

축복할 때 나타나는 엄청난 능력이 있다. 당신은 낙태를 고민하는 한 여인을 소재로 한 인기 있는 영화 '벨라'Bella를 잘 알 것이다. '벨라'는 메타노이아 영화사가 만든 영화인데 메타노이아metanoia는 희랍어로 전향conversion을 의미한다. 그 영화의 감독이자 배우인 에두아르도 베라스테기는 축복의 기적적인 능력을 경험했다. 그의 비전은 '즐거움과 용기를 주고 마음을 치유하며, 무엇보다도 인간의 존엄성을 드러내는 영화를 만드는 영

화사를 설립하는 것'이었다.3)

한 가톨릭 신문사와의 인터뷰에서 그는 이렇게 말했다. "우리는 이 영화를 보고 극장을 나서는 사람들이 더 많이 사랑하고, 더 많이 용서하며, 더 적게 불평하기를 바랍니다. 우리는 그들이 희망과 믿음으로 충만하여지고 마음이 밝아져서 극장을 나서기를 바랍니다. 나는 우리 주 예수님이 무대 위에 서시기를 바라며 주님이 보시기에 합당치 않은 행동을 하지 않을 것입니다. 그리고 나는 어떤 배우도 자신의 신념에 배치되는 행동을 하도록 요구하지 않을 것입니다."4)

메타노이아사의 첫 번째 작품인 '벨라'는, 각본이 2달 만에 완성된 대형스크린에는 어울리지 않는 영화였다. 더구나 베라스테기에게는 그것을 제작할 돈이 없었다. 로마에서 교황 요한 바오로 2세를 만났을 때, 그는 교황에게 자신의 비전을 설명하고 기도를 부탁했다. 그날 그는 특별한 축복기도를 받았다. 열흘 후에 베라스베기는 한 가족을 만났는데 그들은 그가 필요로 하는 만큼의 돈을, 각본을 읽어보거나 계약서를 작성하지도 않고 아무 조건 없이 주었다. 그 후 그는 23일 만에 촬영을 마친 후 토론토 국제영화제에 출품하여 입상하였다. '벨라'는 그렇게 대히트를 쳤고 〈뉴욕타임즈〉, 〈리더스 폴〉, 〈야후〉, 〈팬단고〉에서 호평을 받았다. 그러나 베라스테기 감독은 이러한 흥행과 수상이 그들의 가장 큰 성공이라고 생각하지 않았다. 그는 자신이 생각하는 가장 크고 가치 있는 성공은 "낙태하려던 젊은 여성들이 이 영화를 보고 마음을 바꾸어 아기를 낳기로 결심을 했다는 내용의 편지와 이메일, 전화였다"라고 말했다.5)

이것이 축복의 능력이다! 축복은 기적적으로 재정을 공급하시는 하나님의 은총을 풀려나게 하는 것에 그치지 않고, 그 영화의 성공처럼 수많은 여인들의 삶에 영원한 영향을 끼치게 했다. 축복은 은총을 풀어내고 그 은총과 함께 삶이 변화된다.

영적 지도자가 비는 축복의 능력

내가 교회를 떠나 순회사역을 시작할 때, 나의 영적 지도자들에게 바란 단 한 가지는 바로 그들의 축복이었다. 교회 사임을 앞두고 담임목사님과 자리를 같이 했을 때, 그분은 내게 이렇게 물으셨다. "매트, 내가 당신을 위해 무엇을 해 주기를 바라나요?" 나는 바로 "목사님의 축복을 받기 원합니다"라고 대답했다.

나는 영적인 권위에 복종하는 것이 매우 중요하다고 생각한다. 나는 항상 내가 무슨 일을 하든 그것을 올바로 하려면, 올바른 방법으로 해야 한다고 믿었다. 거기에는 나의 권위자들의 충고를 잘 듣는 것과 하나님께서 나의 삶 가운데 행하시도록 그들이 비는 축복을 받아들이는 것이 포함된다.

나는 하나님께서 개인의 삶 가운데 행하시는 것이 무엇이든지 그것을 알아볼 수 있고, 아랫사람을 축복하는 마음을 가진 영적으로 건강한 지도자만을 섬기는 행복을 누리는 사람은 한 사람도 없다는 것을 깨달았다. 그러나 나는 당신에게 이렇게 말할 수 있다. 하나님은 당신의 걸음을 인도하셔서 하나님께서 당신 안에서 그리고 당신을 통하여 하시는 일들을 진심으로 축복할 영적으로 건강한 지도자들을 삶 가운데 충분히 만나게 하실 수 있다는 것이다. 하나님은 이런 일을 내게 행하셨고, 당신에게도 얼마든지 행하실 수 있다.

하나님의 계획 앞에 복종하였을 때, 그분은 삶 가운데 내게 있는 주님의 부르심을 보고 또 인정할 수 있는 하나님의 놀라운 종들을 만나게 하셨다. 나는 하나님과 나를 향하여 품었던 아름다운 마음을 생각하며 그들 모두에게 영원히 감사할 것이다. 하나님의 거룩한 일꾼들로부터 축복기도를 받을 때마다, 나는 하나님의 은혜와 기름 부으심, 열린 문과 재정적인 축복이 내 삶 가운데 극적으로 증가되는 것을 보았다.

하나님께서는 이러한 일을 당신에게도 허락하실 뿐 아니라, 다른 사람을 축복하는 일에 당신을 사용하기도 하신다. 당신이 누군가의 영적인 아들이나 딸이기도 하지만, 당신 또한 누군가의 영적인 아버지나 어머니가 될 수 있으며, 당신을 통해 다른 이의 삶 속에 축복이 배가되는 것을 볼 수 있다.

존경은 축복을 불러온다

나는 하나님을 송축하고 주님을 기쁘시게 해 드릴 뿐 아니라, 당신에게 축복을 끌어당기는 비밀까지 당신에게 알려주고 싶다. 하나님께서는 내가 아주 어렸을 때부터 영적인 권위자들을 존중해야 한다는 확신을 마음에 심어 주셨다. 영적인 지도자들은 하나님께서 주신 선물이다.

> 네 아버지와 어머니를 공경하라(존중하고 귀중히 여기라) 이것은 약속이 있는 첫 계명이니 이로써 네가 잘되고 땅에서 장수하리라 _에베소서 6장 2-3절

나는 이 성경구절이 육신의 부모뿐만 아니라, 우리의 영적인 아버지와 어머니에게도 똑같이 해당된다고 믿는다. 하나님께서 당신에게 허락하신

권위자들을 존중하는 것이 바로 하나님을 존중하는 것이다. 당신이 누군가를 존중하고 귀중히 여기면 결국 당신도 그대로 받는다. 당신이 지도자에게 합당한 존경을 보이고, 그들을 위해 기도하고, 말과 태도와 행동으로 그들을 축복하며 바르게 대우함으로 존중할 때, 당신은 하나님께서 그들에게 주셨던 기름 부으심과 능력과 은사를 동일하게 받게 된다. 평소 귀하게 여기고 존중하는 것을 우리는 끌어당기게 된다.

하나님의 축복을 활성화하고 풀어 놓으라

지금 바로 축복하는 자가 되겠다고 결심하라. 당신의 입으로 축복을 풀어 놓을 때, 하나님의 능력은 놀라운 방식으로 다른 사람들의 삶 속에 풀어질 것이다. 단순하게 입으로 한 말을 통하여 당신은 사람들에게 선한 영향력을 끼칠 수 있고, 그들이 자신의 소명을 찾아가는 것을 볼 수 있다.

> 말은 생각보다 더 좋기도 하고 나쁘기도 하다. 말은 생각을 표현한다. 그리고 거기에 무엇인가를 더한다. 말은 생각에 선한 능력을 주기도 하고 악한 능력을 더하기도 한다. 말은 교훈과 위로와 축복을 주든지 아니면 상처와 슬픔과 파멸을 주어, 생각에 날개를 달아 끝없이 날게 한다.6)
> - 트라이언 에드워즈

여기에 오늘 당신이 풀어 놓을 수 있는 몇 가지 축복이 있다.

1. 당신을 가장 괴롭게 했던 사람들을 생각하라. 그런 다음 기도 중에 그들이 당신에게 행한 불의가 생각나거든 그것에 대하여 그들을 용서하고, 욥이 그의 친구들을 위해 기도했던 것처럼 그들을 위해 기도함으로 하나님의 손에 올려 드리라.

2. 민수기 6장 22-27절의 말씀으로 당신의 가족, 친구, 지도자들을 위해 매일 기도하며 축복하라.

3. 지금 바로 이스라엘을 위해 축복하며 기도하라. 창세기 12장 3절은 이스라엘을 축복할 때, 우리가 축복을 받는다고 약속한다.

4. 도둑이 당신에게서 빼앗아간 것이 무엇인지 하나님께 보여 달라고 기도하라. 그리고 거기에 해당되는 사람들을 용서하고 그들을 축복하는 기도를 한 다음, 잠언 6장 31절의 말씀처럼 7배로 되돌아올 것을 선포하라.

5. 당신을 축복할 건강한 영적 아버지와 어머니들을 보내 달라고 하나님께 기도하라. 동시에 당신이 동일한 축복을 쏟아 부어줄 사람들을 찾으라.

기쁨의 능력 : 퍼뜨리라

당시 나는 젊은 목사였다. 나는 하나님의 기쁨을 누리며 살기를 갈망했지만, 그날은 기쁨이 사라진 날이었다. 정확한 이유를 알 수 없었지만, 그날따라 내가 참 가련하다는 침울한 생각이 들었다. 그런데 그날 한 연세 많은 목사님이 내게 이렇게 말했다. "자네가 주님 안에서 성숙해가는 것을 보니 참 기쁘네. 나는 자네가 술을 안 마신다는 것을 알고 있네." 나는 속으로 생각했다. '목사님, 저는 지금 기분이 아주 우울하다고요!' 그 후로 나는 우울한 기분과 영적인 성숙이 같을 수 없다고 생각했다.

갈라디아서 5장을 보면 기쁨이 성령의 열매 중 하나라는 것을 알 수 있다. 그것은 당신이 성숙할수록 더 많은 기쁨이 있어야 한다는 것을 의미한다. 사람들은 보통 내게 왜 그렇게 잘 웃느냐고 묻곤 한다. 이유는 기쁘기 때문이다. 그러나 내가 매우 침울한 기분에 휩싸였던 날, 그 연세 많으신 목사님은 내가 성숙해지고 있다고 했다. 그것은 상반되는 개념이다! 성령 안에서 참으로 능력 있는 삶을 사는 증표는, 우리가 얼마나 술을 절제하고 침울해하느냐에 있지 않다. 진정 능력 있는 삶을 사는 자는 환경이 어떠하든지 항상 기뻐하는 자이다.

당신이 전능하신 하나님께 드릴 수 있는 최고의 영광은 주님의 사랑으로 인해 기쁘게 사는 것이다.1)

– 노르위치의 성녀 줄리안

율법적이고 종교적인 사람들은 성숙한 그리스도인이 되려면 술을 마시지 않고 뭔가 가련하고 침울해 보여야 한다고 말한다. 그러나, 그것은 잘못된 생각이다. 당신이 그리스도의 빛을 비추려면, 마치 식초를 마신 듯한 찡그린 모습을 해서는 안 된다. 절대로 그래서는 안 된다. 누군가 전도하며 이렇게 말한다고 상상해 보라. "저와 함께 교회에 가서 하나님을 믿읍시다. 그러면 당신도 저와 같이 비참해질 수 있습니다!" 그러면 그는 뒤도 안 돌아보고 도망칠 것이다. 서점에 자기개발서가 왜 그렇게 많은지 생각해 보았는가? 가장 큰 이유는 사람들이 비참하거나 침울한 삶을 원치 않기 때문이다. 그들은 행복해지기를 원한다! 그리고 얼마든지 행복해질 수 있다.

타이어에 바람이 빠졌는가?

당신은 행복하기를 원한다. 그리고 당신은 삶을 즐기기 원한다. 이것은 누구나 원하는 가장 큰 필요와 갈망 중 하나이다. 만일 당신이 세상의 모든 부를 소유하고 모든 물질을 마음대로 사용할 수 있다 하더라도 마음에 기쁨이 없다면, 그것은 아무 소용없는 일이다. 만일 당신이 능력으로 충만한 삶을 살고 하나님께서 원하시는 일을 다 행하며 살기 원한다면, 기쁘게 사는 법을 배워야 한다. 기쁨이 없다면 당신은 비참하고 침울한 삶을 살게 될 것이다. 그것은 마치 바람 빠진 타이어를 달고 달리는 자동차와 같이 모든 것이 힘들기만 하다. 만약 당신에게 기쁨이 없다면, 아침에 일어나는 것이 마치 전쟁터에 나가는 것 같을 것이다. 그렇게 살고 싶은 사람이 누가 있을까? 나는 싫다. 아마 당신도 그런 삶을 원치 않을 것이다. 그러니 기쁨의 능력으로 남다른 삶을 사는 법을 배우라.

나는 당신에게 가능한 한 있는 그대로의 진실을 모조리 밝히고 싶다. 우리는 다 사람이다. 삶 가운데 아무리 많은 능력을 경험한다 해도, 우리는 여전히 영혼을 가지고 몸 안에 살고 있으며 다루고 극복해야 할 감정을 가지고 있다. 그러므로 아무리 기름 부으심을 받고 하나님께 쓰임 받는 사람이라도, 낙심과 우울한 마음이 엄습해오는 순간이 있기 마련이다. 개인의 특성에 따라 이런 성향이 강한 사람은 살면서 더 많은 어려움을 겪기도 한다. 특별히 감정적으로 예민한 사람은 쉽게 낙심하는 편이다. 만일 당신이 쉽게 낙심하는 예민한 성향이라면, 더욱 힘써 하나님 앞으로 달려 나아가 당신 안에 성령의 열매인 기쁨을 주시도록 그분을 더 의지해야 한다.

기쁨은 하나의 선택이다. 물론 당신은 이렇게 말할 수 있다. "그래, 나는 행복해지고 싶어. 그러나 내 힘으로는 그렇게 할 수가 없기 때문에 비참한 기분이 든단 말이야. 그건 내가 어떻게 할 수 없는 문제라고." 그렇다. 그게 사실일 수 있다. 당신이 그렇게 힘들게 살고 있고 고통을 받고 있어서, 출구를 찾지 못하고 있을지도 모른다. 당신은 의학적으로 삶을 침울하게 하는 심각한 육체적 질병을 앓고 있을 수 있고, 아니면 당신의 가계에 우울증 성향이나 병약함이 있을 수 있다. 우리 몸에 꼭 필요한 화학물질이 부족한 경우에는 의사를 찾아가 도움을 구해야 한다. 그러나 이것은 매우 극단적이고 흔치 않은 예이다. 만약 당신이 의학적으로 그런 범주에 속한다면 도움을 구하는 것이 좋다. 그리고 의학적인 문제가 있다 할지라도, 하나님은 당신의 뇌나 몸에 있는 어떤 질병도 고치기를 바라시며 고치실 능력을 충분히 갖고 계신다.

그러나 그 외의 사람들에게는 육체적인 문제가 아닌 선택의 문제다. 항상 당신을 혼란스럽고 낙심케 하는 환경이 있다고 하자. 그러나 그런 문제들이 당신을 끌어내리느냐, 마느냐는 전적으로 당신에게 달려있다. 낙담하여 어찌할 바를 모르고 삶에 대한 의욕이 다 말라버린다 해도, 그리고 그것을 극복하는 일이 아무리 힘들어 보일지라도 당신은 일어나서 꿋꿋하게 살기로 선택해야 한다. 당신은 자신이 느끼는 대로 감정에 휩쓸려 살기를 거부해야 한다. 감정이 당신을 지배하지 못하게 하라. 그래야 믿음 안에서 성숙할 수 있다.

덧없는 감정을 따라 살아서는 안 된다. 당신은 얼마든지 자신의 영을 따라 살 수 있고 감정을 조절할 수 있다. 그러나 먼저 그렇게 하기로 결심하고 선택해야 한다. 그러면 하나님은 당신의 자유의지를 강화시키시고 쓰러진 당신을 일으키셔서, 당신에게 묻은 먼지를 떨어버리고 감정을 통제할 힘을 주신다. 감정이 당신을 지배하지 못하게 하겠다고 결심하기만 하면, 당신 안에 있는 하나님의 능력이 활동하기 시작하여 침울함을 떨쳐버리고 그것을 딛고 일어설 수 있게 된다.

그것은 마치 사도행전 28장 3절에 나오는 바울에게 달라붙었던 뱀과 같다. 바울은 그것을 과감히 불속으로 떨어버렸다. 당신도 바로 그렇게 해야 한다. 당신은 불필요한 감정을 과감하게 떨쳐버려야 한다. 진리의 능력을 정확히 알고 거기에 동의하면 그것은 얼마든지 가능한 일이다. 느낌과 감정이 어떠하든지, 당신 안에 있는 하나님의 능력을 인정하고 하나님의 말씀을 선포하며, 다른 어떤 것도 당신을 지배하지 못하도록 해야 한다.

해결하기 너무나 힘든 문제가 한 사람을 괴롭히고 있다고 가정해 보자. 만약 그 사람이 당신이라면 문제는 더 심각해진다. 왜냐하면 당신은 적어도 사람들을 멀리할 수 있지만, 당신 자신에게서 피할 수는 없기 때문이다. 어디를 가든 당신 자신은 항상 당신을 따라다닌다. 만약 당신이 다른 사람의 감정에 좌우되기 쉬운 사람인데, 특별히 당신의 지도자가 감정의 기복이 심하거나 불안정한 사람이라면 삶은 더욱 어려워진다. 그러나 당신은 다른 사람의 감정이 당신에게 영향을 끼치지 못하게 할 수 있다. 그리고 절대 그런 식으로 살아서도 안 된다. 이것이 당신과 동역하는 사람을 극히 조심해야 할 이유다. 그러나 만일 가까운 가족이 그런 경우라면, 하나님께서 당신에게 부정적인 영향을 극복하는 데 필요한 은혜와 능력을 주셔서 침체되지 않게 하신다.

이것이 우리 모두가 살면서 지켜야 할 좋은 규칙이다. 테레사 수녀는 이렇게 말했다. "당신이 어디를 가든 사랑을 퍼뜨리세요. 당신을 찾아 왔던 사람은 누구든지 행복해져서 돌아가게 하세요."[2]

우울함과 불안감을 대적하라

당신은 이제 삶 가운데 자신의 힘만으로는 통제할 수 없는 일들이 많다는 사실을 확실히 알게 됐을 것이다. 때때로 환경이 회오리바람처럼 당신을 둘러싸고 있다고 느낄 수도 있다. 온갖 흉흉한 소식으로 가득한 뉴스를 자세히 보면, 당신은 이불을 뒤집어쓴 채 집 밖으로 나오고 싶지 않을 것이다.

많은 사람들이 자신을 둘러싸고 있는 환경과 싸우고 있다. 그들은 환경에 쫓겨 다니고 거기에 일일이 감정적으로 반응하다가 지쳐버린다. 그들은 세상에 묶여있는 사람들이다. 그들의 마음은 두려움, 염려, 근심, 불안에 사로잡혀 있다. 지난 10년만 보더라도 불안을 극복하려고 약을 복용하는 사람의 수가 2배로 늘었다.3)

2006년 통계에 의하면 세계 인구의 6퍼센트에 해당되는 미국 사람들이 세계에 공급되는 항우울제의 66퍼센트를 소비했다. 2002년에는 미국인의 13퍼센트가 넘는 사람들이 항우울제 '프로잭'을 복용하였다. 프로잭은 복용가능한 30가지 항우울제 중 하나이다. '졸로프트'와 같은 진정제는 너무나 보편적으로 처방되기 때문에 2005년에는 31억 개가 팔려 합성세제 '타이드'의 인기를 능가했다.4)

〈USA 투데이〉에는 이런 기사가 실렸다.

2005년에 미국 사람의 약 10퍼센트 즉 2천7백만 명이 항우울제를 복용했다. 그 다음 해의 통계는 아직 알 수 없다. 현재 일반적인 정신의학의 기록에 의거해 약 5만 명의 어린이와 어른을 대상으로 연구한 바에 따르면 그 숫자는 1996년과 비교할 때 2배가 된다.5)

2009년 8월에 한 논문에 게재된 내용은 이렇게 이야기하고 있다.

현재 미국 사람 열 명 중 한 명은 항우울제를 복용한다. 항우울제는 다른 약보다 월등하게 많이 처방되고 있다. 항우울제를 복용하는 사람은 1996년에서 2005년 사이에 2배로 증가되었다. 그리고 이런 종류의 약에 대한 처방은 2005년에서 2008년 사이에 매년 급격히 증가되었다.6)

사람들은 가족 간의 다툼, 반항하는 십대자녀, 결혼생활의 문제, 재정적 압박은 말할 것도 없고, 개인의 내적인 갈등 즉 낙담, 부정적인 사고 습관, 낮은 자존감, 체중조절, 정체성의 위기 등의 문제들은 물론이고, 테러, 지구온난화, 핵 전쟁, 빈약한 정부정책, 조류독감, 경제에 대한 두려움과 염려로 기진맥진해 있다. 어떻게 보면 그렇게도 많은 사람들이 예수님께서 우리에게 주신 그 풍성한 삶에 미치지 못한 채 비참한 삶을 사는 것은 이상한 일이 아니다!

기도를 통한 전환

낙담이 엄습해올 때 그것을 다른 사람에게 말하는 것이 도움이 될 때도 있지만, 어떤 때는 오히려 감정을 더 자극하고 극대화시키기도 한다. 그리고, 그렇게 한다고 해도 그 감정이 쉽게 사라지지 않는다. 이것을 수차례 경험한 나는 기분을 전환하는 좋은 방법을 배웠다. 그것은 바로 기도다. 기도는 정말 효과적인 방법이다! 감정이 나를 지배하는 것 같으면, 나는 곧 기도의 자리로 나아가서 때로는 금식하며 하나님께 아뢴다. 나의 감정을 모두 아뢰고, 그것을 모두 주님께 맡겨 드린다. 나는 그 문제가 해결되었다는 확신이 들 때까지 주님께 그것을 극복할 수 있게 해 달라고 계속 기도한다. 그렇게 나는 문제를 하나님께 맡겨 드린 후, 앞으로 있을 좋은 일들에 초점을 맞춘다.

> 주께서 생명의 길을 내게 보이시리니 주의 앞에는 충만한 기쁨이 있고 주의 오른쪽에는 영원한 즐거움이 있나이다 _시편 16편 11절

매일 기도와 예배를 드리고 말씀을 보며 하나님의 임재 안에 사는 법을 배운다면, 당신은 삶 가운데 하나님의 충만한 기쁨을 경험할 것이다. 그래서 나는 많은 시간을 기도하며 보낸다! 기도는 내가 지속적으로 주님의 임재 안에 살며 성령과 동행하게 한다.

아마도 성 어거스틴도 이 비밀을 알았던 것 같다. 그는 이렇게 말했다. "불경건한 자에게는 절대 주시지 않고, 오직 하나님만을 위하고 그분을 사랑하는 사람들에게만 주시는 기쁨이 있습니다. 그들의 기쁨은 주님 자신이십니다. 그리고 이것은 주님에게 기쁨이 되고, 주님에게서 기쁨을 공급받고, 주님을 위하여 기뻐하는 행복한 삶입니다. 그렇습니다. 그 이상의 행복은 없습니다."7)

부정적인 것에 초점을 맞추는 것만큼 당신을 쉽게 낙담시키고 비참하게 만드는 것은 없다. 환경이나 주위 사람들에게 초점을 맞추면, 틀림없이 당신은 비참해질 것이다. 당신의 입에서 나오는 말이 항상 부정적이라면, 당신 자신뿐만 아니라 어느 누구도 당신을 좋아하지 않을 것이다.

이 책을 읽는 독자 중에도 이런 부분에 대해 철저히 자신을 점검해 보

아야 할 사람이 있을 것이다. 당신은 하나님의 말씀을 통해 부정적인 사고 체계를 긍정적인 것으로 바꾸고, 긍정적으로 할 만한 말이 없다면 오히려 입을 다물고 침묵하는 법을 배워야 한다. 그리고 당신 주변에 이런 부분을 진심으로 조언해 줄 사람이 있어야 한다.

부정적으로 말하는 것을 멈추어라. 불평하기를 멈추고 비참해하지 말라. 험담하지 말라. 잘못된 것만 보던 시선을 돌려 옳은 것에 초점을 맞추기 시작하라. 당신이 찾을 수 있는 긍정적인 것이, 오직 하나님이 당신을 사랑하셔서 당신이 죄사함을 받고 지옥에 가지 않을 것이라는 사실뿐이라 할지라도 그것에 주목하라. 그리고 그로 인해 하나님께 감사하라. 감사하기로 선택하는 것이야말로 당신이 부정적인 감정에 휩싸여 우울해지는 것을 극복하는 데 참으로 도움이 된다. 어느 누구도 당신을 대신해서 이 일을 할 수 없다. 오직 당신만이 그렇게 할 수 있고, 억지로라도 그렇게 하기로 선택해야 한다.

자신에게서 벗어나라

컨퍼런스에서 말씀을 전하기 위해 비행기로 이동하던 중 기내에 비치되어 있는 잡지를 하나 꺼내들었다. 이리저리 넘기며 읽을거리를 찾는데 '행복을 사시오'라는 제목의 기사가 눈에 들어왔다. 기사에는 이렇게 쓰여 있었다. "최근 캘리포니아대학에서 실시한 몇 가지 연구에 의하면, 감사를 잘하는 사람은 그렇지 않은 사람보다 25퍼센트 더 많이 행복과 활기를 느끼고, 시기나 분노를 20퍼센트 더 적게 느낀다고 한다. 그들이 느끼는 감사를 기록하면 그들은 매일 잠을 10퍼센트 더 많이 자고 운동을 33퍼센트 더 많이 한다."8)

> 항상(지속적으로) 기뻐하라(믿음 안에서 행복해하며 기쁜 마음을 가지라) 쉬지 말고 (인내하면서) 기도하라 (환경이 어떠하든지) 범사에 (하나님께 감사한 마음으로) 감사하라 이것이 (하나님의 뜻의 계시요 중보자이신) 그리스도 예수 안에서(그리스도 안에 있는) 너희를 향하신 하나님의 뜻이니라 성령을 소멸하지(억제하거나 약화시키지) 말며
> _데살로니가전서 5장 16-19절

무슨 일이 생기더라도 감사하기로 선택한다면, 당신은 계속 행복할 것이고 기쁨은 끝이 없을 것이다.

어떤 때에는 다만 당신 자신이나 문제에서 벗어나기만 하면 된다. 이렇게 하는 제일 좋은 방법은 다른 사람을 돕기로 결심하는 것이다. 자기 자신과 당면한 문제에서 벗어나 다른 사람을 보라. 그리고 그 사람에게 축복이 되는 길을 모색하고 도울 방법을 찾으라. 그러면 당신이 씨름하고 있는 삶의 문제들이 이전과는 다르게 보일 것이다. 관점이 아주 중요하다. 당신보다 더 어려운 삶을 살고 있는 사람들이 있다는 것을 깨닫는다면, 정작 당신의 문제는 그다지 심각한 일이 아님을 알게 될 것이다.

비행기에서 읽은 기사는 어떻게 당신이 현재 가지고 있는 돈을 가지고 미소 지으며 행복하게 살 수 있는지를 알려 주었다. 나는 그 내용에 흥미를 느꼈다. 그 기사는 "브리티시 콜롬비아대학에서 2008년에 실시한 연구보고에 의하면 후하게 베푸는 사람은 그렇지 않은 사람보다 행복지수가

훨씬 더 높다"고 알려준다. 익명으로 자선을 베푸는 행위는 자신이 행복을 창조해내는 매우 괜찮은 사람이라고 느끼게 하며, 너그럽게 베풀면 적극적인 감정이 일어나서 자신과 주변 사람에 대해 더 좋은 감정을 갖게 된다. 기사는 "공원에서 시간이 초과된 자동주차기에 동전을 넣으라. 친구의 점심값을 대신 지불하라. 그리고 후하게 자선단체에 기부하라"[9]고 사람들을 독려한다. 그렇다! 주님은 즐거운 마음으로 베푸는 사람을 사랑하신다! 다른 사람을 당신보다 낮게 여기고 후하게 베풀면 우리가 더 행복해질 수 있다는 것을 주님은 아신다! 행복해지고 싶으면, 다른 사람에게 무언가 좋은 일을 하기 시작하라.

바울은 사도행전 20장 33-35절에서 이렇게 권면한다. "내가 아무의 은이나 금이나 (값비싼) 의복을 탐하지 아니하였고 여러분이 아는 바와 같이 이 손으로 나와 내 동행들이 쓰는 것을 충당하여 범사에 여러분에게 모본을 보여준 바와 같이 수고하여 약한 사람들을 돕고 또 주 예수께서 친히 말씀하신 바 주는 것이 받는 것보다 복이 있다(사람을 더 행복하게 하고 더 부러움을 사는 사람이 되게 한다) 하심을 기억하여야 할지니라."

다른 사람들을 생각하고 나누어 줄 때, 우리는 더 큰 복을 받는다. 우리는 나누어 줄 때, 더 행복한 사람이 된다.

반창고의 기름 부으심

원수는 항상 부정적인 상황을 확대하기를 좋아한다. 그는 한 가지 문제를 아주 크게 보이게 해서 당신이 그 문제에 대해서만 생각하고 말하도록 상황을 극단으로 몰아간다. 당신이 한 가지 문제에만 집중한다면 그것은 점점 더 커지고 악화되어 마침내 나중에 후회하게 될 일을 하게 된다. 그래서 종종 '반창고의 기름 부으심'이 필요한 경우가 있다. 이것이 무슨 뜻인지 궁금한가? 순간 부정적으로 말하고 싶고 대화 중에 잘못된 것에만 초점을 맞추게 되면, 아무 말도 하지 못하도록 입에 반창고를 붙이라는 것이다! 이것이 바로 돌파가 일어나게 하는 열쇠다.

한동안 한 부인이 우리 사무실에 같은 문제를 가지고 매일 전화해서 기도해 달라고 부탁했다. 그녀는 같은 말을 계속 반복했다. 견디다 못한 우리는 그녀에게 사랑의 마음을 가지되 단호하게 대해야 한다는 결론을 내렸다. 우리는 그녀에게 자기 자신에게만 집중하지 말고 다른 사람을 돕는 일에 관심을 가져 보라고 격려했다. 그러나 자기 문제에 빠져 위로와 동정을 받기만을 바라는 사람들은 이런 말을 듣고 싶어 하지 않는다. 그들은 그저 자기연민에 빠져 누군가 자기에게 관심을 갖고 위로해 주기만을 바란다.

나도 가끔 그런 덫에 걸리곤 한다. 종종 당신 또한 누군가 괴로운 상황에 처해 있는 것을 보고 동정심에 그들의 상처를 어루만져 줄 수도 있다. 물론 어느 정도까지는 그렇게 할 수 있다. 그러나 그 사람이 언제까지나 그 상태에 머물러 있어서는 안 된다. 그들은 어떻게 해서든지 스스로 일어서야 하고, 그들에게 상처를 준 사람을 용서하고 건강하게 자신의 삶을 살아야 한다.

당신을 피하는 사람이 있거나 주위 사람으로 인해 거절감을 느낀다면, 그것은 단순히 당신이 그런 부정적인 상태에 처해 있거나 그런 영향을 주위에 있는 사람들에게 흘려보내고 있기 때문일 수도 있고, 그들 또한 그런 문제로 씨름하고 있어서 더이상 스스로 문제를 감당할 수 없어서 그러는 것일 수 있다. 어떤 이유에서든 사람들과 멀어지기 전에, 당신은 빨리 이 문제를 해결해야 한다. 그것은 사실 아주 작은 일에서부터 시작된다.

아침에 일어나 바로 침대에서 빠져나오기로 선택하라. 기상 시간을 알리는 알람소리를 꺼버리지 말라. 어떤 사람은 잠을 깨우는 탁상시계의 단추를 누르고 다시 잠들 듯, 문제에 직면하지 못한 채 회피하며 산다. 그러나 지금은 깨어날 때이고, 참으로 하나님께서 당신을 위해 예비하신 기쁨의 삶을 살아야 할 때다. 예배를 드리는 가운데 하나님의 말씀 안에서 주님이 하신 약속들을 묵상하며 시간을 보내는 습관을 길러라. 긍정적이고 격려하는 말을 하고, 당신 자신과 주위 사람들의 삶에 일어나는 좋은 일들에 초점을 맞추겠다고 결단하라. 이 중에서 몇 가지만 실천해도 당신의 삶 전체에 변화가 일어나는 것을 보게 될 것이다. 머지않아 감정과 생각은 당신의 영을 따라가며, 당신은 하나님이 주시는 기쁨을 경험하고 그것을 많은 사람들에게 흘려보내게 될 것이다.

행복한가, 아니면 기쁜가?

행복과 기쁨 사이에는 매우 큰 차이가 있다. 기쁨은 행복보다 더 깊은 차원의 것이다. 일시적인 일들이 당신을 잠시 행복하게 해 줄 수는 있다. 당신의 감정은 쇼핑을 하거나 영화를 보거나 재미있는 놀이를 하거나 운동 경기를 관람하면 일시적으로 좋아질 수 있다. 그러나 이런 활동이 끝나고 나면, 당신의 영혼은 다시 가라앉는다. 그것은 참으로 일시적인 도피처일 뿐이다. 그러나 당신은 일시적인 도피처나 잠깐 동안의 안정이 아닌 영구적으로 지속되는 기쁨을 원한다.

기쁨은 당신의 영혼으로부터 온다. 그것은 성령의 다스림을 받는 영으로부터 온다. 진정한 기쁨은 외적인 환경에 좌우되지 않는다. 그것은 진실로 당신 안에 계신 하나님의 임재로부터 온다. 이것이 기도하고 예배하고 말씀을 보며 시간을 보내는 것이 삶의 기쁨을 개발하는 데 있어서 그렇게도 중요한 이유이다. 하나님의 관점과 주님의 진리에 초점을 맞출수록 당신은 그만큼 더 강력한 기쁨의 영을 뿜어낼 것이다.

하나님의 왕국은 당신 안에 있다

기쁨은 당신 안에 하나님의 왕국이 임하였음을 실질적으로 나타내는 열매이다. 기쁨은 때때로 극단적인 감정을 내포하기도 하지만, 매일의 삶 가운데 고요하고 평화로운 결단으로 드러날 수 있다. 기쁨과 평화는 사람들과의 관계와 깊이 연관되어 있다. 어떻게 그럴 수 있는지 알아보자.

로마서 14장 17절은 하나님의 왕국을 "성령 안에 있는 의와 평강과 희락"이라고 정의한다. 여기에서 주의해서 보아야 할 것은 왕국의 특성을 설명한 단어들이 특별한 순서에 따라 나열되었다는 것이다. 먼저는 의가 있고 그 뒤에 평강과 희락이 따라온다. 만일 당신이 기쁨을 잃었다면 먼저 그 앞에 놓인 두 가지, 의와 평강을 살펴보아야 한다.

모든 것이 의에서 비롯된다. 의는 하나님과 바른 관계에 있는 상태를 가리키는 말로, 당신의 양심이 깨끗하다는 것을 아는 것이다. 하나님과 바른 관계에 있을 때, 당신은 당신 자신과 다른 사람과도 바른 관계를 맺을 수 있다. 하나님 안에서 죄에서 해방된 깨끗한 양심은 그 다음 평화를 경험한다. 하나님과 누리는 평화는 당신 자신과의 평화로, 그 다음에는 주위에 있는 사람들과의 평화로 이어진다. 당신이 평화의 자리에 들어가면 결과적으로 하나님의 기쁨이 샘솟고 또 흘러넘친다.

모든 죄에서 돌아섬으로 완전한 의를 얻고, 당신 안에 주님의 평화가 자리 잡고 당신이 하나님을 기쁘시게 하는 길을 걷고 있다는 것을 알게 될 때 기쁨으로 충만해질 것이다. 그 밖의 모든 것은 오기도 하고 가기도 한다. 그러나 하나님과의 바른 관계에서 비롯된 당신 자신과 다른 사람들과의 관계 속에서 누리는 평화에서 오는 기쁨은 절대 사라지지 않는다. 우리가 하나님과 얼마나 친밀하게 동행하느냐에 따라, 기쁨은 우리 삶에서 영구적인 것이 될 수 있다. 성령께서 삶의 모든 분야를 채우실수록 당신은 그만큼 의와 평화와 기쁨을 누릴 것이다.

속담에 이런 말이 있다. "어머니가 행복하지 않으면 가족의 어느 누구도 행복할 수 없다." 참으로 옳은 말이다. 자, 이 말은 성령께도 동일하게 적용된다. 당신 안에 계신 성령님이 행복하지 않으시면 당신도 행복할 수 없다. 삶 가운데 하나님을 근심케 하는 일이 있다면, 주님은 당신 안에서 행복하지 못하실 것이다. 이 땅에서 가장 불행한 사람이 있다면 그것은 바로 타협하며 사는 그리스도인일 것이다. 그들은 의로운 일을 해야 한다는 것을 아주 잘 알고 있지만, 그렇게 살지 못한다. 그래서 성령님은 그들 안에서 탄식하신다. 하나님은 당신이 그런 것을 바로 잡을 때까지 당신을 비참하게 내버려 두신다. 이것이 주님의 사랑의 훈련 중 하나이다.

죄는 순간의 즐거움을 줄 수 있지만, 그것은 이내 참담함으로 바뀐다. 특별히 하나님은 그분의 자녀가 결국에는 망하는 길로 걸어가는 것을 원치 않으시기 때문에 주님은 가능한 한 빨리 비참해지게 하셔서 우리가 잘못된 길에서 벗어나 하나님이 예비하신 최선의 길로 돌아서게 하신다. 때로 사람들은 이 진리를 너무 늦게 발견한다. 그들의 삶은 이미 그들이 한때 죄를 지으면서 누렸던 순간적인 즐거움 때문에 처참하게 망가졌다. 그것은 결국 죽음으로 끝난다.

참된 기쁨은 하나님과 올바른 관계를 맺으며 사는 삶에 있다. 그렇기 때문에 세상의 부귀와 명예, 그 어떠한 것도 내적인 공허함을 채울 수 없다. 그것은 마치 모든 것을 삼켜 버리는 블랙홀과 같다. 오직 하나님 한 분만이 그 자리를 충만하게 채우실 수 있다.

뿌리를 제대로 처리하라

우울증이 지속되는 것은 처리해야 할 뿌리가 깊다는 증거다. 이런 뿌리는 부정적인 사고유형에서부터 상처받은 감정, 내면에서 치열하게 씨름하는 죄나 중독의 문제, 처리되지 않은 분노와 화, 원한에 이르기까지 다양하다. 이런 것들은 영적 압박을 가져오는 통로가 될 수 있어서 종종 내적 치유와 축사사역이 동시에 필요할 때가 있다. 그러나 우리가 삶에 하나님의 말씀을 적용하고 매일 그 말씀을 따라 살아간다면, 하나님은 상처받은 우리의 모든 부분들을 치유하시고 스스로 축사함으로 성화되는 과정을 통과하게 하신다.

기쁨을 유지하기 위해서 우리는 다음의 글귀가 가르쳐 주는 충고를 따라야 한다. "깊이 사랑하라. 인내하며 들으라. 무조건 용서하라." 우리는 조건 없이 가능한 한 서둘러 용서하고 평화를 유지하는 가운데 분노가 마음에 뿌리내리지 못하도록 거절해야 한다. 선택할 수 있는 힘만 있으면 이런 일은 얼마든지 가능하다. 마음을 혼탁하게 하는 쓰레기를 빨리 처리하여, 당신의 영혼을 자유케 하고 삶을 기쁨으로 채워라. 진리는 바로 이것이다. 당신은 한순간도 마음에 분노가 들어오도록 허용해선 안 된다. 주님의 기쁨이 우리의 힘이다. 기쁨이 없으면 우리는 쉽게 약해진다. "근심하지 말라(그리고 침울해지지 말라) 여호와로 인하여 기뻐하는 것(주님의 기쁨)이 너희의 힘(그리고 요새)이니라"(느 8:10).

기쁨은 예기치 못한 곳에 있다

S. D. 고든은 이런 말을 했다. "행복은 기대했던 것을 얻음으로 누리게 되는 것이다. 그러나 기쁨은 내면의 깊은 샘에서 솟아난다. 그리고 그 샘은 어떤 일이 있어도 결코 마르지 않는다. 이 샘을 소유한 자는 십자가 그늘 아래 있을지라도 내면에서 흘러나오는 음악을 연주하면서 기쁨을 누린다."10)

나는 제3세계를 여행할 때마다 어린 아이들을 보면서 놀라곤 한다. 아프리카나 인도, 중국 어느 곳에서나 나는 공통적인 현상을 발견한다. 사실 예수님께서 우리가 어린 아이 같은 자가 되어야 한다고 말씀하신 것은 전혀 이상한 일이 아니다. 세상적인 기준으로 봤을 때, 가진 것이 아무것도 없고, 먹을 음식도 많지 않고, 신고 다닐 신발조차 없는 아프리카의 어린 아이들이

맨발로 더러운 땅바닥 위를 뛰어다니는 것을 쉽게 볼 수 있다. 그들을 둘러싸고 있는 것은 분명 가난뿐인데도, 그 아이들은 얼굴에 환한 미소를 지은 채 내 주위를 뛰어다닌다. 이것이 그들의 삶이다. 그렇지만 처참한 상황 중에서도 그들의 눈망울과 웃음소리에서 나는 삶의 기쁨을 볼 수 있었다.

이와 관련해서 나는 로버트 슐러가 한 말을 좋아한다. "기쁨은 고난이 없는 상태를 뜻하는 것이 아니다. 그것은 하나님의 임재다."**11)** 이것은 정확히 맞는 말이다. 우리는 고난에서 완전히 벗어날 수 없다. 그리고 어떤 사람은 다른 사람보다 더 많은 고난을 겪는다. 그러나 하나님의 임재로부터 기쁨이 올 때, 우리는 결코 흔들리지 않는다.

15세기 파리 카르멜수도회 소속이었던 로렌스 형제 역시 우리의 기쁨이 하나님과의 관계에 있다는 것을 확신했던 사람이다. 그는 기도하는 시간이 그 외의 시간과 다르다고 생각하는 것은 심각한 속임수라고 믿었다. 로렌스 형제는 일상적인 활동을 하면서도 하나님의 임재가 끊임없이 지속되는 삶을 살았다. 그는 단순히 하나님과 끊임없이 대화를 함으로써 이것을 가능케 했다. 그리고 이것은 그에게 끊임없는 기쁨의 원천이 되었다.

지진이 발생했던 중국 청도의 산악지역을 여행하면서 나는 고난 속의 기쁨이 무언지를 경험하였다. 그곳에서 480만 명이 넘는 사람들이 지진으로 집을 잃고, 8천 명이 목숨을 잃었다. 나는 주변의 산과 언덕들이 무너지면서 도시 전체가 돌더미 속에 묻힌 것을 두 눈으로 직접 목격하였다. 그것은 그 자체로 공동묘지였다. 그런데 산 높은 곳에 지진으로 고아가 된 100여 명의 아이들이 공부하는 작은 학교가 있었다. 그들은 육신의 부모를 잃어, 자기들을 돌보아 줄 손길을 찾아 이 학교에 왔다.

이 아이들을 만나기 위해 험한 산길을 헤치며 올라갔을 때, 나는 천

애고아로 홀로 남겨진 수많은 작은 얼굴들과 마주쳤다. 휴식시간에 우리는 모두 밖으로 나갔다. 돌과 쓰레기가 곳곳에 널려 있는 공터에서 우리는 술래잡기를 하며 놀았다. 엄청난 고통과 상실 가운데서도 허공을 가득 채우던 아이들의 웃음소리를 나는 결코 잊지 못한다. 안아 달라며 달려드는 아이들의 작은 얼굴은 기쁨으로 빛났다. 고통과 상실 가운데 피어난 기쁨, 육신적인 환경과 무관한 기쁨, 세상에서 누리는 화려함을 능가하는 기쁨 말이다.

기름 부으심은 멍에를 깨뜨린다

우리가 하나님 안에서 기쁨을 경험하기 위해 필요한 초자연적인 요소가 있다. 무한하신 사랑과 자비로 하나님은 곤궁에 처한 우리를 돌보시고 돌파와 해방, 치유를 일으키는 주님의 기쁨이 우리 안에서 차고 넘치게 하신다. 멍에를 깨뜨리고 없애버리는 것은 기쁨의 특별한 기름 부으심이다.

> 주께서 의를 사랑하시고(주님은 온전함과 덕을, 목적과 생각과 행동의 의로움을 기뻐하시고) 불법(불의와 악)을 미워하셨으니 그러므로 하나님 곧 주의 하나님이 즐거움(그리고 기쁨)의 기름을 주께 부어 주를 동류들보다 뛰어나게 하셨도다 하였고
> _히브리서 1장 9절

기름 부으심은 하나님이 주시는 매우 강력한 은사로 우리가 결코 가볍게 여길 수 없는 것이다. 어떤 사람들은 기름 부으심 없이도 얼마든지 살아갈 수 있다고 하지만, 그것은 매우 잘못된 생각이다. 물론 의지와 훈련

으로 성취할 수 있는 것들도 있지만, 하나님의 기름 부으심은 세상에서 우리가 성취할 수 있는 것을 훨씬 능가한다. 하나님의 기름 부으심은 우리의 자연nature에 주님의 초월성super을 더한다. 하나님께서 현저한 임재와 능력으로 한 번 만지시기만 하면 당신의 모든 삶은 바뀐다. 그래서 나는 성령의 확실한 기름 부으심을 더할 나위 없이 귀중히 여긴다. 나는 하나님께서 주님의 임재를 통해 정서적인 기적을 일으키시는 것을 보았다.

가장 위대한 기적들은 때때로 육체적인 것이 아니라 영적이며 정서적인 것이다. 물론 육체적인 질병을 가지고 산다는 것은 끔찍한 일이다. 그러나 정서적이고 영적인 질병을 가지고 사는 것, 내적인 우울증과 절망, 두려움과 자기연민에 끊임없이 시달리며 사는 것도 그에 못지않은 큰 고통이다. 이런 정서적 질병은 쉼 없이 우리를 괴롭히고 완전히 무기력하게 만들어 집을 벗어나지도, 다른 사람과 교제하지도 못하게 하여 전진하는 삶을 살지 못하게 한다. 교회에서조차 단순히 모든 것이 순탄하기만을 기대하기 때문에, 사람들은 문제를 끌어안고 매우 심한 고통을 겪는다. 우리는 문제가 있다는 것 자체가 우리에게 무언가 잘못이 있어서 일어나는 것이라고 생각하기 때문에 괴로움을 은밀하게 숨긴다. 그러나 우리를 계속 속박과 고통 속에 가두는 것이 바로 이 비밀이다.

> 그러므로 너희 죄(실수, 방황, 범법, 범죄)를 서로 고백하며 병이 낫기를 위하여 서로 기도하라 의인의 간구는 역사하는 힘이 큼이니라 _야고보서 5장 16절

당신을 위해 진심으로 기도해 줄 수 있는 믿을 만한 친구, 지도자, 또는 가족에게 당신의 문제에 대해 말하면, 마음은 밝아지고 어둠 속에 감

추었던 것이 드러난다. 그럴 때 놀라운 자유가 주어진다. 그러므로, 교회는 우리가 무조건적으로 서로 사랑하여 어떠한 문제도 나누고 서로 중보하여 온전함과 자유를 경험할 수 있는 안전한 장소가 되어야 한다.

초자연적인 기쁨

나는 초자연적인 기쁨의 능력을 두 차례 경험했다. 첫 번째 경험은 내가 청소년 시절이었던 것으로 기억한다. 그때는 내가 하나님을 안 지 얼마 되지 않았을 때였다. 당시 나는 어떤 일로 매우 낙심했는데, 어머니에게 그것에 대해 이야기했다. 나는 매우 침체되었고 우울한 상태였다. 그런 나를 위해 어머니가 기도하시기 시작했다. 어머니의 기도를 받으며 침대에 누워 있던 나는 갑자기 웃기 시작했다. "엄마, 제가 왜 웃는 거죠?" 나는 내가 왜 웃는지 전혀 이해할 수 없었다. 분명 몇 분 전까지만 해도 나는 매우 우울했는데, 어느 순간 웃고 있었다. 그 웃음으로 나는 영혼의 우울함을 쫓아버렸다. 나의 혼적인 감정보다 더 강력한 것은 초자연적인 기쁨이었다.

하나님께서 우리에게 정말 웃음을 주실 수 있을까 의문을 갖는 사람들이 있다면, 욥의 이야기를 들려주라. 성경 인물 중 가장 웃음이 필요한 사람을 꼽으라면 누구든 욥이라고 할 것이다! 그런 욥이 욥기 8장 21절에서 이렇게 말했다. "웃음을 네 입에 즐거운 소리를 네 입술에 채우시리니."

나는 이런 일을 몇 년 뒤에 다시 경험했다. 그때에도 나는 여전히 십대였다. 십대에는 극적인 일들이 많다. 그 시기에는 안팎으로 아주 많은 변화를 겪기 때문에, 모든 것이 큰 사건으로 느껴진다. 당시 내가 그런 날들을 보내고 있었고, 무엇 때문인지 매우 번민하며 우울해하고 있었다. 나는 보통 즐겁게 사는 편이지만, 지나온 날들을 돌아보면 아주 어둡게 지내던 때도 더러 있었다.

크리스마스가 다가와 교회의 기념행사에 참여하던 날 밤이었다. 한 부인이 무대에서 예수님을 출산하려는 마리아에 관하여 부르는 '마리아, 당신은 아시나요?'를 노래하고 있었다. 나는 '마리아가 알든 모르든 그게 나와 무슨 상관이야?'라고 생각하고 있었다. 나는 매우 깊은 우울감에 빠져 미소조차 지을 수 없었고, 그 연극을 즐길 수도 없었다. 그때 하나님을 알기 원하는 사람은 강단 앞으로 나오라는 소리가 들렸다. 나는 그 소리를 듣고도 아무런 미동도 없이 우울한 기분으로 그저 내 자리에 앉아 있었다.

그러나 내 친구들은 일어나 강단 앞으로 나갔다. 그런데 아무 이유도 없이 나는 갑자기 웃기 시작했다. 나는 웃고 또 웃고 계속 웃었다. 그렇게 예배가 끝났다. 당시 나를 위해 기도해 주는 사람은 아무도 없었다. 나는 전에 '성령 안에서 웃는' 사람을 한 번도 보지 못했고, 나에게 무슨 일이 일어나고 있는지 전혀 알지 못했다. 자리에서 일어나 집으로 가려고 하는데, 웃느라 모든 기운을 소진한 나는 간신히 비척거리며 걸었다. 결국 나는 복도 옆에 있는 의자에 쓰러져서 계속 웃었다!

그렇게 20분가량 계속 웃었다. 친구들은 어느새 다 교회를 떠났다. 당시 나는 나 자신을 주체할 수 없었다. 그때 경험한 그 기쁨은 참으로 나 자신을 초월하여 온 것이었다. 그것은 내 안에 부어진 하나님의 기쁨이었다. 다 웃고 난 뒤 자리에서 일어났을 때, 모든 우울증은 완전히 떠나가고 조금도 남아 있지 않았다! 나는 완전히 해방되었다. 하나님의 기름 부으심은 나의 감정을 해방시키셔서, 나는 주님의 기쁨으로 자유로워질 수 있었다. 오, 우리의 영혼과 감정을 짓밟는 잡동사니를 몰아내는 하나님이 주신 기쁨의 능력은 얼마나 놀라운가!

　이런 종류의 초자연적인 기쁨은 우리 스스로 만들어낼 수도 없고, 선택한다고 가능한 것이 아니다. 하나님의 능력이 당신의 삶을 만지고, 그 속으로 단순히 돌파해 들어오는 순간들이 있다. 그것은 인간이 통제할 수 있는 것이 아니며, 하나님께서 직접 걸어 들어오셔서 당신이 느끼는 고통과 우울에게 "당장 떠나라!"고 단호히 말씀하시는 순간이다. 나는 이런 기쁨을 결코 내 의지로 조작하거나 만들어낼 수 없었다. 하나님은 우리가 무엇을 필요로 하고 언제 기쁨이 필요한지 잘 아시고, 때때로 이런 식으로 우리를 만지신다. 그것은 성령님이 주시는 매우 특별한 기름 부으심이다.

5톤의 짐이 벗겨지다!

　한번은 집회를 인도하면서, 참석한 사람들이 거의 다 이런 거룩한 기쁨의 은혜를 누리는 것을 보았다. 그러한 광경을 보는 것은 참으로 경이로운 일이다. 그러나 때로는 한 개인을 선택하셔서 이런 식으로 일하실 때도 있다. 내가 캐나다에서 인도했던 한 집회가 생각난다. 당시 내가 설교하는 동안 한 부인이 웃기 시작했다. 그것은 자신도 어쩔 수 없는 그런 웃음이었다. 다른 사람들이 '저 여자가 웃어서는 안 되는데, 무례하다. 설교를 방해하는구나'라고 생각할 수도 있는 일이었다. 그런데 나는 그 일이 성령께서 하시는 일이며, 그 순간 무언가 영광스러운 일이 벌어지고 있다는 것을 알았다. 그래서 나는 그저 그 여자가 웃도록 내버려 두었다. 그날 그 여자는 설교하는 내내 웃었다.

　다음 날 밤, 그 여자는 다시 집회에 와서 자신의 경험을 우리에게 이야기하였다. 어렸을 때 자기는 9번이나 입양되었다가 쫓겨나기를 반복하면서 여러 해 동안 성적으로 학대를 받았다는 것이다. 그 여자는 언제 웃었는지조차 기억할 수 없을 정도로 웃음을 잃어버리고 살았다. 그런데 그 집회에서 오랜만에 실컷 웃은 것이다. 너무나 깊은 고통과 상처, 화와 분노로 가득 찬 그녀는 고통과 실망의 포로로 살았었다. 그러나 그날 밤 집에 도착해서도 그녀는 여전히 웃음을 멈출 수 없었다. 너무 심하게 웃는 바람에 아이들과 남편이 제대로 잠을 잘 수 없을 정도였다. 그 여자는 밤새도록 웃었다. 그 다음 날 잠에서 깨어났을 때, "평생토록 자신을 짓누르던 5톤의 짐이 벗겨진 듯한 느낌이었다"고 그녀는 고백했다. 그녀는 생전 처음으로 기쁨을 느꼈고, 모든 분노와 쓴뿌리는 사라졌다. 웃음으로 그 모든 것을 날려 버린 것이다!

우리는 이사야 61장 3절에서 강력한 기쁨의 기름 부으심을 볼 수 있다. "무릇 시온에서 슬퍼하는 자에게 화관을 주어 그 재를 대신하며 기쁨의 기름으로 그 슬픔을 대신하며 찬송의 (겉으로 드러나게 하는) 옷으로 그 근심(무겁고 눌리고 실패한 영)을 대신하시고…"

웃음의 능력

하나님의 기쁨으로 웃는 웃음의 능력을 과소평가하지 말라. 웃음은 하나님께서 영적·정서적·육체적으로 자유와 치유, 회복을 주시는 강력한 능력이다. 웃음은 양약과 같다. 그래서 개인적으로 내가 설교할 때 하나님께서 사람들을 웃게 하시는 것을 좋아한다. 한번은 집회 중에 웃음이 폭발하는 것을 보고 누군가 "이것은 약이다!"라고 크게 소리쳤다. 그것은 사실이다. 세상은 너무나 많은 고통과 슬픔으로 가득 차 있다. 그러므로 우리에게는 매 순간 웃음이 필요하다. 당신이 더 많이 웃을수록 그만큼 더 행복해진다. 당신이 심각해질 수밖에 없는 때가 혹 있을 것이다. 바로 그 순간 기쁨을 전염시키라!

> 마음의 즐거움은 양약이라도(그리고 즐거운 마음은 몸을 건강하게 하지만) 심령의 근심은 뼈를 마르게 하느니라 _잠언 17장 22절

하나님만이 이렇게 말씀하시는 것이 아니다. 과학적인 연구결과도 웃음이 우리 삶에 얼마나 좋은 영향을 끼치는지를 보여준다. 웃음은 실제로 우리 몸의 건강을 유지시켜 주며 질병을 막아준다. 일본 요코스카 해군병원에서 위생병 하사관으로 근무했던 제임스 보트킨은 자신이 연구한 결과를 이렇게 보고했다. "유머는 우리의 정신건강에도 유익하지만 동시에 스트레스와 염려를 다루는 데에도 큰 도움이 된다. 크게 웃으면 몸의 수많은 근육이 움직이고 뇌에 엔돌핀이 풀어지게 된다. 뇌에 좋은 영향을 주는 이런 화학물질들은 우리의 기분도 좋게 하고 어려운 문제를 해결하는 능력도 배가시킨다. 유머의 관점으로 보면 상황이 그렇게 나쁘게만 보이지 않을 때도 있다."[12]

균형을 유지하라

지금까지 웃음과 기쁨의 극적인 효과에 대해 언급했지만, 나는 무엇보다 균형 잡힌 삶을 살라고 권하고 싶다. 이것은 적당히 잠을 자고 쉬는 것

을 말한다. 최근 〈타임〉지에 게재된 잠에 대한 기사에서 미국의 수면의학회는 하룻밤에 가장 적절한 수면시간은 7-8시간이라고 밝혔다.13) 잠을 설친 사람은 까다롭고 신경이 예민해지기 쉽다. 항상 지쳐있고 피곤한 사람은 행복할 수 없다. 그러므로 노동과 놀이의 균형을 유지하는 것이 매우 중요하다. 반드시 일정한 휴식시간을 확보하고, 때때로 자신을 위한 시간과 가족과 함께하는 시간을 갖도록 하라. 목표지향적인 사람에게 이것은 매우 어려울 수 있다. 그러나 적당한 휴식은 재충전하는 데 큰 도움이 되고 더 풍성한 기쁨을 누리게 하며 삶을 윤택하게 한다.

삶 가운데 하나님의 궁극적인 기쁨을 경험하려면, 당신은 모든 일에 있어서 균형을 유지해야 한다. 이것은 결코 무시할 수 없는 분명한 원리이다. 그리고 당신의 참되고 궁극적인 기쁨의 근원이신 하나님을 결코 잊지 말라! 주님은 매일 매순간 당신과 함께하신다.

기쁨을 활성화하고 풀어 놓으라

당신 안에 있는 하나님의 기쁨의 능력을 오늘부터 가동하고 풀어 놓지 않겠는가? 여기에 당신이 실행할 수 있는 몇 가지 방법이 있다.

1. 매일 열 사람에게 미소를 지으라.

2. 친구와 재미있는 이야기를 자주 하라.

3. 세 사람에게 칭찬하고 격려하라.

4. 긍정적이고 용기를 주는 말을 널리 퍼뜨리라.

5. 격려가 필요한 사람에게 격려의 말을 적어 보내라.

당신이 하나님의 기쁨을 퍼뜨리면, 우울증, 고독, 외로움, 거절감, 그리고 그러한 것들을 퍼뜨리는 병균을 죽이고 차단할 수 있다. 그러므로 앞으로 나아가라. 그리고 가능한 한 많은 사람들에게 기쁨을 퍼뜨리고 전염시켜라!

CHAPTER 12

관대함의 능력 : 먼저 나누라

자넷은 차를 몰고 친구의 집에 가는 길에, 먹을 것을 찾기 위해 쓰레기통을 뒤지는 한 남자를 보았다. 그녀는 속으로 '집에 돌아갈 때에도 그 남자가 여전히 거기에 있으면 따뜻한 음식을 사 먹을 수 있도록 상품권을 챙겨 주어야겠다'고 생각했다. 한 시간 뒤에 집으로 차를 몰고 가는데 그 남자는 추운 날씨에도 여전히 그곳에 앉아 있었다. 자넷은 곧바로 맥도날드로 가서 10달러짜리 상품권을 사다가 그 남자에게 주었다. 그랬더니 그는 지금까지 아무도 자기에게 진심어린 관심을 보이는 사람이 없었는데 세상에는 여전히 선한 사람이 있다는 걸 믿게 되었다고 말했다. 자기의 이름이 존이라고 밝힌 그는, 불과 몇 년 전까지만 해도 평범한 삶을 살았는데 이혼 후 모든 것을 잃었다고 말했다. 대화를 마치고 떠나려는 그녀에게 존이 호의에 대한 대가로 무엇을 원하는지 물었다. 그녀는 "아무것도 없어요. 남는 돈은 필요한 곳에 쓰세요"라고 말하고는 차로 돌아가서 소리 내어 울었다. 그것은 기쁨에 압도된 울음이었다.

'먼저 베푸는 삶'pay it forward은 캐서린 라이언 하이드가 쓴 소설을 토대로 한 것으로, 세계적인 차원의 사회운동을 점화시킨 자선운동이다.1) 그러나 예수님은 그보다 훨씬 오래 전에 이런 이타적인 기부의 개념을 가르치셨다. 마태복음 25장 34-40절에서 예수님은 되갚을 여력이 없는 곤궁에 처한 자에게 선을 베푸는 것이 곧 주님께 하는 것이라고 가르치셨다. 만약 당신이 헐벗은 사람을 입힌다면, 그것은 주님께 옷을 입혀 드리는 것이다. 만약 당신이 병든 사람이나 옥에 갇힌 사람을 방문한다면, 그것은 주님을 방문하는 것이다.

지금은 새로운 나눔운동을 시작할 때다. 우리는 도미노와 같이 한 사람에게서 다른 사람에게로 퍼져가는 연쇄반응을 일으킬 수 있다. 하나님의 능력만이 아니라 세상을 향한 주님의 진실한 마음을 풀어 놓는 가장 위대한 방법 중의 하나는 나눔을 통해서다. 우리가 살면서 넉넉히 나누면 그만큼 하나님의 영향력을 충만하게 풀어 놓을 수 있다. 그래서 우리가 사는 세상을 놀랍게 변화시키고 소중한 유산을 남길 수 있다. 관대함은 하나님이 당신에게 거저 주신 것을 누군가에게 거저 주는 것이다. 많은 사람들에게 영향을 끼치는 것은 이런 나눔의 삶을 통해서다.

인도의 첸나이에서 '소녀들의 집'을 지어주면서 나는 삶의 가장 큰 기쁨 중 하나를 맛보았다. 삶의 여정이 끝나고 내가 하나님의 뜻을 다 성취한 후에도 소녀들의 집은 계속 운영되어 나의 삶보다 더 오래도록 이어질 것이라 믿는다. 관대함은 당신에게 능력을 주어 영구한 유산을 남기게 한다! 우리 동역자들과 협력자들이 보여준 관대함과 사랑 덕분에, 우리는 소녀들을 거리에서 성공적으로 구출하여 절망과 학대와 낙망에서 구원할 수 있었다. 그 일에 동참했던 멤버들은 매년 모임을 갖고 이 귀하고 아름다운 아이들에게 성탄선물과 기부금을 보낸다. 그리고 이보다 더 큰 기쁨이 있다. 그것은 바로 나눔의 삶을 살면서 완전히 변화된 사람들을 보는 것이다.

나는 생애 처음으로 가졌던 전도집회를 결코 잊지 못한다. 당시에 나는 막 교회사역을 정리하고 전도사역으로 전환하고 있었다. 하나님께서 사역의 방향과 그에 대한 뜻을 아주 분명히 확인시켜 주셨기 때문에, 믿음으로 과감하게 발걸음을 내디딜 수 있었다. 그러나 그때마다 엄청난 모험이 도사리고 있었다. 하나님의 부르심 앞에 순종의 발걸음을 옮기기 위해서 나는 모든 것을 내려놓아야 했다.

하나님께서 여러 지역을 순회하며 능력을 행하는 사역을 시작하라고 부르실 때, 나는 친숙하고 안락한 모든 것을 뒤로한 채 많은 모험과 두려움에 직면해야 했다. 그와 동시에 하나님이 맡기신 일을 잘 해내지 못하면 어쩌나 하는 불안감이 있었다. 내게는 아주 많은 의문이 있었다. 과연 내가 여행할 수 있는 길이 열릴까? 생활비는 부족하지 않을까? 과연 이 사역이 성공할까? 믿음으로 한 걸음씩 내디딜 때마다 그것은 죽느냐 사느냐 하는 상황이었다. 내가 하나님께 순종할 때에는 감사하게도 주님께서 걸음마다 함께하셨다! 그러한 과정을 통해 나는 삶과 사역의 기초가 되는 원리, 주님께서 맡기신 일을 감당하기 위해 필요한 초자연적인 능력을 공급받는 중요한 원리를 배웠다.

첫 열매의 능력

하나님께서 나에게 관대함의 능력을 가르치신 것은 첫 번째 전도집회에서였다. 집회 중에 하나님은 육체적인 치유와 기적들을 풀어 놓기 시작하셨다. 예배 중에 하나님께서 나에게 한 난소종양이 있는 부인에 대하여 지식의 말씀을 주셨다. 내가 그것에 대하여 치유를 선포했을 때, 하나님의 불이 그녀의 몸속으로 들어가 그 종양을 완전히 녹여버렸다! 그 당시 나는 젊었고, 기적에 대한 나의 믿음은 대단했다. 하나님 앞에서 나는 어린 아이와 같은 믿음으로 서 있었다.

주님은 그날 그 집회에서 받은 사례비를 다른 선교회에 심으라는 매우 분명한 감동을 주셨다. 그 순간 나는 누구에게 그것을 심어야 하는지 정확하게 알았다. 나는 아프리카 모잠비크에서 섬기는 하이디 베이커의 사역을 좋아한다. 하나님은 이렇게 말씀하셨다. "나는 너를 열방으로 보내려고 불렀다. 네가 이 사역을 하려면 초자연적인 공급이 필요할 것이다." 나는 하이디의 사역에 씨를 심음으로써 다가오는 몇 년 동안 전개될 나의 선교 활동에 필요한 재정을 거두게 될 것을 알았다. 하나님은 구체적인 금액까지 말씀하셨다. 그 금액은 그렇게 크지는 않았지만, 그 당시 내게는 큰 것이었다.

예배 후에 헌금을 세어보았는데 250달러였다! "하나님, 주님은 제게 500달러라고 말씀하셨는데 250달러밖에 없어요"라고 나는 말했다. 그때 내게 이런 음성이 들렸다. "그런데 너에겐 예금한 돈이 있지, 그렇지? 그 돈을 쓰려무나." 순간 나는 마음속으로 이렇게 응답했다. "예, 그렇지요. 제게는 예금한 돈이 있지요. 그렇지만 전 현재 직업이 없잖아요. 그건 제 생활비 전부예요." 그러자 하나님은 말씀하셨다. "그것을 주어라." 그래서 나는 바로 주었다. 하나님은 그것이 내 사역을 위한 첫 열매헌금이라고 말씀하셨다. 나는 그것이 무슨 뜻인지 알지 못했다. 그래서 잠언 3장 9절에서 그 단어를 찾아 읽었다.

    나는 사역자로서 소득의 첫 열매로 하나님을 공경한 것이다. 그 일을 계기로 나는 내 소득으로 하나님을 공경할 때, 주님께서 항상 재정적으로 돌보신다는 것을 알았다. 이러한 헌신은 율법적인 것이 아니었다. 그것은 하나님의 마음과 말씀의 계시에서 비롯된 것이었고, 그렇게 함으로써 주님을 삶의 근원으로 신뢰하는 믿음이 내 안에서 자라났다. 정말 그랬다. 몇 달 후, 하나님은 첫 번째 선교 여행지로 인도에 가는 문을 여셨다. 그 집회에서 나는 수천 명의 힌두교도와 무슬림들이 그들의 마음을 예수님께 드리는 것을 보았다. 그리고 하나님은 그 집회를 위하여 필요한 모든 재정을 공급해 주셨다. 나는 그 후로도 여러 선교회에 심었고, 하나님은 우리의 선교를 위해 필요한 모든 것을 공급해 주셨다. 이것은 결국 사역을 할 때 우리를 지탱해주는 믿음의 유형이 되었다.

    하나님은 즐거운 마음으로 베푸는 자를 사랑하신다(고후 9:7). 당신이 심은 것이 기하급수적으로 되돌아올 것이라는 믿음과 기대를 가지고 나눌 때, 당신은 대단히 행복할 것이다. 우리가 베풀면서 느끼는 기쁨은 하나님을 믿고 신뢰하는 마음에서 비롯된 것이다. 그러나 돈에 대하여 쉽게 실족하는 사람들은 이런 계시를 받지 못한다. 그들은 자신의 인간적인 생각에 묶여 있어서 결과적으로 그저 자연적인 공급에 머물 뿐이다. 우리가 마음으로부터 우러나오는 진실한 믿음으로 관대함을 베푼다면, 놀라운 기쁨을 맛보게 될 것이다. 하나님께 드린다는 것은 감격스러운 일이다. 그분께 드릴 때마다, 하나님께서 내 삶에 초자연적인 축복을 풀어 놓으실 것이라는 믿음이 마음 가운데 생생하게 살아난다.

충분한 것 이상이다!

예수님께서 공생애 중에 하신 모든 일에는 다 이유가 있었다. 모든 말씀과 활동은 하나님의 성품과 그분의 일하시는 방식의 단면을 보여주었다. 5천 명을 먹이심으로 주님은 우리를 향한 하나님의 마음이 어떠한지를 보여주셨다. 하나님은 단순히 우리의 필요를 채우기만을 원치 않으신다. 그분은 충분한 것 이상으로 부어주시는 분이다.

> 무리를 명하여 잔디 위에 앉히시고 떡 다섯 개와 물고기 두 마리를 가지사 하늘을 우러러 축사하시고 떡을 떼어 제자들에게 주시매 제자들이 무리에게 주니 다 배불리 먹고 남은 조각을 열두 바구니에 차게 거두었으며 먹은 사람은 여자와 어린이 외에 오천 명이나 되었더라 _마태복음 14장 19-21절

필요한 것은 너무나 많았다. 5천 명의 남자들을 포함하여 여자와 어린이 모두를 먹여야 한다고 상상해 보라. 그 숫자는 최소한 1만 5천 명 이상이었을 것이라고 쉽게 짐작할 수 있다. 그럼 이 사람들을 어떻게 먹일 것인가? 제자들은 그들의 필요를 채울 능력이 자기들에게 없다는 것을 알았다. 그들은 "예수님, 그들을 모두 돌려보내십시오"라고 말했다. 그러나 주님은 이렇게 대답하셨다. "아니다. 너희가 그들에게 먹을 것을 주어라." 그 말씀은 당시 상황으로 보면 억지스러운 것이었다. 그들이 도대체 그런 일을 어떻게 할 수 있겠는가?

예수님은 주위를 둘러보셨다. 그러자 제자들이 떡 5개와 물고기 2마

리를 가지고 있는 한 소년을 겨우 찾아서 주님 앞으로 데리고 왔다. 관대함의 능력은 이 어린 소년에 의해 가동되었다. 초자연적이고 비범한 것을 경험하려면 어린 아이와 같은 믿음이 필요하다. 이 소년이 그날 자신의 점심을 나누었을 때, 기적은 가동되었다. 이 놀라운 일은 한 어린 소년, 예수님을 무척 신뢰하였기에 자신이 가지고 있는 작은 것을 움켜쥐지 않고 기꺼이 주님께 드렸던 소년의 관대한 마음에서부터 시작되었다. 하나님은 이런 마음을 토대로 일하고 싶어 하신다. 밥 홉은 이런 말을 한 적이 있다. "만일 자발적으로 아무런 자선도 베풀어 본 적이 없다면, 당신은 마음에 큰 문제가 있는 사람이다."[2] 이것은 참으로 옳은 말이다.

오병이어 사건에서 예수님께서 그 적은 양식을 가지고 무슨 일을 하셨는지가 매우 중요하다. 첫째로, 주님은 현재 가진 것에 대해 감사하셨다. 만일 당신이 넉넉히 나누는 행복을 누리고 싶다면, 아무리 가진 것이 적다고 해도 현재 있는 자리에서 주어진 것에 대하여 하나님께 감사를 표현해야 한다. 무언가를 베풀 때, 중요한 것은 선물의 크기가 아니라 그에 따른 희생의 정도이다. 하나님은 마음을 보신다. 누군가에게는 단돈 만 원도 매우 큰 씨앗이다. 왜냐하면 그것이 그야말로 그가 가진 전부일 수 있기 때문이다. 반면에 다른 누군가에겐 백만 원도 작은 씨앗일 수 있다. 왜냐하면 그들에게 그것은 없어도 아무 문제가 되지 않는 적은 액수이기 때문이다.

요점은 이것이다. 이 어린 소년은 주님께 떡 다섯 덩어리와 물고기 두 마리를 드렸다. 보기에 따라 그것이 별로 중요해 보이지 않을 수도 있지만, 예수님은 그것을 가지고 많은 것을 하실 수 있었다. 중요한 것은 이것이다. 관대한 마음을 개발하는 가장 좋은 시기는, 우리가 많은 것을 가졌을 때가 아니라 가진 것이 적을 때라는 사실이다. 해럴드 나이는 이런 말을 했다. "당신의 수입이 아주 적을 때 관대하게 베풀지 않으면, 풍성할 때에도 결코 관대하게 베풀 수 없다."3)

감사가 넘치는 관대한 사람이 되려면 부정적인 것에 주목하지 말고 긍정적인 것에 주목하라. 당신은 하나님께서 축복해 주신 모든 작은 것들에 대해 감사해야 한다. 불평하며 부정적으로 생각하는 마음의 자세는 하나님의 능력을 방해한다. 반면에 감사하는 마음과 자세는 하나님의 축복을 풀어 놓는다.

예수님은 먼저 하나님께 감사의 기도를 드린 후 떡과 물고기를 축복하시고 나누셨다. 주님은 먼저 제자들에게 한 조각씩 주셨다. 그러자 기적은 예수님의 손이 아닌 제자들의 손에서 일어났다. 떡과 물고기가 예수님의 손에 있을 때에는 5개의 떡과 2마리의 물고기에 불과했다. 그러나 그것이 예수님의 손을 떠나는 순간, 능력이 풀어지고 기적이 가동되기 시작했다.

나는 제자들이 순간 이런 유혹을 받았을 것이라 생각한다. '음, 점심이라. 나 혼자 먹으면 딱 맞겠는데.' 제자들은 그것으로 자신의 필요를 채우고 허기를 면할 수 있으리라 생각할 수 있었다. 그런데 바로 여기에 유혹이 있다. 과연 그것을 자신들이 먹을 것인가, 아니면 나눌 것인가?

제자들은 그것을 '나누어 주기로' 선택했다. 그들이 예수님께 순종하여 떡과 물고기를 나누어 주기 시작했을 때, 기적은 그들의 눈앞에서 벌어졌다! 그들이 떡과 물고기를 나누었을 때 더 많은 것이 생겨났다.

그 순간 제자들이 경험했을 흥분과 기쁨을 당신은 상상할 수 있는가? 어디에선가 떡과 물고기가 불어나 차고 넘쳐서 그들이 손으로 다 집을 수 없을 정도였다. 그들은 광주리를 구해야 했다. 광주리가 지나가자 거기 모인 사람들은 배가 차도록 먹었다! 모두 먹고 난 뒤에도 떡과 물고기가 열두 광주리에 가득 찰 정도로 넉넉했다. 이것은 제자들이 먹고도 남을 만큼 충분한 것이었다. 실로 그것은 축제였다.

예수님은 무리들의 필요를 채울 만큼만 음식을 불어나게 하실 수도 있었다. 사실 주님은 여분의 것까지 챙기실 필요가 없었다. 그러나 주님은 그렇게 하셨다. 그리고 모든 제자들은 각자 가득찬 광주리를 하나씩 얻었다. 예수님은 여기에서 우리에게 하나님의 마음을 보여 주신다. 하나님은 충분한 것 이상의 하나님이시다! 주님은 단순히 우리가 필요한 만큼만 채우지 않으신다. 제자들이 너그럽게 섬기고 다른 사람들에게 나누어 주면, 마지막에 주님은 항상 그들을 돌보시고 그들의 필요를 채우시되, 필요한 것만 겨우 채우시는 것이 아니라 충분한 것 이상으로 채워주신다는 것을 보여 주셨다!

우리는 이 원리를 또한 잠언 11장 24절에서 배우다. "(관대하게) 흩어 구제하여도 더욱 부하게 되는 일이 있나니 과도히(합당하지도 않게, 정당한 의무도 하지 않으면서) 아껴도 가난하게 될 뿐이니라."

당신과 나를 향한 하나님의 마음은, 우리가 관대한 사람이 되어 다른 사람들을 돕기 위해 넉넉히 나누어 주는 것이다. 그럴 때 하나님은 우리를 돌보시며 항상 우리와 함께 계신다. 그 길을 따라 걸으면서 우리는 얼마나 좋은 경험을 하는가! 당신이 자신의 필요에 집착하지 않고 다른 사람들의 필요를 채우려고 발걸음을 내디딜 때, 하나님은 당신의 필요를 채우기 시작하신다. 당신이 다른 사람들을 열정적으로 도울 때, 하나님은 당신을 도우신다. 하나님은 우리에게 넉넉하게 베푸신다. 그것이 주님의 마음이고 성품이다.

주님은 당신에게 필요한 것 이상을 주시는 공급원이시다. 일단 당신이 이 사실을 알면, 베푸는 것은 매우 재미있는 일이 된다. 당신에게 되갚을 수 없는 사람들에게 나누어 줄 때, 얼마나 큰 기쁨이 있는지를 당신은 알게 된다. 이것이 무조건적으로 나누는 진실한 나눔이다. 되돌려 받으려고 베푸는 것은 진정한 나눔이 아니다. 하나님께서 당신의 모든 필요를 채우시고 당신이 다른 사람을 돌아보는 것처럼 하나님께서 당신을 돌보신다는 것을 알기 때문에, 사랑의 마음으로 나누어 주는 것이 진실한 나눔이다. 작가인 아담 메이어즈는 이렇게 말했다. "당신에게 되갚을 수 없는 누군가에게 무언가를 베풀기까지 당신은 참으로 잘 살았다고 할 수 없다."4)

되갚을 수 없는 사람들에게 베풀라!

스테이시는 그녀가 살고 있는 도시가 하나님의 능력으로 변화되는 환상을 보았다. 하나님은 가난한 사람들을 향한 주님의 사랑과 긍휼의 마음을 그녀에게 부어주셨다. 스테이시와 그녀의 남편은 뉴저지에 있는 애즈베리파크에서 크리스마스 구제활동을 시작하여, 그 도시의 모든 어린이들을 크리스마스 만찬에 초청하였다. 그들은 만찬에 온 아이들에게 예수님의 이야기를 들려주었고, 아이들 하나하나를 그리스도께로 이끌었다. 그들은 수백 명에게 저녁을 대접했고, 그들 모두에게 선물을 주었다. 만찬에 온 아이들 중 그날 생전 처음으로 크리스마스 축제를 경험해 본 아이들이 있는가 하면, 장난감 선물을 처음 받는 아이도 있었다.

이 일을 계기로 매년 구제활동이 이어지면서 참여하는 사람들의 수는 갑절로 불어났다. 그들에게 보다 넓은 장소가 절실하게 필요했지만, 어디로 가야 할지 알 수 없었다. 결국 자리가 모자라 그들은 많은 아이들을 되돌려보낼 수밖에 없었다. 어느 날 스테이시는 1,400석이나 되는 파라마운트 극장을 둘러보고 있었다. 그곳은 구제활동을 위한 행사를 열기에 알맞은 장소였다.

한창 둘러보던 중 그녀는 우연히 그 극장의 모든 행사를 주관하는 담당자의 친구와 마주쳤다. 그녀는 그에게 물었다. "극장을 사용하려면 누구와 만나서 이야기해야 할까요?" 그는 말했다. "극장을 빌려서 무엇을 하시려고요?" 그러자 그녀는 자신이 생각하고 있는 행사에 대해 이야기했다. 그러나 그녀에게는 그것을 감당할 만한 재력이 없었고, 다만 확고한 비전이 있을 뿐이었다. 그녀의 이야기를 들은 그 남자는 행사 담당자를 만날 수 있는 정보를 알려 주었다. 그녀는 다음 날 바로 담당자에게 전화를 걸었다. 그녀의 이야기를 들은 담당자는 그 행사에 대해 매우 큰 흥미를 느꼈다. 결국 그는 그들에게 하루 사용료만 수천 달러에 달하는 그 극장을 사용하게 했을 뿐만 아니라, 그들을 위해 장난감을 모을 수 있도록 주선하는 것을 비롯하여 다과와 음향과 조명 담당자, 안전요원과 기타 필요한 것을 두루 제공해 주었다. 가장 중요한 것은 이 모든 것이 무상으로 제공되었다는 것이다!

지난 수년 동안 수천 명의 사람들이 그 구제활동에 동참하였다. 매해 하나님은 수천 개의 장난감을 공급해 주셔서 주님의 소중한 아이들이 그분의 영원한 사랑을 경험하게 하셨다. 스테이시의 이야기는 우리가 되갚을 수 없는 사람들을 어루만질 때, 하나님께서 초자연적으로 역사하셔서 주님의 왕국을 건설하는 데 필요한 모든 것을 공급하신다는 것을 보여주는 놀라운 사례이다.

왕국의 번영

관대함으로 번영하는 삶의 능력을 받으려면, 자기보전의 욕구를 극복해야 한다. 자기보전에 대한 욕망은 자신의 소유를 지키려고만 한다. 이런 태도는 하나님의 축복을 방해하고 실제로 하나님께서 당신을 위해 예비하신 것들을 누리지 못하게 한다. 나아가 상실에 대한 두려움 때문에 모든 사람과 분리된 삶을 살게 한다. 이런 이유로 어떤 목사들은 자기 교회의 성도들이 지역행사를 후원하지 못하게 한다. 그들은 다른 교회가 그들의 양이나 그 양들의 돈을 '도둑질'해서 자신의 교회나 사역에 손해를 끼칠까 두려워한다. 그러는 동안 그들은 나눔을 통해 누릴 수 있는 연합과 일치, 축복을 놓친다.

그러나 하나님의 뜻을 따르기로 선택하기만 하면, 우리는 이런 두려움을 얼마든지 극복하고 하나님의 충만한 축복을 경험하게 된다. 우리가 무언가를 빼앗긴다고 느끼기보다는, 거저 주므로 하나님의 왕국을 이 땅에 확장하는 데 이바지할 수 있다는 보람과 긍지를 느낄 수 있다(고후 9:6-12).

브리 키톤 박사가 콩고에 있을 때 주님께서 말씀하셨다. "나는 네가 뱀산에 올라가기를 바란다." 그녀는 바로 통역관에게 말했다. "우리는 뱀산에 올라가야 합니다." 그러자 통역관이 그녀에게 단단히 경고했다. "뱀산에 올라간 사람들은 모두 다시 내려오지 못했습니다." 무시무시한 위험이 도사리고 있었지만, 브리는 결국 주님의 명령에 순종하여 뱀산으로 올라갔다. 그녀는 그곳에서 수많은 사람들이 굶어 죽어가는 것을 목도했다. 그래서 그녀는 산 아래로 내려와서 쌀과 콩과 담요 등을 구입하여 그곳으로 다시 올라가 죽어가는 사람들에게 음식을 제공하며 복음을 전했다. 그 일을 통해 많은 사람들이 구원을 받았고, 그녀에게 매우 고마워했다.

몇 주 뒤에 하나님은 그녀에게 말씀하셨다. "나는 네가 씨앗을 사가지고 다시 뱀산으로 올라가기를 바란다." 그녀는 바로 씨앗과 비료를 사가지고 올라갔다. 그녀가 씨앗을 가지고 도착하자 사람들은 무릎을 꿇었다. 브리는 이렇게 말했다. "하나님께서 저에게 씨앗을 가지고 가라고 말씀하셨습니다." 그러자 그들이 말했다. "하나님께서 우리에게도 말씀하셨습니다. 주님은 2주 전에 우리에게 씨앗을 줄 것이니 밭을 갈기 시작하라고 말씀하셨습니다. 드디어 오늘, 우리는 밭을 다 갈았습니다! 그리고 하나님은 당신을 통하여 씨앗을 가져다 주셨습니다." 그들은 그날 바로 밭에 씨앗을 심었고, 머지않아 비가 왔다.[5] 하나님은 심는 자에게 씨앗을 제공하실 뿐만 아니라, 다른 사람이 드린 기도의 응답으로 당신을 사용하실 수도 있다.

언젠가 한 복음전도자가 하나님께서 그를 부르셔서 어떻게 위대한 일을 하게 하셨는지에 대해 이야기하는 것은 들은 적이 있다. 구제활동에는 수백만 달러가 들어간다. 그는 구제활동에 필요한 돈이 들어오지 않자, "하나님, 저는 주님께서 이 일을 하라고 저를 부르셨다고 확신합니다. 주님은 항상 명령하신 일을 위해 공급하시는 선하신 분입니다"라고 기도했다. 이에 대해 하나님은 그에게 이렇게 말씀하셨다. "내가 사람들에게 주라고 말했는데 그들이 불순종했다." 하나님은 사람들과 동역하기로 선택하셨다. 바로 이것이 관대하게 베풀라고 주님이 말씀하실 때, 우리가 순종해야 하는 중요한 이유다.

우리는 이러한 왕국의 재정법칙을 이해해야 한다. 그것은 단지 우리 자신만을 위해서가 아니라 다른 사람들을 위해서이다. 이것은 하나님께서 우리에게 주시는 모든 능력에 대한 불변의 진리이다. 하나님은 우리의 필요를 채우기 위해서만이 아니라, 우리를 통해 다른 사람들을 도우시기 위해 능력을 주신다. 바로 이것이 심음과 거둠의 진정한 동기가 되어야 한다. 우리는 자신만의 필요를 충족시키기 위해 심고 거두는 것이 아니다. 우리가 심은 대로 거둠으로써 다른 사람들을 더 효과적으로 돕는 것, 이것이 우리의 동기가 되어야 한다(야고보서 4:3).

내가 교회에서 성장하는 동안에는, 심고 거두는 원리와 삶 가운데 필요한 모든 것을 공급해 주시는 하나님을 신뢰하라는 가르침을 받아본 적이 없다. 다만 자주 들었던 교훈은 "네가 얻기 위해 베풀어서는 안 된다"는 것이었다. 그것은 옳은 말처럼 들리지만, 엄밀히 말해서 성경적으로 정확히 맞는 말도 아니다. 무언가 얻기를 바라는 이기적인 마음으로 나누면 심고 거두는 법칙이 제대로 작용하지 않는다. 그러나 사람들의 삶 속에 하나님의 사역이 전파되기를 바라는 마음으로 베푼다면, 그것은 올바른 동기가 되어 풍성한 결실을 가져다준다. 왕국의 번영은 단순히 한 개인을 위한 것이 아니다. 그것은 개인에게 축복해 주신 자원들을 가지고 가능한 한 많은 사람들을 돕기 위한 것이다. 나는 존 웨슬리가 한 말을 좋아한다. "당신이 할 수 있는 모든 선한 일을 다 하라. 당신이 할 수 있는 모든 방법을 다 동원하여, 가능한 한 모든 장소에서, 언제든지, 더 많은 사람에게 당신이 할 수 있는 모든 선을 행하라."[6]

거의 대부분의 사람들이 심고 거두는 원리를 제대로 배우지 못하고 있다. 그들은 그저 율법적인 의미에서 더 많이 베풀라고 배울 뿐이다. 그래서 많은 신앙인들이 십일조를 드리지 않으면 경제적으로 큰 저주를 받는다고 생각한다. 그러나 예수님이 우리를 대신하여 저주를 받으셨고 구약에 나오는 어떤 저주도 십자가에서 예수님이 다 짊어지셨다고 신약성경은 가르친다. 우리는 더이상 저주 아래 있지 않다! 우리의 경제생활도 마찬가지다. 당신이 십일조를 심으면, 그것은 믿음으로 하는 것이지 두려움으로 하는 일이 아니다. 그리고 이렇게 할 때 열매를 맺게 된다.

믿음이 없이는 하나님을 기쁘시게 할 수 없다(히 11:6). 많은 사람들은 두려움이 동기가 되어 주고 또 준다. 그러나 그런 사람들의 삶에는 열매가 맺히지 않는다. 하나님은 우리가 그분을 하늘에 계신 우리의 자원이시요, 공급자로 신뢰하는 마음으로 심고 베풀기를 원하신다. 믿음은 하나님을 기쁘시게 하는 것이고, 초자연적인 기름 부으심이 우리의 경제생활에도 작동되도록 풀어 놓는 것이다.

나는 한동안 심고 거두는 가르침에 위위적인 속임수가 작용하는 것을 보았다. 그러나 우리는 이 원리가 계시하는 하나님의 마음을 놓쳐서는 안 된다. 추수를 기대하며 믿음으로 심는 방법을 이해하고 관대하게 심을 때 받는 능력은, 우리의 경제적 한계를 초월한다. 그것은 우리 삶의 모든 분야에 영향을 미치고, 결국엔 하나님의 마음과 성품의 중심에까지 나아간다.

하나님은 우리의 마음을 아신다. 그러므로 우리의 동기는 순수해야 한다. 우리가 이기적이지 않은 만큼, 하나님은 우리를 신뢰하시고 더 많은 축복을 부어주신다. 우리에게는 재정적인 축복을 누리며 멋지고 즐겁게 사는 것이 전부가 아니다. 물론 하나님은 우리가 삶 가운데 좋은 것들을 즐기기를 원하신다. 그러나 주님은 디모데전서 6장 17-19절에서 부자들에게 이렇게 권면하신다. "네가 이 세대에서 부한 자들을 명하여 마음을 높이지 말고(교만하거나 다른 사람을 멸시하지 말고) 정함이 없는 재물에 소망을 두지 말고 오직 우리에게 모든 것을 후히 주사 누리게 하시는 하나님께 두며 선을 행하고 선한 사업을 많이 하고 (다른 사람들에게) 나누어 주기를 좋아하며 너그러운 자가 되게 하라 이것이 장래에 자기를 위하여 (영원히 지속되는 부로) 좋은 터를 쌓아 참된 생명을 취하는 것이니라."

이것이 우리가 마음에 품고 있어야 할 모든 것이다. 재정은 다만 이 세상에서 주님의 일을 하기 위한 도구일 뿐이다.

유업의 땅에 심으라

관대함의 능력에 대한 또 하나의 강력한 원리는, 내가 남길 유업의 땅에 심어야 한다는 것이었다. 하나님은 우리가 미디어사역을 시작할 때, 이것에 대해 가르치셨다. 하루는 기도하는데 하나님께서 내가 그분의 능력으로 미디어산업에 침투해 들어가도록 부르셨다고 말씀하셨다. 순간 우리가 TV 사역을 하는 것이 하나님의 부르심이라는 것을 깨달았다.

당시 나는 미국에서 열린 한 컨퍼런스에서 말씀을 전하고 있었다. 사역을 하는 중에 주님은 나를 초청한 그 사역팀에 내가 받은 강사 사례비를 심으라고 말씀하셨다. 나는 구체적으로 그들이 하는 미디어사역에 심어야 한다고 아주 분명하게 느꼈다. 그들은 일주일 내내 TV방송을 하고 있었다. 사실 처음에는 이렇게 반응했다. "하나님, 그들은 저보다 돈이 더 많은 것 같은데요. 그들에게는 제 돈이 필요할 것 같지 않아요." 그러자 하나님은 이렇게 말씀하셨다. "너는 미디어사역을 하기 원하느냐?" 나는 그것에 대해 잠시 생각하다가 말씀드렸다. "예, 제가 TV사역을 하는 것이 주님의 뜻이라고 믿습니다." 이에 대해 하나님은 대답하셨다. "그러면 너의 사례비를 그의 미디어사역에 심어라. 그것은 네 유업의 땅에 심는 것이다."

순간 기쁨이 마음 깊은 곳에서 솟구쳤다. 그래서 나는 기쁜 마음으로 나를 초청한 사역팀에 헌금하였다. 그리고는 무슨 일이 일어날까 흥분하며 기대했다. 그때 주님은 이삭이 자신이 유업으로 받은 땅으로 들어가는 창세기 26장의 말씀을 보게 하셨다. 거기에 나의 삶을 영구히 바꾸어 놓을 하나의 원리가 눈앞에 펼쳐졌다.

이삭이 유업으로 받은 땅으로 들어갔을 당시, 그곳은 황폐하여 버려진 땅이었다. 그 광경을 보며 이삭은 아마도 대부분의 사람들과 마찬가지로 하나님께 이렇게 말씀드렸을 것이다. "하나님, 이것이 저의 유업이라고요? 황폐한 황무지가요? 더 좋은 곳이 있겠지요?" 그러나 이삭은 거기에 머물지 않고 매우 전략적이고도 멋진 일을 했다. 그는 황폐한 땅에 낙심하여 짐을 싸들고 다른 곳으로 이사하지 않고, 하나님이 보내신 땅에 머물며 그분이 주신 것을 지키고 그 땅에 씨앗을 심기 시작했다. 한 해가 지나지 않아서 그는 백배의 수확을 거두었다(창 26:12-14). 그 후로 하나님의 초자연적인 은총이 풀어지면서 그의 삶과 유업에 초자연적인 축복이 풀어졌다. 그의 모든 유업은 그가 씨앗을 심을 때 배가되었다.

나는 삶 속에서 이 진리를 실천했다. 주님께서 나의 동료 사역자의 TV사역에 심으라고 지시하신 지 정확히 3개월 후에 사무실에 전화가 한 통 걸려왔다. 그것은 국제적인 TV네트워크의 하나인 갓TV GOD TV에서 온 것이었는데, 우리에게 그들의 네트워크에서 방송을 할 의향이 있는지 물었다. 하나님은 일찍이 나에게 이렇게 말씀하셨다. "너는 일부러 TV네트워크를 찾아다닐 필요가 없다. 그들이 먼저 너를 찾아올 것이다." 나는 이미 하나님으로부터 네트워크를 찾아다니지 말라는 지시를 받았다. 그래서 나는 그것을 혼자 마음속에 간직하며 기도하고 있었다.

기도하는 가운데 다른 사람의 TV사역에 재정을 지원하며 유업의 땅에 심었을 때, 하나님은 내 삶에 은총을 베푸셔서 힘들여 수고하지 않아도 필요한 문들을 열어주셨다. 결코 이것을 잊지 말라. 순종은 은총을 불러온다! 그리고 당신에게는 다른 사람의 은총이 필요하지 않다! 대신 하나님께서 당신의 문을 열어 줄 열쇠를 가진 사람을 보내주시는 은총을 베푸신다. 주님은 당신을 향한 계획과 목적이 이루어지도록, 당신이 올바른 사람과 더불어 올바른 시간과 장소에 있게 하신다. 내가 순종으로 기도하고 심은 이후로 우리의 미디어사역은 계속하여 국제적으로 확장되었다.

씨앗을 심으면서 나는 매우 구체적인 것을 배웠다. 다른 이의 사역에 심었을 때, 나의 믿음은 매우 구체화되었다. 나는 나의 씨앗을 믿음으로 포장했다. 나는 구체적으로 추수를 주시는 하나님을 믿는 만큼 의도적으로 심었다. 나는 하나님을 믿으며 나의 TV사역을 위해 다른 사람의 TV사역에 심었다. 그렇게 나는 내 유업의 땅에 심었다. 당신이 재정적으로 심을 때, 항상 하나님을 믿는 믿음으로 돌파가 필요한 구체적인 분야에 심으라. 하나님께서 당신을 선교사역으로 부르셨다고 믿으면, 선교를 위해 심고 주님께서 당신의 선교사역을 위해 공급해 주실 것을 믿으라. 하나님께서 당신을 부흥사역으로 부르셨으면, 부흥사역에 심으라. 하나님께서 당신을 미디어로 부르셨다면, 미디어사역에 심으라. 당신의 믿음이 보다 구체적인 것이 되게 하라. 그리고 당신이 받을 유업의 땅을 확인하라.

감사의 씨앗을 심으라

내가 관대함의 능력에 대하여 배운 한 가지는, 바로 고마움과 감사의 씨앗을 심는 능력이다. 누군가 당신에게 선의를 가지고 베풀 때, 감사와 고마움을 표하라. 그것은 오래 지속될 것이고, 그렇게 하는 것이 당신에게 좋다. 어떤 축복도 당연하게 받아들이지 말라. 하나님께서 누군가를 통하여 당신에게 은총을 베푸신다면 그 사람에게 반드시 감사를 표하라. 그리고 당신을 축복한 사람들에게 축복을 되돌려줄 창조적인 방법을 가르쳐 달라고 기도하라. 이것은 하나님께도, 당신을 축복한 사람에게도 매우 중요하다.

나는 아들을 잃은 한 부부가 상당히 많은 액수의 헌금을 한 이야기를 들었다. 그들의 후한 연보가 알려졌을 때, 부인은 남편에게 이렇게 속삭였다. "우리 아들을 위해 같은 금액을 또 한 번 헌금합시다." 그러자 남편은 "무슨 소리요? 우리 아들은 죽지 않았소"라고 말했다. 그의 말에 부인이 말했다. "그래서 하는 말인데, 아들의 생명을 살려주신 하나님께 우리의 감사를 표현하는 마음으로 드리자는 말이에요!"[7]

내 동생을 볼 때마다 나는 매우 감격스럽다. 내가 14살이었고 동생이 13살이었을 때 우리는 하나님을 만났다. 1년쯤 뒤에 동생은 하나님에게서 멀어졌다. 그 후 20년간 어머니는 동생을 위해 기도하셨다. 그러다가 동생이 내가 인도하는 집회에 참석했을 때, 주님께서 그를 강력하게 만나주셨다. 그렇게 동생은 하나님께 돌아왔고, 그 즉시 하나님과의 관계에 불이

붙었다. 하나님을 새롭게 만난 바로 뒤, 그에게 초자연적인 기름 부음이 임했다. 나는 동생 릭을 사역 현장으로 데리고 가서 성령의 기름 부으심을 더 충만히 받게 했다. 그날 헌금 시간에 동생이 지갑을 꺼내서 일천 달러를 헌금하는 것을 보고 깜짝 놀랐다! 넉넉히 나누는 관대한 마음을 받은 것이다. 그 뒤로 동생은 더 많이 베풀었고, 그만큼 더 행복해졌다! 그는 주는 것을 좋아하는 사람이 되었다.

동생은 하나님께서 행하신 일을 나에게 이야기했다. "형, 하나님께서 내게 베푸신 은혜를 생각할 때 얼마나 감사한지 몰라. 나는 주님을 정말 사랑해." 그 말을 듣고 나는 동생이 순수하게 사랑과 감사의 마음으로 나눈다는 것을 알게 되었다. 그 다음에 일어난 일은 우리 모두에게 놀라운 충격을 주었다.

당시 동생은 뉴햄프셔에서 냉난방 설비사업을 하고 있었다. 사회 전체적으로 경기가 침체되면서 그의 사업도 고스란히 영향을 받아 급격하게 기울기 시작했다. 어려운 상황 중에 고민하던 동생이 내게 전화를 하여 이렇게 말했다. "형, 앞으로 무슨 사업을 해야 할지 모르겠어. 할 수 있는 일이 없어." 그렇지만 당시 동생은 일천 달러를 헌금하며 심었다! 이러한 동생의 행동에 대해 많은 사람들은 미쳤다고 생각할 것이다. 사실 누구든 상황이 어려우면 자신이 가지고 있는 것을 더 움켜쥐기 마련이다. 그래서 그들에겐 누군가에게 나누어 줄 여유가 없다. 그러나 내 동생은 그렇지 않았다! 그는 주고 또 주었다. 그렇게 동생은 하나님의 관대함의 법칙에 몸을 던졌다.

매우 궁핍한 중에도 베푸는 삶을 살고 있을 때, 갑자기 동생에게 새로운 일거리를 주겠다는 전화들이 걸려오기 시작했다. 그렇게 대부분의 기업이 도산하는 중에 내 동생은 일어나고 번창했다. 그가 나누면 나눌수록 더 많은 일거리가 주어졌다. 그 후로 그는 수천 달러를 심었고, 동일하게 수천 달러가 그에게 되돌아왔다. 그의 추수는 하나님께서 주신 기회와 계약자와 고객들이 베푸는 호의를 통하여 왔다. 그는 하나님과 사람에게 은총을 입었다.

그러나 이 일에 있어서 그의 동기가 매우 중요하다. 그는 고맙고 감사한 마음으로 씨앗을 심었다. 그는 하나님을 사랑하는 마음으로 씨앗을 심었고, 그것을 통해 거둔 것은 그에게 축복이 되었던 사람들에게 다시 심었다. 이러한 감사는 더 많은 문을 열었고, 그에게 더 많은 왕국의 부를 불러왔다.

한번은 릭과 거래하는 건축업자 중 한 사람이 사업을 증진시킬 목적으로 값비싼 TV광고를 제작하고 있었다. 동생은 그 건축업자가 자신에게 일을 맡긴 것에 대해 고마워하고 있었기 때문에, 평안한 마음으로 그 TV광고에 7천5백 달러를 심었다. 그는 감사의 씨앗을 심은 것이다. 그러자 바로 그 달에 7천5백 달러가 일을 통해 되돌아왔을 뿐만 아니라, 그 일로 인해 그 건축업자에게 더 많은 호의를 얻기까지 했다. 현재 동생은 그 건축업자의 모든 공사를 독점적으로 맡아서 하고 있다. 이 업자는 릭에게 자신이 건축하는 건물의 90퍼센트를 맡겼고, 지역사회에서 사업할 때 필요한 추천장을 더 많이 써주었다. 그래서 릭은 더 많은 일을 맡아 할 수 있게 되었다.

하나님은 우리가 심은 것 이상으로 보다 더 풍성하게 베푸신다! 관대함, 감사, 그리고 존중은 자석처럼 축복을 끌어당긴다. 우리는 치료받은 한 나병환자가 예수님께 돌아와 감사를 표했던 것과 동일한 마음을 품어야 한다. 당시 치료받은 사람은 열 사람이었지만, 오직 한 사람만이 감사했다(눅 17:17-18).

추수를 식별하라

당신은 추수를 믿고 기대할 수 있다. 대중적으로 인기 있는 한 목사가 헌금을 거두는 것을 보고 오럴 로버츠 박사가 책망하며 이런 말을 했다고 한다. "당신은 사람들에게 씨앗을 심는 방법을 가르치면서 추수에 대해서는 말해주지 않는군요." 그는 계속해서 사람들이 믿음으로 전진하기 위해서는 추수가 있다는 사실을 믿게 하는 것이 중요하다고 강조했다.

성경은 누가복음 6장 38절에서 이렇게 가르친다. "주라 그리하면 (선물들을) 너희에게 줄 것이니 곧 후히 되어 누르고 흔들어 넘치도록 하여 너희에게 (마음의 분량에 따라, 너희의 옷자락에, 너희가 사용한 그릇에) 안겨 주리라 너희가 헤아리는 그 헤아림으로(너희가 다른 사람들에게 베풀 때 사용한 기준대로) 너희도 헤아림을 도로 받을 것이니라."

추수를 식별하는 법을 배우는 것은 매우 중요하다. 수많은 재정을 심으면서 우리는 돈이 공중에서 우리 무릎에 뚝 떨어진다고 생각한다. 물론 하나님께서 기적적으로 은행계좌로 돈이 들어오게 하셔서 재정을 공급하실 수도 있지만, 언제나 그런 것은 아니다. 많은 경우에 추수는 여러 가지 형태의 축복과 공급으로 다가온다.

신명기 8장 18절에 보면 하나님은 우리에게 '재물을 얻을 능력'을 주신다. 때로 추수는 우리 삶에 왕국의 재정을 산출할 수 있는 창조적인 아이디어의 형태로 다가올 수 있다. 그것은 또한 기회의 문이 열리거나, 당신의 삶에 초월적인 축복을 가져다주게 될 사람을 만나는 형태일 수도 있다. 하나님께서 당신 앞에 놓아두신 놀라운 기회들을 찾아보라. 하나님은 당신에게 새로운 직장의 문을 여시거나 직장에서 연봉협상을 할 때 특별한 지혜를 주실 수 있다. 호의에 대하여 내가 배운 한 가지가 있다. 그것은 당신이 다른 사람의 문제를 해결해 줄 때, 그 사람의 문제해결과 더불어 급여 인상과 보너스, 직장에서의 승진과 같은 형태의 호의가 당신에게 풀어진다는 것이다. 이런 일이 요셉에게 있었다. 그는 바로의 꿈을 해석함으로써 그의 문제를 해결해 주었다. 그 결과, 요셉은 하나님의 은총으로 높임을 받게 되었다.

만일 현상만을 유지하려 하고 현재보다 더 탁월해지거나 나아가기를 원치 않는다면, 당신은 아마도 앞으로 전진하거나 다른 특별한 축복을 경험하고 싶어 하지 않을 것이다. 그러나 그것은 선한 청지기의 태도가 아니다. 우리가 평균을 뛰어넘는 방법을 찾고 우리에게 부과된 일보다 더 많은 것을 성취하려고 노력할 때, 하나님은 그 모든 것을 보시고 상을 주신다. 주님께서 직장 상사에게 당신의 급여를 인상시켜 주라고 말씀하시는 것은 매우 쉬운 일이다. 그러나 당신이 게으름을 피우고 시간만 때우고 있다면, 그런 일은 절대 일어나지 않는다.

여기에 몇 가지 생각해 볼 문제가 있다. 당신은 직장에 일찍 출근하는가? 하던 일을 마무리짓기 위해 야근을 해 보았는가? 지시받지 않은 일이지만, 회사를 위해 꼭 필요하다고 생각되는 일을 자발적으로 해 보았는가? 하나님께 직장에 축복이 되고, 당신이 섬기는 사람들의 수입을 증가시킬 만한 창조적인 아이디어를 달라고 기도해 보았는가? 이 모든 것들이 우리의 유업의 땅에 심을 수 있는 일들이다. 하나님께서는 월요일부터 금요일까지 매일 당신이 삶 가운데 추수하게 하실 수 있다. 탁월함과 인격, 온전함, 성실한 노동, 부지런함, 존경과 좋은 태도의 씨앗을 심을 때, 당신은 분명 축복의 추수를 거두게 될 것이다. 좋은 씨앗을 심으면 그만큼 하나님의 은총이 당신의 삶에 풀어진다.

동역의 능력

바울은 동역에 관하여 강력한 원리를 가르쳤다. 자신의 사역에 심은 사람들에 관하여 바울은 빌립보서 4장 17-19절에서 이렇게 말했다. "내가 (너희의) 선물을 구함이(간절히 바람이) 아니요 오직 너희에게 유익하도록 풍성한 열매(너희를 위하여 쌓아둔 축복의 추수)를 구함이라(바람이라) 내게는 모든 것이 있고 또 풍부한지라 에바브로디도 편에 너희가 준 것을 받으므로 내가 풍족하니 이는 받으실 만한 향기로운 제물이요 하나님을 기쁘시게 한 것이라 나의 하나님이 그리스도 예수 안에서 영광 가운데 그 풍성한 대로 너희 모든 쓸 것을 채우시리라(넘치도록 공급하시리라)."

바울은 사람들이 복음을 전하는 일에 동역함으로써 그의 사역에 심을 때, 그들이 추수할 것이 많아질 것이고 자신의 모든 필요는 그리스도 예수 안에서 영광스런 하나님의 풍성함으로부터 채워졌다고 가르쳤다. 나는 복음을 전하는 일에 우리와 동역한 모든 사람들에게도 이와 동일한 일이 일어났다고 확실히 믿는다. 우리가 함께 사람들을 위로하고 변화시키면, 하나님께서는 우리를 돌보시는 것에 그치지 않고 더 많은 일을 하신다.

재정 그 이상의 문제

유업의 땅에 심는 것은 재정을 심는 것만을 의미하지 않는다. 사실 당신이 하는 일 모두가 심는 행위이다! 당신이 다른 사람에게 사랑을 베푸는 것, 즉 친절한 말을 하거나 격려하거나 그들의 돌파를 위해 기도하는 것, 일상에 충실하고 상대가 기대한 것 이상을 베풀고, 점심값을 대신 내주고, 인도에 있는 고아원에 후원금을 보내거나 교회에 헌금하는 이 모든 행위가 다 심는 것이다.

당신의 삶에 일어나기를 바라는 일이 있다면, 먼저 다른 사람에게 그렇게 하라. 당신에게 기회의 문이 더 열리기를 바란다면, 다른 사람이 기회의 문을 열고 나아가도록 도우라. 당신에게 재정이 필요하다면, 다른 사람을 재정적으로 도우라. 좋은 친구를 원한다면, 친절한 사람이 되어라. 다른 사람의 사랑을 받기 원한다면, 먼저 사랑을 베풀어라. 레오 버스카글리아는 이렇게 말했다. "너무나 자주 우리는 작은 손길, 미소, 친절한 말, 귀담아 들음, 온전한 칭찬, 또는 돌보고 챙기는 아주 작은 행위를 중요하게 여기지 않는다. 사실 이런 것들로 인해 우리의 삶이 변화될 수 있는데도 말이다."[8] 당신이 다른 사람의 삶에 심는 아주 작은 씨앗들을 과소평가하지 말라. 많은 경우 지극히 작은 씨앗들이 거대한 나무로 자란다.

테레사 수녀는 이것을 아주 잘 표현했다. "당신이 누군가에게 미소를 짓는다면, 그것은 매우 값진 사랑의 행위이고 그 사람에게 주는 선물이자 아름다운 일이다. 우리는 작은 미소가 얼마나 많은 선한 일을 만들어내는지 상상조차 할 수 없다."[9]

능력으로 가득한 삶은 우리가 이 땅에 남기고 갈 유산이다. 우리가 더 많은 것을 나누는 사람이 되면, 그만큼 우리는 다른 사람들에게 더 큰 영향을 끼치게 되고 그만큼 더 위대한 유업을 남기게 된다. 윈스턴 처칠은 이렇게 말했다. "우리는 받음으로써 생존을 이어간다. 그리고 나눔으로써 사람답게 산다."[10]

"우리는 나누는 사람을 세 부류, 즉 부싯돌과 스펀지와 벌통으로 구분할 수 있다. 부싯돌에서 무언가를 얻어내려면 힘차게 두드려야 한다. 그러면 작은 부스러기나 불꽃만을 얻는다. 스펀지에서 물을 얻어내려면 쥐어짜야 한다. 당신은 압력을 가하는 만큼 더 많이 얻을 수 있다. 그러나 벌통에서는 가만히 있어도 그 자체의 단맛이 넘쳐흐른다. 이 중에서 당신은 어떻게 나누는 사람인가?"[11] 벌통처럼 변화된 삶의 흔적을 영원히 남기면서, 하나님의 사랑을 나누는 달콤함이 흘러넘치는 삶을 사는 사람이 되자!

관대함을 활성화하고 풀어 놓으라

베푸는 삶은 지금 이 땅에 사는 당신의 삶을 초월하는 유산을 창조한다. 이것이 영웅의 길이다.

바로 활동을 시작하여 세상을 변화시키자. 관대함의 능력으로 오는 세대에 유업을 남기자. 남보다 먼저 베풀라. 다른 사람에게 관대하게 베풀 때, 그들에게 또 다른 세 사람에게 기분 좋은 일을 함으로 '남보다 먼저 베풀라'고 부탁하라. 여기에 몇 가지 방법이 있다.

1. 노숙자에게 저녁을 사주어라.

2. 경제적으로 어렵게 사는 사람이 파는 물건을 사주어라.

3. 당신이 가진 좋은 옷을 어려운 사람에게 기부하라.

4. 노숙자들의 쉼터나 그들을 섬기는 곳에 찾아가 음식을 나누어 주는 일에 동

참하라.

5. 자선사업에 기부하고 삶에 좋은 영향을 끼치는 사역에 경제적으로 동역하라.

이런 일에 매일 헌신하라. 그러면 다른 사람의 삶만이 아니라 당신의 삶도 변화될 것이다.

사랑의 능력 : 혁명을 시작하라

어떤 영화든 항상 주인공이 있고 그에 대한 적대자가 있다. 그리고 선한 사람이 있고 악한 사람이 있다. 선한 사람과 악한 사람을 분별하는 중요한 기준은 마음이 어떠한가에 있다. 영웅에게는 항상 세상을 구원해야 하는 사명이 주어진다. 그러나 그 전에 먼저 자기발견의 과정을 통과해야 한다. 악인은 보통 능력이 생긴 다음부터 달라진다. 슈퍼맨과 렉스 루서, 배트맨과 조커, 스파이더맨과 그린 고블린을 보면 알 수 있듯이, 악인의 최종목적은 사랑 없이 세상을 지배하는 것이다. 그러나 영웅을 위대하게 만드는 것은 자신을 희생함으로써 사랑으로 세상을 구원하려는 열망이다.

사랑 없는 믿음은 열매 없는 능력이다. 하나님은 주님의 능력이 열매 없이 나타나는 것이 아니라 열매를 통해 나타나기를 원하신다. 사랑은 세상에서 가장 강력한 힘이다. 그것은 사람들을 고통과 절망의 깊고 깊은 어둠에서 건져낼 수 있는 힘과 능력이다. 능력으로 충만한 삶을 산다는 것은 사랑으로 충만한 삶을 사는 것을 의미한다.

보통 하나님의 능력 안에서 사는 삶을 생각할 때, 우리는 자동적으로 능력을 믿음과 동일시한다. 분명 믿음은 삶 가운데 하나님의 능력을 경험하는 데 없어서는 안 될 매우 중요한 요소이다. 예수님은 가끔 사람들에게 이렇게 말씀하셨다. "나를 믿으라. 너희의 믿음으로 너희가 치료를 받았다." 사람들의 삶 가운데 하나님의 능력이 풀어지는 것은, 때때로 믿음과 연결되었다. 우리는 믿음과 소망과 사랑을 가지고 있다. 그러나 이 가운데서 가장 위대한 것은 사랑이다!(고전 13:13)

사랑의 능력을 드러내라

많은 사람들이 우리 어머니를 '대모'라고 부른다. 어머니는 많은 사람들에게 진정 영적인 어머니다. 어머니가 우리 사역팀의 일원으로서 함께 거리를 지날 때, 나는 그분이 가시는 곳마다 사람들의 얼굴이 밝아지는 것을 본다. 이것은 사실이다. 공항에서 만나는 사람부터 상점의 점원, 호텔에서 일하는 사람들, 집회에 참석하는 사람들에 이르기까지, 어머니가 한 번만 포옹해주고 친절하게 말하고 웃어주시기만 하면 아무리 힘들었던 사람의 마음도 치유되고 부드러워진다.

어머니는 가시는 곳마다 하나님의 순수한 빛을 비추신다. 그게 바로 그분의 모습이다. 어머니는 사랑을 표현하기 위해 일부러 애쓰실 필요가 없다. 그분 자체가 사랑이다. 하나님의 사랑은 어머니가 어디에 계시든 자연스럽게 스며 나온다. 우리가족이 저녁식사를 하러 동네식당에 들어서면 어머니를 본 점원들이 모두 달려 나와서 그분을 껴안는다. 이 얼마나 놀라운 모습인가! 사람들이 어머니에게 끌리는 것은 그분에게 은사가 많기 때문도, 세상적으로 뛰어난 그 무엇이 있어서가 아니다. 그들은 그저 사랑에 끌리는 것이다. 나는 어머니가 팔로 품어 안을 때, 그들이 내적으로 또 외적으로 완전히 치유되는 것을 보았다. 하나님의 사랑이 어머니를 통해 수년 동안 안고 있던 감정적 상처와 아픔을 치유하실 때, 그들은 어머니의 품에 안겨 흐느껴 울었다.

내가 병자들을 위해 기도하는 집회를 인도하고 있을 때였다. 그날은 부모님이 나와 함께하셨다. 강단에서 사람들을 위해 기도하고 있을 때, 글자 그대로 해골 같아 보이는 한 부인에게 눈길이 갔다. 그녀는 너무 쇠약해서 일어설 수도 없었다. 그녀는 인내를 가지고 내가 자신을 위해 기도해 주기를 기다리며 앞자리에 앉아 있었다. 나는 어머니에게 가서 그 여인의 치유를 위해 함께 기도하자고 부탁했다. 우리는 그 여자가 골수암으로 투병 중이라는 것을 알게 되었다. 그녀는 말 그대로 가죽과 뼈만 남아 있었다.

먼저 내가 그녀의 손을 잡고 믿음의 기도를 했다. 나의 기도가 끝나자, 어머니가 앞으로 다가서더니 두 팔로 그 여인을 감싸 안고는 단순하게 하나님의 말씀을 선포하셨다. 그 순간 하나님의 사랑이 어머니에게서 흘러나와 곧바로 그 여인에게로 들어갔다. 하나님의 사랑이 밀물처럼 밀려들 때, 갑자기 소란스런 소리가 들렸다. 눈을 들어 보니 그녀가 기쁨을 주체하지 못해 강단 주위를 껑충껑충 뛰면서 춤을 추고 있었다. 그녀는 크게 소리를 질렀다. "나는 치료받았다! 나는 치료받았다! 내 모든 고통이 사라졌다!" 그녀는 또 이렇게 외쳤다. "나는 집에 가서 가족들에게 예수님이 나를 고쳐 주셨다고 말할 것이다!" 예배가 마치자마자 그녀는 차에서 집회가 마치기를 기다리고 있는 아들에게로 달려갔다. 그날이 그들 가족에게 얼마나 기쁜 날이었을까!

나는 그것을 바로 내 눈앞에서 보았다. 사랑이 그 여인을 고쳤다. 하나님의 사랑이 역사하는 것을 보면 볼수록, 사랑의 능력은 치유와 회복과 자유를 가져다준다는 것을 더욱 확실히 깨닫는다. 그때 하나님은 나에게 갈라디아서 5장 6절의 말씀을 보게 하셨다. "그리스도 예수 안에서는(만일 우리가 그리스도 예수 안에 있으면) 할례나 무할례나 효력이 없으되 사랑으로써 역사하는(그리고 활성화되고 강화되고 표현되는) 믿음뿐이니라."

능력을 풀어내는 것은 단순한 믿음이 아니다. 그것은 사랑을 통하여 역사하는 믿음이다. 확대역성경은 사랑이 믿음을 활성화하고 강화시키고 표현되게 한다고 설명한다. 사랑은 믿음을 움직이고 활동하게 한다. 믿음은 마치 전지통과 같고, 사랑은 그 전지 안에 있는 전력이다. 사랑은 하나님의 무한한 능력을 풀어 놓음으로써 우리의 믿음을 가동시킨다! 사랑은 모든 한계를 철폐한다!

테레사 수녀는 말했다. "하나님이 불어넣으시는 사랑에 당신의 마음을 열라. 하나님은 당신을 부드럽게 사랑하신다. 주님이 당신에게 주시는 것은 자물쇠로 잠그고 지키라고 주신 것이 아니라 나누라고 주신 것이다."[1] 하나님의 사랑은 주님의 능력을 다른 사람에게 나눌 수 있도록 풀어 놓는다.

아버지의 마음

그가 아버지의 마음을 자녀에게로 돌이키게 하고 자녀들의 마음을 그들의 아버지에게로 돌이키게 하리라 _말라기 4장 6절

어렸을 때 아버지는 언제나 일만 하셨던 것으로 기억된다. 아버지는

일주일에 엿새에서 이레까지, 어떤 때는 일을 끝내기 위해 60-70시간을 일만 하셨다. 어머니가 집에서 동생과 나를 키우시는 것이 부모님에게는 매우 중요했다. 아버지가 사랑으로 희생하셨기 때문에 나는 궁핍하지 않은 환경에서 평안한 가운데 사랑을 느끼며 자랄 수 있었다.

아버지의 사랑은 어머니의 사랑과는 매우 다르게 다가왔다. 어머니가 몸으로 애정을 많이 표하신 반면, 아버지는 섬김의 행동으로 사랑을 보여주셨다. 연세가 많으셨던 외할아버지와 외할머니는 돌아가시기 10년 전부터 우리와 함께 지내셨다. 아버지는 희생을 각오하시고 어머니가 24시간 동안 그분들을 돌볼 수 있도록 협력하셨다. 나는 아버지가 외할아버지를 목욕시켜 드리고 이발까지 해드리던 모습을 기억한다. 그것은 정말 고단한 생활이었는데, 그래서 외할머니는 아버지에게 고마운 마음을 갖고 계셨다. 그것은 나에게 오래도록 잊혀 지지 않는 기억으로 남아있다.

한동안 외삼촌 중 한 분이 매우 심각한 정신적 고통을 겪으셨다. 그분은 홀로 매우 지저분한 판잣집에 살고 있었다. 아버지는 그곳을 찾아가 물통에 뜨거운 물을 담아다가 비누칠을 해서 무릎을 꿇고 문에 빛이 날 때까지 박박 문질러 닦으셨다. 결국 아버지는 그 집을 그 건물에서 가장 깨끗한 곳으로 만드셨다.

내 고물 자동차를 비롯해 우리 가족이 타는 차가 고장이라도 나면, 아버지는 자동차 아래에 누우셔서 오랜 시간 동안 고치시곤 했다. 한 번은 내가 학교에 갔다가 차에 고장이 났는데, 아버지는 4시간을 달려오셔서 쏟아지는 비를 맞아 가며 엔진을 고치셨다. 이것이 바로 행동으로 보여주는 사랑이다. 아버지가 하셔야 할 일이 많아서 어렸을 땐 아버지를 그렇게 자주 보지는 못했다. 하지만, 하나님은 그 모든 것을 충분히 보상해 주셔서 지금 그분은 세계를 다니며 사역하는 나를 돕는 동역자가 되셨다.

사랑은 가정에서부터 시작되어야 한다

많은 사람들은 능력 있는 사역이나 사회적인 성공을 원한다. 그러나 정작 그들의 가족은 고통을 겪는 경우가 많다. 사역은 바로 당신의 집에서부터 시작된다. 만일 온 세상을 구원하고도 가족을 잃는다면, 당신에게 남는 것이 무엇이겠는가? 아무것도 없다. 사랑은 가정에서부터 시작되어야 한다. 우리의 가까운 친구인 하이디 베이커는 뉴욕에서 열린 컨퍼런스에서 그녀의 가족에 관하여 하나님께서 어떻게 말씀하셨는지에 대해 감동적인 간증을 했다. 철저히 깨어지고 부서진 마음으로 입을 연 하이디는 자기 집안에 역기능적인 사고방식이 있었다고 털어놓았다. "우리는 잘못을 서로 고백하고 용서하였습니다"라고 그녀는 겸허하게 인정했다.

하이디는 자신과 남편 롤랜드가 하나님 아버지의 사랑을 제대로 이해할 수 있도록 어떻게 그분의 자비가 그녀의 가족에 임했는지를 이야기했다. 하나님께서 하이디의 남편 롤랜드를 치시는 뜻하지 않은 사건을 통해 그들에게 뚫고 들어오신 것이다. 그것은 하나님의 심오한 방법이었다. 그는 노인성 치매와 말라리아성 치매, 그리고 몇 주밖에 살 수 없는 약한 심장박동증세라는 진단을 동시에 받았다. 그러나 하나님은 베이커의 가족을 구원하실 계획을 갖고 계셨다. 주님은 그들에게 서로를 향한 이타적인 사랑을 통하여, 그리고 가족을 그 어떤 것보다도 중요하게 여기게 하심으로 주님의 사랑이 어떤 것인지를 보여주셨다. 하이디는 계속해서 "하나님의 계획은 우리가 승리하는 것이고, 세상이 교회를 찾아 달려가게 할 정도로 그런 과격한 사랑을 흘려보내는 것"²⁾이라고 말했다.

하이디는 롤랜드를 위하여 모든 것을 포기해야 하는 지경에까지 내몰렸다. 그녀가 아프리카 어린이들을 사랑하는 만큼 남편을 붙잡고 사랑했을 때, 하나님은 궁극적으로 베이커 부부를 축복하셔서 그들의 사역을 통해 2년 내에 5만 명의 영혼을 구원하게 하셨다. 그리고 롤랜드 역시 완전히 치료되었다.

우리는 하이디 베이커의 경험과 간증을 통해 사랑이 분명 가정에서 먼저 시작되어야 한다는 것을 배우게 된다! 하나님께서 세상을 사랑하라고 명령하실 때, 당신의 가족을 먼저 사랑해야 한다는 사실을 기억하라. 이 시험을 통과할 때, 당신은 한 세대를 구원하는 위치에 서게 될 것이다.

잊혀진 사람들

나는 생애 처음으로 인도에 있는 나환자촌에 발을 디뎠던 순간을 지금도 생생하게 기억한다. 그곳에서 나는 고약한 냄새는 뭐라고 설명할 수 없을 만큼 참기 힘들었다. 게다가 낡아빠져 당장이라도 쓰러질 듯한 집들은 가히 충격적이었다. 나환자촌으로 가는 먼지 나는 길을 따라 걷고 있을 때, 가는 비가 내리기 시작했다. 나는 함께 미국에서 온 사람들의 얼굴을 쳐다보았다. 어떤 사람들은 충격에 빠져 있었고, 다른 사람들은 겁을 먹고 있었다.

우리가 문도 없고 담은 무너져 내린 낡은 집 앞을 지나가고 있을 때, 나환자들이 인사하러 숨었던 곳에서 나오기 시작했다. 그곳은 인도의 첸나이시 외곽의 나환자들이 집단생활을 하는 곳이었다. 그 중 한 사람이 임시로 만든 휠체어에 앉아 있었다. 그것은 마치 누군가 끌어주어야 하는 마차 같았다. 두 손과 두 발을 모두 잃은 그는 온 몸과 얼굴에 생긴 고름이 터져 괴로워하고 있었다. 그는 휠체어에 앉아 고통과 절망의 눈초리로 우리를 바라보았다. 그의 얼굴은 절반이나 움푹 파여 있었고, 그 상처에 파리들이 몰려들었다.

그렇게 소중한 하나님의 자녀들이 사회로부터 단절되어 있는 것을 보면서 팀원들은 충격 받은 채 그 자리에 서 있었다. 가족과 친구들로부터 격리되어 잊혀진 지 오래 된 그들은, 거절당하고 멸시받고 쫓겨나 너무도 외로웠다. 테레사 수녀는 이렇게 말했다. "현대의 가장 큰 질병은 나병이나 결핵이 아니라 반겨주는 이가 없다고 느끼는 고립감입니다."3) 이 사람들 하나하나가 견뎌내야 하는 외로움과 거절감으로 인한 깊은 상처와 고통을 상상해 보라. 이것이 그들의 현실이었다. 어떤 사람은 그것을 지상의 지옥이라고 불렀다.

그렇게 철저하게 버려진 그들에게로 달려가서 팀원들이 팔을 벌려 포옹하며 하나님의 사랑을 쏟아 붓는 것을 보면서 나의 마음은 뭔지 모를 따뜻함으로 채워졌다. 함께 간 한 부인은 여자 나환자가 그녀의 무릎을 베고 누워있는 동안 흙바닥에 앉아 있었다. 그날 우리는 나환자들 모두를 한 사람씩 두 팔로 안아 주었다. 그렇게 우리는 그들을 사랑했다. 그리고 우리는 그들을 위해 기도하고, 그들을 먹였다. 우리는 그렇게 세상에서 거절당한 그들을 붙들어 주었다.

내가 한 여인을 위해 기도할 때, 그녀는 두 볼에 굵은 눈물을 흘리며 흐느껴 울며 부르짖기 시작했다. 하나님의 능력이 그녀를 만지고 계셨다. 예수님의 사랑과 능력으로 내면 깊은 곳에서 무언가 떠나면서 이내 그녀는 자유로워졌다. 절망적이었던 그녀의 얼굴이 두 팔을 벌려 포옹하며 감사하다는 말을 할 때에는 기쁨의 얼굴로 바뀌어 있었다. 그것은 수년 만에 처음으로, 어쩌면 그녀의 생애에서 처음으로 느낀 인간적인 손길과 접촉이었을 것이다. 접촉의 능력을 결코 과소평가하지 말라! 그것은 놀라운 치유를 가져다줄 수 있다.

환자들 한 사람 한 사람 앞에 서서 나는 그들에게 손을 얹고 그들의 치유와 자유를 위해 기도했다. 어떤 사람은 이렇게 말할지 모른다. "매트, 당신은 나병이 전염되는 줄 모르세요? 상처와 고름이 있는 그들에게 당신의 손을 꼭 얹어야만 했나요?" 그러면 나는 이렇게 말할 것이다. "하나님은 나병보다 더 강력하십니다! 사랑은 질병보다 더 강력합니다. 사랑은 사람들이 내적으로나 외적으로 지니고 있는 깊고 깊은 아픔과 상처보다 더 강력합니다." 사람의 필요를 채워주는 궁극적인 해결책은 바로 사랑이다. 사랑은 결코 실패를 모르는 유일한 것이다. 사랑의 성공률은 100퍼센트다.

인도 여행을 마치고 집으로 돌아온 뒤 내게 한 통의 전화가 걸려왔다. 그것은 인도의 나환자촌에 우리와 동행했던 목사의 전화였다. 그는 울면서 말했다. "매트, 무슨 일이 일어났는지 당신에게 말해야겠어요. 우리는 예전에 다른 사역자들을 그 나환자촌에 데리고 갔었어요. 그때 한 사람은 나병에 걸릴까 너무 두려운 나머지 차 안에 앉아서 문을 닫고 창문 너머로 나환자들을 위해 기도했답니다. 다른 팀은 그 동네 앞에 음식물을 놓고는 들어가려고 하지 않았죠. 그들은 모두 나환자들에게 가까이 가기를 꺼려했습니다."

그는 계속해서 말을 이었다. "그러나 당신의 팀은 그들과 함께 앉았습니다. 그리고 그들을 먹여 주었고 그들을 위해 기도해 주었습니다." 그는 우리가 그곳을 떠난 뒤 뒷일을 처리하러 2주 후에 그 나환자촌에 다시 가보았다고 했다. 그가 방문했을 때 그 나환자들이 말했다. "그 백인이 와서 우리를 위해 기도해 주었을 때, 그가 우리를 만지고 그의 손을 우리에게 얹었을 때, 놀라운 일이 일어났습니다. 나병이 우리 몸에서 멈춘 것입니다!" 그 목사는 이 잃어버리고 잊혀진 사람들을 고친 치유의 능력을 간증하며 울었다. 그것이 바로 무조건적인 사랑의 능력이다.

절름발이 소년이 걷다

또다시 인도를 여행할 때, 우리 팀원 중 한 사람이 하나님의 사랑의 놀라운 능력을 경험했다. 우리가 인도하는 치유축제에서 나는 치유가 필요한 사람들을 위해 강단에서 기도하고 있었다. 우리 팀은 바깥마당에서 사람들을 위해 기도하였다. 그러던 중 팀원 중 한 사람인 릭이 두 다리가 마비되어 걸을 수 없는 어린 소년이 흙바닥에 누워있는 것을 발견했다. 순간 그의 마음은 그 어린 소년을 향한 하나님의 사랑에 온통 사로잡혔다. 릭은 그를 자기 팔로 안아 일으키고 붙잡고 기도했다. 그런데 갑자기 그 어린 소년이 발길질하기 시작하는 것을 느꼈다. 릭이 그를 땅에 내려놓았을 때, 그의 두 다리에 힘이 생겼고 마침내 그는 걸었다! 하나님이 그를 치료하신 것이다! 오, 하나님의 사랑에 얼마나 놀라운 치유의 능력이 있는지요!

나는 사랑의 능력 중 가장 강력한 것은 되돌려 받을 것을 기대하지 않고 주는 사랑이라고 생각한다. 그러나 우리는 수많은 단서를 붙여서 준다. 우리는 '내가 이 사람에게 이런 일을 해 주면, 그는 내게 무엇을 해 줄까?'라고 생각한다. 그러나 그것은 진정한 사랑이 아니다. 진정한 사랑은 아무것도 돌려받을 것을 기대하지 않고 주는 것이다. 사랑은 당신을 위해서 아무것도 해 줄 것이 없는 사람들에게 조건 없이 주는 것이다. 진정 하나님의 마음을 움직이는 것은 이런 이타적인 사랑이다.

한계를 모르는 능력의 삶을 살라

당신은 정말 한계를 모르는 무한한 능력의 삶을 살기 원하는가? 병든 자를 고치는 능력, 사람들을 자유케 하는 능력, 자신의 고통과 약함을 극복하는 온전하고도 강력한 삶을 사는 능력 말이다. 나는 이것이 우리 모두의 소원이라고 생각한다. 그러나 우리는 다른 사람을 위한 하나님의 사랑을 충분히 받지도 못하고 주지도 못함으로, 우리를 향한 하나님의 뜻에 못 미치는 삶을 살 때가 너무도 많다. 사랑은 당신을 변화시킬 뿐만 아니라, 당신을 통해 다른 사람도 변화시킨다.

사랑을 통해 놀랍도록 강력한 초자연적 능력이 흘러간다. 예수님은 그분이 만난 모든 병자들을 고치셨다. 주님은 한 사람도 그냥 돌려보내지 않으셨다. 주님은 한 번도 "미안하지만, 나는 너를 도와 줄 수 없다. 너의 문제는 너무나 커서 내 힘으로는 어쩔 수 없다"고 말씀하신 적이 없다. 그렇다. 주님에게는 그분께 나아오는 사람은 누구든지 도우실 수 있는 능력이 있다. 주님은 이익을 취하시려는 동기로 일을 하지 않으셨다. 그분은 다른 사람들에게서 무언가를 되돌려 받으려는 의도로 그들에게 주지 않으셨다. 주님은 단순히 사랑하기 때문에 그들에게 주셨다. 상하고 혼란스러운 사람들, 회복될 것 같지 않은 사람들에게 하나님의 사랑을 나타내는 것, 이것이 바로 주님이 이 땅에서 하신 중요한 사역이었다. 주님은 바로 이러한 사람들을 위해 세상에 오셨다.

예수님의 삶을 연구하면서 나의 삶과 사역을 변화시킨 놀라운 진리를 깨달았다. 그것은 바로 사랑이 예수님이 행하신 능력의 숨겨진 근원이라는 것이다. 사랑이야말로 주님께 나온 모든 병자들을 고치신 능력의 원천이었다. 사랑은 주님께서 자연적인 법칙이나 한계를 힘차게 뚫고 나아가게 하는 능력이 되었다.

예수님은 정말 우리가 따르고 배워야 할 모든 모형과 실례를 보여주셨다. 나에게 가장 인상적인 장면은 마태복음 14장에 소개된, 예수님께서 사촌인 세례 요한이 진리와 의를 위해 싸우다가 참수형을 당했다는 소식을 들으셨을 때다. 그것은 크나큰 상실이었다.

우리는 예수님이 육신을 입으신 하나님이셨지만, 여전히 우리와 똑같은 사람이셨다는 사실을 잊어서는 안 된다. 주님은 느낌과 감정을 가지셨고, 우리와 마찬가지로 시험도 받으셨다. 주님은 그 모든 것을 경험하셨고, 그렇기 때문에 우리의 마음과 고통을 아주 잘 아신다.

예수님이 한적한 곳으로 가셔서 그날 일어났던 일들을 묵상하고 계실 때, 군중들이 주님이 계신 곳을 찾아냈다. 그들은 주님을 따랐다. 예수님은 자신의 문제로 씨름하시면서도 따라온 사람들의 절박한 필요와 고통을 다루셨다. 이럴 때 주님이 보이신 반응에서 우리가 알 수 있는 것은, 주님께서 그 많은 능력을 소유하신 이유가 다른 사람들을 돕기 위해서였다는 것이다. "예수께서 나오사 큰 무리를 보시고 불쌍히 여기사 그 중에 있는 병자를 고쳐 주시니라"(마 14:14).

사람들의 절박한 필요와 고통을 보셨을 때, 주님의 마음에 동정심이 일어났다. 주님의 마음에 동정심과 사랑이 흐를 때, 능력이 그분의 몸과 손을 통해 흘러나와 병자들을 고치셨다. 예수님으로 하여금 그분의 문제를 젖혀놓고 어려운 사람들을 도울 수 있게 한 것은 바로 이타적인 사랑이었다.

다른 사람들을 돕는 일에 진심으로 쓰임 받기를 원한다면, 사역이 언제나 편한 것만은 아니라는 것을 곧 알아야 한다. 사람들은 대부분 이렇게 말한다. "내가 돈을 충분히 벌게 되면…" "이런 상황이 생기게 되면…" "이 사람이 내가 전화했을 때 나를 알아본다면, 하나님이 나를 쓰시는 줄 알겠다." 그러나 하나님께 쓰임 받기 전에 모든 상황이 완벽해지기를 바란다면, 당신은 평생 기다리기만 해야 할 것이다.

때때로 가장 위대한 능력은 자신이 전혀 준비되어 있지 않다고 느낄 때, 당신을 통해 흘러간다. 그것은 모든 것이 완벽해져야 하는 것이 아니라, 단지 얼마나 하나님 아버지의 마음을 품느냐의 문제다. 당신은 삶에 심각한 문제를 안고 있을 수 있고, 그런 와중에도 하나님께서 다른 사람들을 돕는 일에 여전히 당신을 사용하실 수 있다. 그때 당신은 불편함을 감수해야만 한다.

예수님은 어려운 상황에 처한 자들을 기꺼이 도우실 뿐만 아니라, 그런 능력이 왜 주님을 통하여 흘러가는지를 보여주셨다. 주님은 긍휼히 여기는 마음으로 일하셨다. 이것이 그 열쇠다! 주님은 실제로 사람들을 돌보셨다. 주님의 마음은 참되고 진실하셨다. 사랑이 주님 안에서 흐를 때, 하나님의 치유의 능력이 풀려나서 수많은 사람들을 치유하고 자유케 했다.

긍휼은 하나님의 능력을 끌어당긴다

당신 안에 있는 하나님의 긍휼이 당신을 통하여 누군가에게 능력을 풀어 놓을 뿐만 아니라, 당신에게로 주님의 능력을 강력하게 끌어당긴다. 델리아 녹스는 하반신이 마비되어 불구의 몸으로 22년 동안 휠체어에 앉아 지냈다. 그녀는 다리에 아무런 감각을 느끼지 못했다. 하반신이 마비된 후 처음 10년 동안 그녀는 매일 아침에 일어날 때마다 혹시나 오늘은 낫지 않을까 하는 기대감을 가졌다. 그러나 하루가 지나고 한 달, 일 년이 지나도 그녀의 희망은 이루어지지 않았다. 그러자, 그녀는 언제까지나 이렇게 살아야 되는 건 아닌가 하는 의심이 들었다. 이제 22년의 세월이 흘렀고, 기대하는 마음도 모두 사라져 사실 그녀는 오고 싶지 않았지만 마지못해 치유집회에 오게 되었다. 이동할 때마다 누군가의 도움을 받아야 하는 것이 불편했던 그녀는 집회 내내 마음이 편치 않았다. 그러나 그날 밤에 놀라운 일이 일어났다.

강단에는 아기의 신장병을 치료받기 위해 기다리고 있는 한 어머니가 있었다. 그 아기를 보자 마음에 깊은 동정심이 일어난 그녀는 바로 기도하기 시작했다. "주님, 주님은 저 아기를 고쳐 주셔야 해요!" 그때 갑자기 전도자요, 목사인 사람이 강단에서 내려와 그녀를 위해 기도하기 시작했다. 그 순간 그녀의 마음은 그 아기를 향한 동정심으로 가득해서 내면 깊은 곳에 있는 무언가가 녹아내릴 지경이었다.

갑자기 그녀는 두 손이 자기의 두 발에 닿는 것을 느낄 수 있었다! 감각이 되살아난 것이다. 그 목사는 말했다. "이 여인 속에 믿음이 일어나게 하소서." 그녀는 성령님의 음성을 들었다. "일어나라!" 그리고 그녀는 즉시 일어났다! 22년 만에 처음으로 그녀는 일어섰다. 주변에 있던 사람들이 그녀가 첫 발을 떼는 것을 도울 때, 하나님의 치유의 능력은 그녀를 관통하여 파동치며 일어났다.

현재 그녀는 완전히 치유되어 온전하게 걷고, 자신을 치유해 주신 하나님을 찬양하고 있다. 그녀는 다른 사람을 향한 하나님의 긍휼로 충만했을 때, 그것이 실제로 하나님의 능력을 끌어당겨서 자신을 치유하였다고 증거했다. 델리아의 남편은 말한다. "긍휼이 나가면 능력이 들어온다. 부메랑 효과가 일어나는 것이다." 믿음은 델리아의 가슴에 살아나서 긍휼의 능력을 통하여 치유를 일으켰다.4)

오럴 로버츠 박사와 만나다

미국의 위대한 치유전도자 중 오럴 로버츠 박사가 있었다. 1950년대에 미국 전역에 걸쳐 열린 거대한 천막집회로 유명한 로버츠 박사는 일상적으로 일어났던 하나님의 엄청난 치유의 능력을 간증하였다. 2009년 12월 15일, 오럴 로버츠가 91세에 세상을 떠나기 몇 달 전, 나는 영광스럽게도 그의 거실에서 여러 시간 그와 같이 앉아 있었다. 여러 가지 놀라운 이야기를 나누고 나서 그는 나를 위해 기도했다. 그때 그에게 치유사역의 비결이 무엇이었느냐고 물었는데, 그의 대답을 듣고 나는 매우 놀랐다. 오럴 로버츠는 이렇게 대답했다.

"대부분의 사람들은 내가 믿음이라고 대답할 것이라고 생각합니다. 물론 그것은 사실입니다. 믿음은 매우 중요합니다. 그러나 나에게는 이미 믿음이 있고 나는 그것을 알고 있습니다. 성경은 그리스도를 믿는 모든 사람에게는 어느 정도의 믿음이 있다고 가르치고 있습니다. 그래서 모든 그리스도인들에게는 믿음이 있습니다. 성경이 나에게 믿음이 있다고 말씀하고 있기 때문에, 나는 단순하게 그렇다고 믿습니다. 그러나 나는 집회 전에 개인적으로 하나님을 찾으며, 주님의 사랑으로 내 마음을 충만하게 해 달라고 기도하곤 합니다. 나는 하나님께 내가 사람들을 사랑하고 그들의 역경에 관심을 갖게 해 달라고 기도합니다. 그렇게 내가 하나님의 사랑을 추구했을 때, 기적은 나의 집회에 폭발적으로 일어났습니다." 한 집회에서 로버츠 박사는 이렇게 말했다. "만일 당신이 병든 자를 고치기를 원한다면, 당신은 반드시 그 사람을 사랑해야 한다."

그것이 바로 바울 사도가 갈라디아서 5장 6절에서 가르친 것이다. 믿음은 사랑에 의해 활성화되고, 어떠한 상황도 극복할 수 있는 하나님의 능력을 풀어낸다.

하나님의 사랑을 풀어내라

영국의 웨일즈에서 사역했던 밤은 매우 인상적이었다. 그곳은 1904년에 놀라운 부흥이 있어났던 고장이다. 그날 밤 성령께서 나를 감동시키셔서 치유기도를 받도록 사람들을 초청하라고 하셨다. 강단에서 사람들을 위해 기도하고 있을 때, 회중석 중간쯤에 한 여자가 앉아있는 모습이 눈에 들어왔다. 그 순간 그 여자에게 가서 기도해 주라고 하나님께서 나에게 감동을 주셨다. 그러나 나는 속으로 이렇게 말했다. "하나님, 그 여자가 기도를 원한다면 강단으로 나올 텐데요?" 그러나 시간이 한참 지나도 나는 내가 느꼈던 그 감동을 떨쳐버릴 수 없었다.

그래서 나는 그 여자에게 걸어가서 물었다. "제가 기도해 드려도 될까요?" 그런데 그녀는 나를 쳐다보고는 얼굴을 찡그리며 "아니요. 저는 당신의 기도를 원치 않습니다"라고 말했다. 그 여자는 심지어 이렇게 말했다. "사실 저는 오늘 여기에 오기도 싫었습니다. 남편이 오자고 해서 억지로 온 거예요." 나는 바로 하나님께 말씀드렸다. "제가 주님께 말씀드렸잖아요?" 하지만, 나는 주님께서 다시 "그 여자를 위해 기도하라"고 말씀하시는 것을 느꼈다. 그래서 다시 물었다. "기도해 드려도 될까요?" 그러자 그녀가 말했다. "저는 지금까지 만나는 사람 누구에게나 나를 위해 기도해 달라고 부탁했지만 여전히 아파요! 저는 의사들에게 가서 수술도 받았지만 아무 효과가 없었어요. 하나님은 저를 사랑하시지 않아요. 주님은 저를 치료하기 원치 않으세요!" 그 여자는 미친 듯이 날뛰고 화를 내며 우울해했다. 믿음의 기도를 드릴 만한 상황이 아니었다. 그 여자는 나에게 자신이 앓고 있는 모든 병에 대해 말하기 시작했는데 아주 많았다. 나는 그렇게 많은 질병에 시달리는 사람을 본 적이 없었다.

나는 결국 그 여자의 말을 막으며, 내가 그녀를 위해 기도해도 되는지 한 번 더 물었다. 그러자 이번에는 마지못해 허락했다. 그녀가 기도를 받기 위해 일어섰을 때, 얼음같이 차가운 눈초리로 나를 바라보기만 했다. 나는 그녀의 치유를 위해 하나님을 믿는 믿음을 어디서부터 끌어내야 할지 확신할 수 없었다. 다만 나는 하나님께 순종하며 행동하고 있었다.

그 순간 그녀에게 화를 내고, 그런 나 자신을 증오하는 것은 아주 쉬운 일이었을 것이다. 나는 그녀의 불쾌한 태도에 인간적인 생각으로 화를 내며 쉽게 그 자리를 떠났을 수도 있었다. 그러나 나는 하나님께 순종해야 한다는 것을 잘 알고 있었다. 내가 눈을 감고 기도하기 시작했을 때, 갑자기 무언가가 내 안에서 생겨나기 시작했다. 나는 그녀가 나에게 얼마나 심하게 화를 냈는지에 대해서는 조금도 개의치 않았다. 나의 마음은 그녀를 향한 초자연적인 사랑에 압도되기 시작했다! 그 사랑이 가슴에 채워졌을 때, 나의 눈에는 그녀의 육신적인 조건들이 전혀 보이지 않았고 하나님께서 하실 수 있는 것만 보였다.

하나님의 사랑이 내 가슴에 부어졌을 때, 능력이 나의 영에서부터 흘러나와 그녀의 몸으로 들어갔다. 그 여자는 울기 시작했고 동시에 웃기도 했다. 결국 그녀의 몸에서 모든 고통이 떠났고, 그녀는 완전히 나았고 자유케 되었다. 육체적인 모든 고통과 연약함이 치유되었을 뿐 아니라, 하나님의 임재를 다시 느낄 수 있었다. "저는 지난 5년 동안 마치 영적으로 죽은 것 같았어요. 하나님의 임재를 전혀 느낄 수 없었어요. 그러나 이제 새로운 생명이 저에게 흘러들어온 것 같습니다. 저는 다시 하나님과 가까워졌습니다"라고 그 여자는 소리쳤다.

사랑은 사람들을 깊은 절망의 구덩이에서 끌어내어 그들을 치유하고, 그들로 하여금 새로운 삶을 살게 하는 능력을 가지고 있다. 하나님의 사랑은 우울증과 분노와 부족한 믿음을 극복하게 한다. 우리 팀이 인도에 치유집회를 하러 갔을 때 있었던 일이다. 집회가 진행되는 내내 하나님의 능력이 임재하여 병든 자가 고침을 받고, 축사가 일어나고, 사람들이 그리스도를 믿는 믿음을 갖게 되었다. 내가 설교하는 동안 나의 아버지가 강단의 한 쪽에 서 계셨다. 사람들을 보던 중, 가까운 앞쪽 자리에 있는 눈에 띄는 한 사람을 주목하지 않을 수 없었다. 그는 아버지를 계속 응시하며 "내가 만일 당신 가까이 갈 수 있으면 당신을 죽여 버릴 거야"라고 눈빛으로 말하고 있었다. 아버지는 단순히 그에게 하나님의 사랑이 부어지기를 기도해야 한다는 감동을 받으셔서 집회 내내 그 한 사람을 위하여 묵묵히 기도하셨다.

집회가 끝나고 우리가 떠나려고 할 때, 이 사람은 우리를 향해 달려오다가 경호하는 사람들의 제재를 받았다. 그가 달려온 것은, 자신이 경험한 기적을 간증하기 위해서였다. 여러 해 동안 그는 정신적인 고통을 겪었다. 그는 이렇게 말했다. "제가 저 사람(나의 아버지)을 응시했을 때, 마음이 치유되었습니다." 아버지가 단순히 하나님의 사랑이 그에게 임하기를 기도했을 때, 하나님의 능력이 풀어져 그의 마음은 완전한 자유를 얻게 된 것이다.

고아를 돌봄

하나님 아버지 앞에서 정결하고 더러움이 없는 경건은 곧 고아와 과부를 그 환난 중에 돌보고 또 자기를 지켜 세속에 물들지 아니하는 그것이니라

_야고보서 1장 27절

하나님의 사랑을 절박하게 필요로 하는 사람들에게 그것을 풀어 놓는 또 다른 방법은 입양을 통해서다. 그리스도인들은 이런저런 이유로 육신의 부모로부터 버림을 받은 고아들을 향해 마음을 열어 돌보고 입양함으로 깨어진 세상에 해답이 되고 있다. 그런 가정 중 하나가 바로 랙스데일 부부이다. 그들은 15년 전부터 고아들을 돌보기 시작했고 현재 75명이 넘는 아이들을 양육하고 있다. 그들 중 어떤 아이들은 몇 달을 머물고, 어떤 아이들은 5년까지 머물기도 한다.

그들은 오래 전 4살 된 한 아이를 입양했는데, 지금 그 아이는 11살이

되었다. 어느 날 그들은 새로 입양된 아들에게 물었다. "어떻게 우리가 너의 부모가 되고, 네가 우리 아들이 되었지?" 그러자 그가 대답했다. "제가 하나님께 새로운 어머니와 아버지를 달라고 기도했는데, 하나님께서 두 분을 저에게 보내주셨어요. 앞으로 부모님께 순종하겠어요. 지금 바로 가서 그 말을 적어 놓을게요." 그들은 그에게 '요시아'라는 이름을 새로 지어 주었는데, 그 뜻은 '여호와는 치료하신다'이다. "주님은 계속해서 우리의 마음을 그분의 임재로 확장시키셔서, 우리가 주님의 사랑을 받아서 주님의 아이들에게 그 사랑을 부어줄 수 있게 하십니다"라고 데니스 랙스데일은 말했다.

아프리카 모잠비크의 선교사 하이디 베이커는 엔젤리크라는 이름을 가진 어린 소녀의 가슴 아픈 이야기를 해 주었다. 엔젤리크가 어릴 때 삼촌이 그 아이를 나무에 묶어놓고 강간했고, 그 후로 아이는 동네 남자들에게 계속해서 강간을 당했다. 하이디와 그의 남편 롤랜드가 이 어린 소녀를 구출했을 때, 아이의 몸은 온통 사람들로부터 받은 상처로 가득했다. 그녀는 타락한 인간들의 죄악으로 인해 마치 짐승과 같이 되었다. 그러나 하나님의 사랑은 그보다 더 강력하다!

아이가 그들의 집에 처음 왔을 때, 자신의 머리조차 들 수 없을 만큼 극도로 쇠약했다. 그러나 하이디와 롤랜드, 그리고 그들의 팀이 아이를 사랑으로 붙잡아 주고 기도해 주었을 때, 치유하시는 하나님의 능력이 회복을 일으키기 시작하였다. 곧 아이는 머리를 들게 되었고 먹고 걷기 시작했다. 지금 그녀는 하나님의 사랑의 능력으로 완전히 치유되어 아름다운 숙녀가 되었다. 그녀는 삼촌과 자신을 학대한 사람들을 완전히 용서했고, 하나님께서 그녀를 위해 계획하신 기쁨과 평화, 축복과 성취의 삶을 살고 있다. 그녀는 하나님의 사랑으로 온전해졌을 뿐만 아니라, 우리가 사랑받을 자격이 전혀 없다고 생각하는 사람들에게까지도 그 사랑을 풀어낼 수 있게 되었다.

열매를 추구하는 삶

너희는 더욱 큰(그리고 가장 위대한) 은사(그리고 가장 좋은 은혜)를 (간절히, 열렬하게) 사모하라(개발하라) 내가 또한 가장 좋은(모든 것보다 더 뛰어난) 길을 너희에게 보이리라 _고린도전서 12장 31절

예수님의 삶과 사역은 은사가 아니라 열매를 추구하였다는 것을 아는 것이 중요하다. 예수님은 분명 성령에 의해 능력을 받으시고, 하나님으로부터 엄청난 은사들을 받아 사역하셨다. 그러나 주님은 이러한 것들을 목표로 삼지는 않으셨다. 주님은 열매를 추구하고 그것을 목표로 삼으셨다. 예수님의 동기는 하나님 자체, 그분의 사랑이었다. 예수님은 하나님의 은사만을 추구하지 않으셨고 하나님의 사랑을 추구하셨다. 하나님의 사랑과 긍휼은 초자연적인 능력이 필요한 사람들에게 그것을 풀어내는 원동력이 된다.

사랑이 그렇게 강력한 이유는, 그것이 우리가 하나님을 믿는 사람이라는 증거가 되기 때문이다(요 13:34-35). 사랑은 우리가 세상의 사람들과는 다른 사람으로 구별되게 하는 그 무엇이다. 그러나 우리는 너무나 자주 우리가 받은 은사로 서로를 평가한다. 하나님은 우리가 주님을 사랑하는 것만이 아니라 다른 사람을 사랑하는 것으로 우리를 평가하신다.

당신 안에 있는 주님의 사랑은 단순히 은사가 나타나는 차원보다도 훨씬 더 강력한 능력을 흘러넘치게 한다. 사랑은 당신이 그리스도 자체를 드

러내서 모든 한계를 철폐하고, 하나님께서 당신을 통하여 하실 수 있는 모든 것들을 가능하게 한다. 삶 가운데 열매를 간절히 추구하면, 당신의 삶은 언제까지나 순결하고 깨끗할 수 있다. 동기를 순결하게 하고, 열정이 거룩하게 하라. 그러면 하나님이 참으로 영광을 받으신다. 사람들이 하나님의 능력을 보게 될 뿐 아니라, 그들이 주님의 마음을 경험하고 그분의 얼굴을 보게 된다.

어렸을 때, 하루는 현관으로 걸어가면서 학교에서 친구와 다툰 문제 때문에 눈물을 흘리고 있었다. 그날 하나님께서 어머니의 마음에 "그 아이를 그저 사랑해 주어라"고 말씀하셨다. 그것은 아주 단순한 일로 보일 수도 있다. 그렇지만 그 아픈 순간을 통과하는 데 가장 큰 힘이 되었던 것이 바로 그 사랑이었다. 우리에게는 다른 사람의 고통을 완전히 해결하거나 그들의 환경을 바꿀 능력은 없지만, 대신 그들을 사랑할 수는 있다. 사랑 그 안에 치유의 능력이 있다. 테레사 수녀는 말했다. "당신이 사랑 때문에 상처를 입을 때까지 사랑한다면, 어느새 상처는 사라지고 더 많은 사랑만 남게 될 것이다."[5] 이것은 우리가 진심으로 다른 사람을 사랑할 때, 그들의 고통까지도 느끼게 된다는 뜻이다. 그러나 그럼에도 불구하고 계속 사랑할 때, 결국 고통은 사랑으로 대체된다.

부모님이 보여주신 무조건적인 사랑과 후원은 내가 힘든 시간을 지날 때 큰 힘이 되었다. 그분들은 내 삶의 위대한 영웅들이시다. 하나님께서 나를 사로잡으시고 내가 겪은 것들을 사용하셔서 다른 사람을 보다 더 효과적으로 도울 수 있었던 것도, 그분들의 사랑 때문이라고 나는 믿는다.

하나님은 우리가 그저 살아남은 자가 되는 데 만족하지 않으시고 승리자가 되게 하셨다. 고등학교 시절, 나는 나의 믿음을 다른 사람들과 매우 담대하게 나누었다. 여러 해가 지난 후, 나는 사람들로부터 내가 하나님을 위해 담대히 했던 일들이 그들에게 어떠한 영향을 끼쳤고, 그것이 어떻게 작용하여 그들이 결국 하나님을 알게 되었는지에 대해 듣게 되었다.

나는 지금 전적으로 하나님 안에서 살아가고 있으며, 하나님의 능력으로 다른 사람들을 섬길 수 있게 되었다. 우리는 세계 25개국 이상의 나라에서 수천 명이 구원을 받고, 치유를 받고, 해방되고, 하나님의 능력으로 변화되는 것을 보았다. 주님은 당신 안에서, 그리고 당신을 통하여 일하실 수 있다! 당신이 하나님을 사랑한다면, 주님은 당신의 선을 위해 모든 일을 하시고 심지어 나쁜 일들도 선이 되게 하신다. 참으로 그렇다. 사랑은 결코 실패를 모른다!(고전 13:8)

사랑의 궁극적인 표현

내 계명은 곧 내가 너희를 사랑한 것 같이(아주 똑같이) 너희도 서로 사랑하라 하는 이것이니라 사람이 친구를 위하여 목숨을 버리면(포기하면) 이보다 더 큰 사랑이 없나니(더 강력한 애정을 보여줄 수 없나니) 너희는 내가 명하는 대로 행하면 곧 나의 친구라 _요한복음 15장 12-14절

예수 그리스도는 하나님의 사랑의 궁극적인 표현이시다. 주님께서 그분의 생명을 내려놓으셨기 때문에, 우리도 우리의 생명을 내려놓을 수 있고 주님의 사랑을 세상에 풀어낼 수 있다. 당신의 생명을 다른 사람을 위해 희생하는 것보다 더 위대한 사랑은 없다. 사랑이 예수님을 십자가의 길로 강하게 이끌었고, 그 사랑이 예수님을 무덤에서 부활하게 했다. 사랑이

당신과 나를 자유하게 하였기 때문에, 우리는 주님의 능력을 담는 풍성한 그릇이 될 수 있다.

예수님은 궁극적인 영웅이시다. 주님을 당신의 삶에 영접할 때, 예수님은 당신 안에서 영웅이 되신다. 주님은 당신의 삶의 근원이시고, 수단이시고, 형통이시다. 만약 당신이 아직도 그리스도를 알지 못한다면, 잠시 멈추고 나와 함께 이런 기도를 드리기 바란다.

하늘에 계신 아버지, 제가 주님께 나아와 주님의 아들 예수 그리스도를 믿는다고 고백합니다. 저는 주님이 하나님의 아들이시고, 십자가에 못 박히셔서 죽으셨고, 사흘 만에 부활하신 것을 믿습니다. 저는 주님께 저의 모든 죄를 용서해 주시고, 주님의 보배로운 피로 저의 삶을 깨끗하게 씻어 달라고 기도합니다. 제가 주님을 슬프시게 했던 모든 것들을 회개하고 버립니다. 그리고 저의 모든 삶을 주님께 드립니다. 오셔서 성령으로 저를 채워 주시고, 제가 사는 모든 날 동안 주님과 동행할 수 있는 능력을 주소서. 예수님의 이름으로 기도합니다. 아멘.

기도를 마쳤다면, 하나님께서는 이제 당신이 해야 할 과제를 주신다. 가서 주님의 사랑을 당신이 아는 모든 사람들과 나눠라.

너희가 나를 택한 것이 아니요 내가 너희를 택하여 세웠나니(심었나니) 이는 너희로 가서 열매를 맺게 하고(계속 맺게 하고) 또 너희 열매가 항상 있게 하여(남아 있고 살아 있어) 내 (여호와로서의) 이름으로 아버지께 무엇을 구하든지 다 받게 하려 함이라 내가 이것을 너희에게 명함은 너희로 서로 사랑하게 하려 함이라

_요한복음 15장 16-17절

사랑을 활성화하고 풀어 놓으라

지금은 당신 안에 있는 하나님의 본래적인 능력을 풀어 놓는 사랑의 혁명을 시작할 때다. 여기에 몇 가지 방법이 있다.

1. 예수님의 이름으로 병든 사람에게 손을 얹고 기도하라.

2. 예수님의 이름으로 포로들에게 자유를 선포하라.

3. 복음을 들어야 할 사람들에게 복음을 전하라.

4. 외로운 사람을 안아주라.

5. 지역의 양로원에 방문하여 노인들을 섬기라.

우리의 영웅, 예수 그리스도

우리 안에는 영웅이 계시다. 그 영웅은 바로 예수 그리스도이시다. 우리는 우리 안에 계신 그리스도를 통해 하나님의 능력을 세상에 풀어낸다. 이제 나와 함께 이 영웅의 활동에 참여하자. 지금은 우리 안에 계신 영웅이 일하게 하실 때다!

참고 도서

서론

1. 줄리아 카메론(Julia Cameron), 《예술가의 길》(*The Artist's Way*)(New York; Penguin Putnam, Ins., 2002), 144.

Chapter 1 친밀감의 능력

1. 필 프링글(Phil Pringle), 《기도가 이끄는 삶》(*Inspired to Pray: The Art of Seeking God*) (Ventura, CA: Regal Books, 2009), 3에서 인용.

2. 스미스 위글스워스(Smith Wigglesworth), 《항상 배가하는 믿음》(*Ever Increasing Faith*) (Radford, VA: Wilder Publications, 2007), 120.

3. 알버트 히버트(Albert Hibbert), 《스미스 위글스워스: 그 능력의 비밀》(*Smith Wigglesworth: the Secret to His Power*) (Tulsa, OK: Harrison House, 2009), 32.

4. 로렌스 형제(Brother Lawrence), 《로렌스 형제 선집: 하나님의 임재 연습》(*The Brother Lawrence Collection: The Practice of the Presence of God*) (Radford, Virginia: Wilder Publications, 2008), 23, 95, 19, 29.

5. 빌 하이벨스(Bill Hybels), 《베드로전서: 굳게 서라》(*1 Peter: Stand Strong*) (Grand Rapids, MI: Zondervan, 1999) 52에서 인용.

Chapter 2 은혜의 능력

1. 토마스 오덴(Thomas C. Oden), 《독자의 칭의》(*The Justification Reader*) (Grand Rapids, MI: William B. Eerdmans Publishing Company, 2002), 34에서 인용.

2. "국가적인 겸비·금식·기도의 날 선포-1863년 4월 30일", 미국을 위한 중보기도, http://www.ifapray.org/archive/PrayerGuides/ProclamationforNationalDayofHumiliationFastingPrayer.htm(2011년 4월 27일 접속).

3. 드와이트 라이맨 무디(Dwight Lyman Moody), 《무디의 작은 지침서》(*D. L. Moody's Little Instruction Book*) (Colorado Springs, CO: Honor Books, 1996).

Chapter 3 진리의 능력

1. Dictionary. com, "align" 참조, http://dictionary.reference.com/browse/align (2011년 4월 28일 접속).

Chapter 4 정체성의 능력

1. 이안 길버트(Ian Gilbert), 《교실에서 가르치는 근본적인 동기》(*Essential Motivation in the Classroom*) (London: Routledge Falmer, 2002), 175.

2. 데이빗 프리맨(David W. Freeman), "오프라 윈프리, 성적학대를 말하다 : 누가 어린 타일러를 성적 학대의 희생자로 만들었나?"(Tyler Perry, Oprah Talk Sexual Abuse: Who Victimized Little Tyler?", CBSNews.com, October 22, 2010, http://www.cbsnews.com/8301-504763-162-20020438-10391704.html) (2011년 5월 12일 접속).

3. AllSands.com, "진 켈리의 생애"(Gene Kelly Biography) http://www.allsands.com/entertainment/people/genekellybiogr-yzn-gn.htm (2011년 4월 28일 접속)

4. 야후! 영화(Yahoo! Movies), "시드니 포이티어"(Sidney Poitier), http:movies.yahoo.com/movie/contributor/1800025653/bio (2011년 4월 28일 접속)

Chapter 5 믿음의 능력

1. 알버트 히버트(Albert Hibbert), 《스미스 위글스워스: 그 능력의 비밀》(*Smith Wigglesworth: The Secret to His Power*) 91, 95.

2. F. F. 보스워드(F. F. Bosworth), 《치료자 그리스도》(*Christ the Healer*) (Grand Rapids, MI: Chosen Books, 2008), 92.

3. TheVoiceMagazine.com, "Dr. Lilian B. Yeomans: A Physician's Experience With the Gospel", hppt://www.thevoicemagazine.com/health-and-healing-drugs/dr-lilian-yeomans-experience-with-a-physicians-the-gospel.html (2011년 4월 28일 접속)

4. 찰스 프라이스(Charles Price), 《치유를 위한 참 믿음》(*The Real Faith for Healing*) (Gainesville, FL: Bridge-Logos, 1997), 56-57.

5. 상게서, 15-16.

6. 금언집(Nuggets of Wisdom)에서 인용, http://www.savedhealed.com/nuggets.htm (2011년 4월 28일 접속)

7. 창조적 성경 연구(Creative Bible Study), "찰스 브론딘 이야기: 믿음에 관한 교훈"(The Charles Blondin Story: A Lesson on Faith), http://www.creativebiblestudy.com/Blondin-story.html (2011년 5월 12일 접속). 인용허가 받음.

Chapter 6 온전함의 능력

1. 론 플래터(Ron Flatter), "세크리테리엇, 경주마의 일인자로 명성을 남기다"(Secretariat Remains No.

1 Name in Racing), ESPN.com.http://espn.go.com/sportscentury/features/00016464.html (2011년 4월 28일 접속)

2. 구스 니콜스(Gus D. Nichols), "세크리테리엇-온전한 심장"(Sacretariat-All Heart), HubPages.com, http://hubpages.com/hub/Secretariat-All-Heart (2011년 4월 28일 접속)

3. 데릭 프린스(Derek Prince), 《약혼의 법칙》(Rules of Engagement) (Ada, MI: Chosen Books, 2006)

4. 나탈리 K.(Nathalie K.), "말 길들이기"(Breaking in a Horse), EzineArticles.com, http://ezinearticles.com/?Breakin-in-a-Horse&id=1303437 (2011년 4월 28일 접속)

5. 낸시 레이 드모스(Nancy Leigh Demoss), 《깨어짐: 하나님이 사용하시는 마음》(Brokenness: The Heart God Receives) (Chicago: Moody Publishers, 2005), 51.

6. 캐서린 쿨만(Katheryn Kuhlman), 《영광의 일견》(A Glimpse Into Glory) (Gainesville, FL: Bridge-Logos, 1979), 142.

7. 스미스 위글스워스(Smith Wigglesworth), 《스미스 위글스워스의 교훈들》(The Teachings of Smith Wigglesworth) (Radford, VA: Wilder Publications, 2007), 107.

8. 존 맥아더(John MacArthur), 《마태복음 1-7장: 맥아더 신약성경 주석》(Mathew 1-7: The MacAthur New Testament Commentary) (Chicago: Moody Press, 1985), 66.

9. FamilyLife.com, "FamilyLife Today series: Love Renewed-the Reconciliation of Clint and Penny Bragg," http://www.familylife.com/site/c.dnJHKLNnFoG/b.6468077/k.3984/Love_Renewed_Client_and_Penny_Bragg.htm (2011년 5월 12일 접속)

10. 페이지 라니어 차고이스(Paige Lanier Chargois), 《그리스도께서 여자라고 부르는 사람들》(Certain Women Called by Christ) (Birmingham, AL: New Hope Publishers, 2008), 86에서 인용.

11. 데릭 퀴존(Derek Quizon), "Tempe Homeless Man Returns $3,300 in Cash to ASU Student", The Arizona Republic, November 17, 2010, http://www.azcentral.com/commuity/tempe/articles/2010/11/17/20101117tempe-homeless-man-returns-money1119.html (2011년 4월 28일 접속)

12. 헐버트 로키어(Herbert Lockyer), 《성경의 모든 사람들》(All the Man of the Bible) (Grand Rapids, MI: Zondervan Publishing House, 1958), 56.

13. 제임스 몽고메리 보이스(James Montgomery Boice), 《마태복음: 왕과 왕국》(The Gospel of Mathew: The King and Kingdom) (Ada, MI: Baker Books, 2001), 49에서 인용.

14. 켄트 휴즈(R. Kent Hughes), 《그리스도인의 훈련》(Disciplines of a Godly Man) (Wheaton, IL: Crossway Books, 2006), 154.

15. 다이앤(Diane), "큰 유익을 주는 작은 선택들"(Little Decisions Add Up to Big Benefits), Fit to the Finish(blog), October 27, 2010, http://www.fittothefinish.com/blog/2010/10/little-decision-add-up-to-big-benefits/ (2011년 4월 28일 접속).

16. 상게서.

17. 스탠리 하워드 프로드샴(Stanley Howard Frodsham), 《스미스 위글스워스: 믿음의 사도》(*Smith Wigglesworth: Apostle of Faith*) (Springfield, MO: Gospel Publishing House, 1948), 125.

18. 짐 카스파레크(Jim Kasparek), 《약속》(*It is Appointed*) (Summerville, SC: Holy Fire Publishing, 2007), 109.

19. 프랭크 그리자드(Frank E. Grizzard), 《조지 워싱턴: 그의 생애》(*Geoge Washington: A Biographical Companion*) (Santa Barbara, CA: ABC-CLIO, Inc., 2002), 363.

Chapter 7 관점의 능력

1. 롭 가로팔로(Rob Garofalo Jr.), 《어떤 상황에도 승리자가 되라》(*A Winner by Any Standard*) (n.p.: Teen Winners Publications, 2004), 48.

2. BaldEagleInfo.com, "Bald Eeagl-Nesting and Young", American Bald Eagle Information, http://www.baldeagleinfo.com/eagle/eagle4.html (2011년 4월 29일 접속)

3. 저자에게 들려준 개인적인 간증. 다음을 찾아보라. AbortedYetAlive, "From an Ultrasound to Planned Parenthood", http://christian-topics.info/Article/From-An-Ultrasound-To-Planned-Parenthood/10229 (2011년 4월 29일 접속).

Chapter 8 인내의 능력

1. 미쉘 앤 골이 세상을 떠난 후 저자가 주최한 컨퍼런스에서 짐 골이 설교한 내용 중 일부.

2. The Quote Garden, "Quotations: Hang in There!", http://www.quotegarden.com/hang-in.html (2011년 4월 29일 접속).

3. 저닌 베이싱어(Jeanine Basinger), 《스타는 어떻게 만들어지는가?》(*The Star Machine*) (New York: A. A. Knopf, 2007), 79.

Chapter 9 비전의 능력

1. 존 젠거와 조셉 포크먼(John H. Zenger and Joe Folkman), 《리더의 조건》(*The Extraordinary Leader*) (Columbus, OH: McGraw-Hill Professional, 2002), 16에서 인용.

2. 자키 모어(Jakki J. Mohr), 《하이테크 혁신마케팅》(*Marketing of High-Technology Products and Innovations*) (Saddle River, NJ: Pearson Prentice Hall, 2009), 112에서 인용.

3. 스티브 리틀(Steve Little), 《하나님의 방법을 따르라》(*Leading God's Way*) (Bloomington, IN: CrossBooks, 2010), 25에서 인용.

4. 마크 헤링쇼와 제니퍼 슈크만(Mark Herringshaw and Jennifer Schuchman), 《하나님께서 말씀하시는 아홉 가지 방법》(*Nine Ways God Always Speaks*) (Carol Stream, IL: Tyndale, 2009), 169에서 인용.

5. 상게서

Chapter 10 **축복의 능력**

1. Dictionary.com, s.v. "blessing", http://dictionary.reference.com/browse/blessing (2011년 4월 29일 접속).

2. 제임스 알렌, 《원인과 결과의 법칙》(*Above Life's Turmoil*) (New York: Cosimo Books, 2007), 39.

3. 조앤 포드(Joanne Ford), 주간 신문 L'Osservatore Romano의 영문판 2009년 9월 23일자 "영화제 작자이며 임신중절 반대자 에두아르도 베라스테기와의 인터뷰(Inteview With Eduardo Verastegui), "Film Producer and Pro-Life Advocate", 10에서 인용

4. 상게서

5. 상게서

6. 하이알머 데이 굴드와 에드워드 루이스 헤센뮬러(Hialmer Day Gould and Edward Louise Hessen muller), 《최고 사상가들의 최고의 사상들》(*Best Thoughts of Best Thinkers*) (Cleveland, OH: Best Thoughs Publishing, 1904), 33.

Chapter 11 **기쁨의 능력**

1. 제임스 스미스(James B. Smith), 《하나님이 내게 반하셨다》(*Embracing the Love of God*) (New York: Harper Collins, 2008), 23.

2. 그웬 코스텔로(Gwen Costello), 《테레사 수녀의 영적 보물들》(*Spiritual Gems From Mother Teresa*) (New London, CT: Twenty-Third Publications, 2008), 19.

3. 리즈 자보(Liz Szabo), "미국에서 항우울제 복용자의 수가 갑절로 늘어나다"(Number of Americans Taking Antidepressants Doubles), USAToday.com, August 4, 2009, http://www.usatoday.com/news/health/2009-08-03-antidepressants_N.htm (2011년 5월 2일 접속).

4. 해리엇 프라드(Harriet Fraad), "수백만 명이 집과 가정을 잃었는데 왜 미국인은 여전히 꿈을 잃지 않는가?" (Why are Americans Passive as Millions Lose Their Homes, Families and the Americans Dream? Alternet.org, February 2, 2010, http://www.alternet.org/media/145481/why_are_americans_passive_as_millions-lose-their_jobs_families_and_the_american_dream?page=5 (2011년 5월 2일 접속)

5. 리즈 자보(Liz Szabo), 상게서

6. 찰스 바버(Charles Barber), "우리는 정말 비참한가?"(Are We Really So Miserable?), Salon.com, August 26, 2009, http://www.salon.com/life/feature/2009/08/26/barber_age_of_anxiety (2011년 5월 2일 접속).

7. 어거스틴(Augustine), 《성 어거스틴 고백록》(The Confessions of Saint Augustine, ed. Temple Scott) (New York: E. P. Dutton and Co., 1900), 255.

8. 소냐 뤼보미르스키(Sonja Lyubomirsky), 영성 잡지(Spiritual Magazine) 중 "행복을 사라"(Buying Happiness)에서

9. 상게서

10. 메리 캐서린 클락(Mary Kathryn Clark), 《아침의 기쁨》(In the Morning···Joy) (Bloomington, IN: iUniverse, 2010), 356에서 인용.

11. 롭 던(Robb Dunn), 《하나님은 나를 치료하실까?》(Will God Heal Me?) (Colorado Springs, CO: Cook Communications, 2007), 238에서 인용.

12. 제임스 보트킨(James Botkin)의 "오래 살려면 웃어라"(Laughing to Live Long) Navy.mil, June 10, 2002, http://www.navy.mil/search/display.asp?story_id=1896 (2011년 5월 2일 접속)

13. 메레디스 멜닉(Meredith Melnick), "수면 부족은 우울증, 체중증가의 원인이 되고, 심하면 사망에 이르게 한다" (Lack of Sleep Linked With Depression, Weight Gain and Even Death), 〈타임〉(Time), September 2, 2010, http://healtland.time.com/2010/09/02/lack_of_sleep_can_cause_depression_weight_gain_and_even_death/ (2011년 5월 2일 접속)

Chapter 12 관대함의 능력

1. 먼저 베푸는 삶 재단(Pay It Forward Foundation), "순수함의 기적: 세상을 바꾼 12살 소년의 잊지 못할 슬프고도 아름다운 이야기"(The Miracle of Innocent: A Bittersweet, Unforgettable Nobel About a Twelve-Year-Old Child Changes the World) http://www.payitforwardfoundation.org/about_novel.html (2011년 5월 2일 접속).

2. Famous-Quotes.com, "밥 홉의 명언집"(Famous Quotes by Bob Hope) http://www.famous-quotes.com/author.php?aid=3553 (2011년 5월 2일 접속).

3. 로이드 코리(Lloyd Cory), 《인용구》(Quote, Unquote) (Victor Books, 1977), 130.

4. 아담 메이어즈(Adam Mayers), 《친절 : 감동적인 이야기들》(Acts of Kindness: Inspirational Stories) (Toronto: Durdorn Press, 2010), 5.

5. 2010년 4월, 브리 키톤(Bree Keyton) 박사와 함께한 가정모임에 참석했던 친구가 들려준 이야기. 브리 박사에 관해 더 알고 싶으면 www.breekeytonministries.com에 들어가 보라.

6. 마크 빅터 한센과 아트 링클레터(Mark Victor Hansen and Art Linkletter), 《여생을 가장 평안히 사는 법》(How to Make the Rest of Your Life the Best of Your Life) (Nashville: Thomas Nelson, 2006), 45에서 인용

7. 제임스 휴이트(James S. Hewitt), 《무엇이든 물어보세요》(Illustrations Unlimited) (Carol Stream, IL: Tyndale House Publishers, 1988), 262.

8. 메리 베스 시몬즈(Mary Beth Simmons), 《삶을 변화시키는 인생 2막》(Second Acts That Change Lives) (San Francisco: Red Wheel/Weiser LLC), 83에서 인용.

9. 코스텔로(Costello), 《테레사 수녀의 영적 보물들》(Spiritual Gems From Mother Teresa), 2.

10. 워렌 위어스비(Warren Wiersbe), 《위어스비 성경 주석: 완전한 신약성경》(The Wiersbe Bible Commentary: The Complete New Testament) (Colorado Springs, CO: David C. Cook, 2007), 361에서 인용.

11. 사도 베드로의 루터 교회(St. Peter's Lutheran Church), 《사도 베드로 전집 1-4》(St. Peter's, vols. 1-4) (New York: Interest of St. Peter Lutheran Church, 1913), 288.

Chapter13 **사랑의 능력**

1. 테레사 수녀와 호세 루이스 곤잘레스-발라도(Mother Teresa and Jose Gonzales-Balado), 《나는 이렇게 말한다》(Mother Teresa, in My Own Words) (Liguori Publications, 1996), 18.

2. 뉴욕에서 열린 매트소거선교회 컨퍼런스에서 하이니 베이기가 한 설교의 일부

3. "ThinkExist.com, "Mother Teresa of Calcutta"에서 인용, http://thinkexist.com/quotation/the_biggest_disease_today_is_not_leprosy_or/193811.html (2011년 5월 5일 접속).

4. GOD.TV, "부흥의 항구"(The Bay of the Holy Spirit Revival), 11월 5일, http://www.god.tv/node/839 (2011년 5월 5일 접속)

5. 코스텔로(Costello), 상게서, 9.

순전한 나드 도서안내 02-574-6702

No.	도서명	저자	정가
1	강력한 능력전도의 비결	체 안	11,000
2	존 비비어의 승리〈개정판〉	존 비비어	12,000
3	교회, 그 연합의 비밀	프랜시스 프랜지팬	10,000
4	교회를 뒤흔드는 악령을 대적하라	프랜시스 프랜지팬	5,000
5	교회를 어지럽히는 험담의 악령을 추방하라	프랜시스 프랜지팬	5,000
6	그리스도인의 삶의 비결〈개정판〉	진 에드워드	9,000
7	기름부으심	스미스 위글스워스	8,000
8	존 비비어의 친밀감〈개정판〉	존 비비어	14,000
9	내 백성을 차유케 하라	허철	10,000
10	내게 신선한 기름을 부으셨나이다	허철	9,000
11	내어드림	페늘롱	7,000
12	다가온 예언의 혁명	짐 골	13,000
13	다가올 전환	래리 랜돌프	9,000
14	당신도 예언할 수 있다	스티브 탐슨	12,000
15	당신은 예수님의 재림에 준비가 되어 있습니까?	메릴린 히키	13,000
16	당신은 치유받기 원하는가	체 안	8,000
17	당신의 기도에 영적 권위가 있습니까?	바바라 윈트로블	9,000
18	더 넓게 더 깊게	메릴린 앤드레스	13,000
19	동성애 치유될 수 있는가?	프랜시스 맥너트	7,000
20	두려움을 조장하는 악령을 물리치라	드니스 프랜지팬	5,000
21	마지막 시대에 악을 정복하는 법〈개정판〉	릭 조이너	9,000
22	마켓플레이스 크리스천〈개정판〉	로버트 프레이저	9,000
23	존 비비어의 축복의 통로〈개정판〉	존 비비어	8,000
24	믿음으로 질병을 치유하라〈개정판〉	T.L. 오스본	20,000
25	부서트리고 무너트리는 기름 부으심	바바라 J. 요더	8,000
26	부자 하나님의 부자 자녀들	T.D 제이크	8,000
27	사도적 사역	릭 조이너	12,000
28	사랑하는 자가 병들었나이다	허 철	8,000
29	사사기	잔느 귀용	7,000
30	사업을 위한 기름 부으심〈개정판〉	에드 실보소	10,000
31	상한 마음을 치유하는 기도	마크 버클러	15,000
32	상한 영의 치유1	존 & 폴라 샌드포드	17,000
33	상한 영의 치유2	존 & 폴라 샌드포드	13,000
34	성령님을 아는 놀라운 지식	허 철	10,000
35	세계를 변화시키는 능력	릭 조이너	10,000
36	속사람의 변화 1	존 & 폴라 샌드포드	11,000
37	속사람의 변화 2	존 & 폴라 샌드포드	13,000
38	신부의 중보기도	게리 윈스	11,000
39	십자가의 왕도	페늘롱	8,000
40	아가서	잔느 귀용	11,000
41	악의 속박으로부터의 자유	릭 조이너	9,000
42	어머니의 소명	리사 하텔	12,000
43	여정의 시작	릭 조이너	13,000
44	영광스러운 교회에 보내는 메시지 1	릭 조이너	10,000
45	영광스러운 교회에 보내는 메시지 2	릭 조이너	10,000
46	영분별	프랜시스 프랜지팬	3,500
47	영으로 대화하시는 하나님	래리 랜돌프	8,000
48	영적 전투의 세 영역〈개정판〉	프랜시스 프랜지팬	11,000
49	예레미야	잔느 귀용	6,000
50	예수 그리스도와의 친밀함	잔느 귀용	7,000
51	예수님 마음찾기	페늘롱	8,000
52	예수님을 닮은 삶의 능력〈개정판〉	프랜시스 프랜지팬	12,000
53	예수님을 향한 열정〈개정판〉	마이크 비클	12,000
54	잔느 귀용의 요한계시록〈개정판〉	잔느 귀용	13,000
55	인간의 7가지 갈망하는 마음	마이크 비클	11,000
56	저주에서 축복으로	데릭 프린스	6,000
57	주님! 내 눈을 열어주소서	게리 오츠	8,000

순전한 나드 도서안내 www.purenard.co.kr

No.	도서명	저자	정가
58	주님, 내 마음을 열어주소서	캐티 오츠/로버트 폴 램	9,000
59	지구상에서 가장 강력한 기도	피터 호로빈	7,500
60	지금은 싸워야 할 때	프랜시스 프랜지팬	8,000
61	천국경제의 열쇠	샨 볼츠	8,000
62	천국방문〈개정판〉	애나 로운튜리	11,000
63	축사사역과 내적치유의 이해 가이드	존 & 마크 샌드포드	18,000
64	출애굽기	잔느 귀용	10,000
65	하나님과 동행하는 사람들〈개정판〉	샨 볼츠	9,000
66	하나님과 사람에게 더욱 사랑스러운 자	듀안 벤더 클럭	10,000
67	하나님과의 연합	잔느 귀용	7,000
68	하나님을 연인으로 사랑하는 즐거움	마이크 비클	13,000
69	하나님의 마음에 합한 사람	마이크 비클	13,000
70	하나님의 심정 묵상집	페늘롱	8,500
71	하나님의 아름다움을 바라보는 축복	허 철	10,000
72	하나님의 요새〈개정판〉	프랜시스 프랜지팬	9,000
73	하나님의 음성을 듣는 방법〈개정판〉	마크 & 패티 버클러	15,000
74	하나님의 장군의 일기〈개정판〉	잔 G. 레이	6,000
75	항상 배가하는 믿음〈개정판〉	스미스 위글스워스	13,000
76	항상 부족함이 없으리로다	하이디 베이커	8,000
77	혼동으로부터의 자유	릭 조이너	5,000
78	혼의 묶임을 파쇄하라	빌 & 수 뱅크스	10,000
79	존 비비어의 회개〈개정판〉	존 비비어	11,000
80	횃불과 검	릭 조이너	8,000
81	금식이 주는 축복	마이크 비클 & 다나 캔들러	12,000
82	승리하는 삶	릭 조이너	12,000
83	부활	벤 R. 피터스	8,000
84	기절의 산처럼 치유하시는 하나님	데릭 프린스	6,000
85	그리스도의 제사장적 신부	애나 로운튜리	13,000
86	존 비비어의 분별력〈개정판〉	존 비비어	13,000
87	통제 불능의 상황에서도 난 즐겁기만 하다	리사 비비어	12,000
88	어린이와 십대를 위한 축사사역	빌 뱅크스	11,000
89	알려지지 않은 신약성경 교회 이야기	프랭크 바이올라	12,000
90	빛은 어둠 속에 있다	패트리샤 킹	10,000
91	목적으로 나아가는 길	드보라 조이너 존슨	8,000
92	컴 투 파파	게리 윈스	13,000
93	러쉬 아워	슈프레자 싯홀	9,000
94	그리스도 안에 거하는 삶	앤드류 머레이	10,000
95	지도자의 넘어짐과 회복	웨이드 굿데일	12,000
96	하나님의 일곱 영	키이스 밀러	13,000
97	너희 지체를 의의 병기로 하나님께 드리라	허 철	8,000
98	신부	론다 캘혼	15,000
99	추수의 비전	릭 조이너	8,000
100	하나님이 이 땅 위를 걸으셨을 때	릭 조이너	9,000
101	하나님의 집	프랜시스 프랜지팬	11,000
102	도시를 변화시키는 전략적 중보기도	밥 하트리	8,000
103	왕의 자녀의 초자연적인 삶	빌 존슨 & 크리스 밸러턴	13,000
104	초자연적 능력의 회전하는 그림자	줄리아 로렌 & 빌 존슨 & 마헤쉬 차브다	13,000
105	언약기도의 능력	프랜시스 프랜지팬	8,000
106	꿈의 언어	짐 골 & 미쉘 앤 골	13,000
107	믿음으로 산 증인들	허 철	12,000
108	욥기	잔느 귀용	13,000
109	포로들을 해방시키라	앨리스 스미스	13,000
110	나라를 변화시킨 비전: 윌리엄 테년트의 영적인 유산	존 한센	8,000
111	세상을 다스리는 권세의 회복	레베카 그린우드	10,000
112	예언적 계약, 잇사갈의 명령	오비 팍스 해리	13,000
113	창세기 주석	잔느 귀용	12,000
114	하나님의 강	더치 쉬츠	13,000

순전한 나드 도서안내 www.purenard.co.kr

No.	도서명	저자	정가
115	당신의 운명을 장악하라	알렌 키란	13,000
116	용서를 선택하기	존 로렌 & 폴라 샌드포드 & 리 바우먼	11,000
117	자살	로렌 타운젠드	10,000
118	레위기/민수기/신명기 주석	잔느 귀용	12,000
119	그리스도인의 영적혁명	패트리샤 킹	11,000
120	초자연적 중보기도	레이첼 힉스	13,000
121	나는 하나님의 음성을 듣는다	킴 클레멘트	11,000
122	하나님의 초자연적인 능력	바비 코너	11,000
123	거룩과 진리와 하나님의 임재	프랜시스 프랜지팬	9,000
124	사랑하는 하나님	마이크 비클	15,000
125	천사와의 만남	짐 골 & 미쉘 앤 골	12,000
126	과거로부터의 자유	존 & 폴라 샌드포드	13,000
127	일곱 교회 이기는 자에게 주시는 축복	허 철	9,000
128	은밀한 처소	데일 파이프	13,000
129	일곱 산에 관한 예언(개정판)	조니 앤로우	13,000
130	일터에 영광이 회복되다	리차드 플레밍	12,000
131	악의 삼겹줄을 파쇄하라	샌디 프리드	11,000
132	초자연적 경험의 신비	짐 골 & 줄리아 로렌	13,000
133	웃겨야 살아난다	피터 와그너	8,000
134	폭풍의 전사	마헤쉬 & 보니 차브다	13,000
135	천국 보좌로부터 온 전략	샌디 프리드	11,000
136	영향력	윌리엄 L. 포드 3세	11,000
137	속죄	데릭 프린스	13,000
138	신의 성품에 참예하는 자	허 철	8,000
139	예언, 꿈, 그리고 전도	덕 애디슨	13,000
140	아가페, 사랑의 길	밥 멈포드	13,000
141	불타오르는 사랑	스티브 해리슨	12,000
142	그 이상을 갈망하라!	랜디 클락	13,000
143	순결	크리스 밸러턴	11,000
144	능력, 성결, 그리고 전도	랜디 클락	13,000
145	종교의 영	토미 펨라이트	11,000
146	예기치 못한 사랑	스티브 J. 힐	10,000
147	모르드개의 통곡	로버트 스턴스	13,500
148	예언사전	폴라 A. 프라이스	28,000
149	1세기 교회사	릭 조이너	12,000
150	예수님의 얼굴(개정판)	데이비드 E. 타일러	13,000
151	토기장이 하나님	마크 핸비	8,000
152	존중의 문화	대니 실크	12,000
153	제발 좀 성장하라!	데이비드 레이븐힐	11,000
154	정치의 영	파이살 말릭	12,000
155	이기는 자의 기름 부으심	바바라 J. 요더	12,000
156	치유 사역 훈련 지침서	랜디 클락	12,000
157	헤븐	데이비드 E. 타일러	13,000
158	더 크라이	키스 허드슨	11,000
159	천국 여행	리타 베넷	14,000
160	파수 기도의 숨은 능력	마헤쉬 & 보니 차브다	13,000
161	지저스 컬처	배닝 립스처	12,000
162	넘치는 기름 부음	허 철	10,000
163	거룩한 대면	그래함 쿡	23,000
164	선지자 학교	조나단 웰튼	12,000
165	믿음을 넘어선 기적	데이브 헤스	10,000
166	꿈 상징 사전	조 이보지	8,000
167	삶을 변화시키는 성령의 권능	스티븐 브룩스	11,000
168	거룩한 기름 부으심	스티븐 브룩스	10,000
169	잔 G. 레이크의 치유	잔 G. 레이크	13,000
170	영적 전쟁의 일곱 영	제임스 A. 더함	13,000
171	영적 전쟁의 승리	제임스 A. 더함	13,000

순전한 나드 도서안내 www.purenard.co.kr

No.	도서명	저자	정가
172	기적의 방을 만들라	마헤쉬 & 보니 차브다	12,000
173	개인적 예언자	미키 로빈슨	13,000
174	어둠의 영을 축사하라	짐 골	13,000
175	보좌를 향하여	폴 빌하이머	10,000
176	적그리스도의 영을 정복하라	샌디 프리드	13,000
177	성령님 알기	마헤쉬 & 보니 차브다	12,000
178	십자가의 권능	마헤쉬 & 보니 차브다	13,000
179	성령이 이끄시는 성공	대니 존슨	13,000
180	축복의 능력	케리 커크우드	13,000
181	하나님의 호흡	래리 랜돌프	11,000
182	아름다운 상처	룩 홀터	11,000
183	하나님의 길	덕 애디슨	13,000
184	천국 체험	주디 플랭클리, 베니 존슨	12,000
185	당신의 사명을 깨우라	M. K. 코미	11,000
186	하나님 나라의 경제 비밀	폴 L. 커니	11,000
187	기독교의 유혹	질 섀넌	25,000
188	우리가 몰랐던 천국의 자녀양육법	대니 실크	12,000
189	압도적인 영광의 소리	제프 젠슨	12,000
190	영혼을 살리는 민감함	캐롤 A. 브라운	13,000
191	임재의 능력	매트 소거	12,000
192	예수의 책	마이클 코올리아노스	13,000
193	신앙의 기초 세우기	래리 크레이더	13,000
194	내 인생을 바꿔 줄 최고의 여행	제이 스튜어트	12,000

www.purenard.co.kr